权威·前沿·原创

皮书系列为
"十二五""十三五""十四五"时期国家重点出版物出版专项规划项目

BLUE BOOK

智 库 成 果 出 版 与 传 播 平 台

智能产业蓝皮书
BLUE BOOK OF INTELLIGENT INDUSTRY

中国智能产业发展报告
（2024）

ANNUAL REPORT ON THE DEVELOPMENT OF INTELLIGENT
INDUSTRY (2024)

中国社会科学院经济研究所人工智能经济研究室
主　编／张　磊
副主编／汪红驹　张　鹏

社会科学文献出版社
SOCIAL SCIENCES ACADEMIC PRESS (CHINA)

图书在版编目（CIP）数据

中国智能产业发展报告.2024／张磊主编；汪红驹，
张鹏副主编.--北京：社会科学文献出版社，2024.
12.--（智能产业蓝皮书）.--ISBN 978-7-5228-4783
-2

Ⅰ.F492.3

中国国家版本馆 CIP 数据核字第 2024HD4755 号

智能产业蓝皮书
中国智能产业发展报告（2024）

主　　编／张　磊
副主编／汪红驹　张　鹏

出 版 人／冀祥德
责任编辑／宋　静
责任印制／王京美

出　　版／社会科学文献出版社·皮书分社（010）59367127
　　　　　　地址：北京市北三环中路甲 29 号院华龙大厦　邮编：100029
　　　　　　网址：www.ssap.com.cn
发　　行／社会科学文献出版社（010）59367028
印　　装／天津千鹤文化传播有限公司

规　　格／开本：787mm×1092mm　1/16
　　　　　　印张：18.75　字数：281 千字
版　　次／2024 年 12 月第 1 版　2024 年 12 月第 1 次印刷
书　　号／ISBN 978-7-5228-4783-2
定　　价／128.00 元

读者服务电话：4008918866

主要编撰者简介

张 磊　中国社会科学院经济研究所人工智能经济研究室主任、研究员，中国社会科学院大学教授、博士生导师。中国社会科学院上市公司研究中心副主任。2007年进入中国社会科学院经济研究所工作。多篇研究成果在《经济研究》《世界经济》《金融研究》等期刊发表并获奖。专著《中国经济高增长中的信贷扩张与金融扭曲》获得中国社会科学院2015年创新工程学术出版项目资助，参与写作的《新中国经济学史纲（1949-2011）》获得第三届中国出版政府奖图书奖，《金融发展与经济增长：从动员性扩张向市场配置的转变》（《经济研究》2007年第4期）获得中国社会科学院经济研究所第八届优秀科研成果优秀奖。曾主持世界银行贷款项目和中国社会科学院等课题。2024年起主编"智能产业蓝皮书"。

汪红驹　中国社会科学院财经战略研究院经济发展战略研究室主任、研究员，中国社会科学院大学应用经济学院教授、博士生导师。入选国家"百千万人才工程"并被授予国家"有突出贡献中青年专家"称号；曾任商务部政策咨询专家、国家发展改革委员会价格监测中心咨询专家、中国国际经济关系学会理事；国家自然科学基金匿名评审人。曾在英国诺丁汉大学和美国斯坦福大学进修。主要研究方向为宏观经济理论与货币政策。主持完成国家社会科学基金重大招标项目、国家社会科学基金专项委托项目、国家社会科学基金一般项目、国家自然科学基金项目、中国社会科学院创新工程项目等课题研究。曾获得孙冶方经济学奖，多次获得中国社会科学优秀对策信息对策研究类奖项。

张　鹏　中国社会科学院经济研究所经济增长研究室副主任、副研究员，中国社会科学院上市公司研究中心副主任，中国社会科学院大学经济学院副教授、硕士生导师，主持完成国家社科基金项目和中国社会科学院专项科研项目，参与国家社科基金重大项目、教育部社科重大项目及国家自然科学基金项目等多项，在《经济研究》、《经济学》（季刊）、《管理世界》、《经济学动态》等权威核心期刊发表学术论文多篇，多篇论文被《新华文摘》《人大复印报刊资料》转载，主编出版"中国上市公司蓝皮书"、《改革年代的经济增长与结构变迁》等专著多部，多项成果获得省部级奖项。

摘　要

　　作为一种通用目的的关于发明方法的发明（Invention of a Method of Invention，IMI）技术，大模型驱动的新一代人工智能不同于以互联网革命为核心内容的数字经济，能够提高知识生产率，并确保无人口红利条件下的原创知识正增长，有望提供除工业化之外的新规模经济。除了巨大的生产力潜力，新一代人工智能还加剧了创造性破坏，对创新的个体风险识别和金融宏观审慎监管提出了新要求。本报告在回应国家对新一代人工智能可解释性以及治理、产业路径、对就业和收入分配影响、与可持续发展的关系和价值创造等问题关切的基础上，提出将发展新一代人工智能上升为独立于数字经济的国家战略的建议。智能产业革命时代的到来将会带来生产力跃迁，从根本上重塑经济增长的内生逻辑，从增量和存量上对中国新兴行业和传统行业进行重造。特别是随着智能产业革命路径逐渐清晰和预期逐渐明确，中国微观上市公司资本支出、劳动力收入增厚和创新增长等效应促进上市公司在经历内外部环境冲击下仍然保持了转型与发展相统一的增长路径，智能产业类上市公司表现更为突出。从中国智能产业类上市公司分布看，其主要集中在计算机、机械设备、电子和通信等 ICT 硬件和软件集中行业，本书构建的"智能产业50"投资组合不仅"质优"而且"价廉"，长期来看，"智能产业50"投资组合具备长期投资价值，是中国智能产业革命大潮在微观上的集中体现。

　　从制造强国建设来看，智能制造对传统意义的生产方式、制造范式和产业模式进行了颠覆式变革，但也存在关键技术装备受制于人、智能化应用场景开发不足、基础设施薄弱、行业与地域智能化水平不均衡、产业发展生态环境不优等不足。未来要对标智能制造高质量发展所需的基础要件，攻克关键核心技术，广泛拓展应用场景，完善智能制造基础设施布局，加强体制机制改革，以智能制造高质量发展为主攻方向推进制造强国建设。从服务贸易转型来看，在智能化浪潮的推动下，服务贸易的模式也逐渐从高度依赖人力的传统模式，转型为以 AI 赋能的高效率、个性化和去中心化的模式。平台经济与 AI 技术的深度融合促进了电子商务、金融科技、远程医疗、在线教育等领域的跨境服务贸易发展。最后，人工智能也是实现我国金融强国建设目标的重要推力。面对高端金融科技人才不足、全球人工智能监管体系呈碎片化状态、各类新型金融风险增多等挑战，未来我国需要保持对金融领域人工智能应用的政策支持力度、鼓励金融机构以人工智能技术推进金融产品和金融服务创新、增强防范化解新型金融风险的能力、加大对金融领域高端人才引进和培养力度、提升我国在全球金融领域人工智能治理的影响力。

本书最后从人工智能投资、治理和就业三个专题更深刻地讨论当前人工智能发展大潮应当着重注意和需要亟待解决的重点和难点。首先，从投资看，人工智能是当今全球新一轮科技革命的战略高地，但中国人工智能投资却仍然大幅落后美国，且正呈现被拉大的趋势。2019~2023 年，美国共在人工智能领域投资 3285.48 亿美元，中国的投入仅有 1326.65 亿美元。为缩小差距，可以考虑通过由以间接税为主的税制结构向直接税间接税并重的税制结构过渡，以鼓励创新，并利用好新型举国体制的优势，发挥好政府对人工智能投资的引领作用。其次，从治理看，人工智能的快速发展也涉及一系列不容忽视的安全风险，这些风险包括诸多经济风险，也包括社会风险和政治风险。AI 将给全球治理带来前所未有的挑战，需要新的国际框架来管理权力动态、确保公平发展。中国应该发挥新型举国体制优势，充分利用巨大数据和场景优势，扩大高水平开放，从而确立人工智能领域的技术优势和话语权。最后，人工智能技术的发展和广泛应用对就业市场造成了冲击，应当削弱就业替代效应，放大创造效应和补偿效应，积极应对就业冲击，防范就业社会风险。

关键词： 人工智能技术　智能产业 50　制造强国　金融强国　风险治理

目 录 ⟍

I 总报告

II 分报告

III 产业篇

IV 专题篇

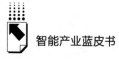

皮书数据库阅读**使用指南**

总报告

B.1

新一代人工智能，国家战略升级
与中国经济高质量发展

张　磊*

摘　要：　作为一种通用目的的关于发明方法的发明（Invention of a Method of Invention，IMI）技术，大模型驱动的新一代人工智能不同于以互联网革命为核心内容的数字经济，能够提高知识生产率，并确保无人口红利条件下的原创知识正增长，有望提供除工业化之外的新规模经济。除了巨大的生产力潜力，新一代人工智能还加剧了创造性破坏，对创新的个体风险识别和金融宏观审慎监管提出了新要求。本报告将在回应国家对新一代人工智能可解释性以及治理、产业路径、对就业和收入分配影响、与可持续发展的关系和价值创造等问题关切的基础上，建议将发展新一代人工智能上升为独立于数字经济的国家战略。

---

* 张磊，中国社会科学院经济研究所研究员，中国社会科学院大学教授、博士生导师，研究方向为人工智能经济学、产业经济学。

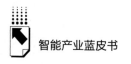

关键词： 新一代人工智能　通用目的技术　IMI　国家战略

2023 年 7 月以来，习近平总书记在四川、黑龙江、浙江、广西等地考察调研时，提出要整合科技创新资源，引领发展战略性新兴产业和未来产业，加快形成新质生产力①。党的二十届三中全会在新质生产力中对新一代人工智能进行了进一步定位和系统表述。三中全会公报提出要"健全因地制宜发展新质生产力体制机制，健全促进实体经济和数字经济深度融合制度"，并未直接涉及新一代人工智能发展。在三中全会《中共中央关于进一步全面深化改革　推进中国式现代化的决定》（以下简称《决定》）中，人工智能在第三条"健全推动经济高质量发展体制机制"和第七条"完善高水平对外开放体制机制"作为新质生产力重要组成部分被提及。直接涉及新一代人工智能的只有第十条"深化文化体制机制改革"提到"完善生成式人工智能发展和管理机制"以及第十三条"推进国家安全体系和能力现代化"提到"建立人工智能安全监管制度"。很显然，党的二十届三中全会将智能化重点集中在实现实体经济和数字经济深度融合上，发展新一代人工智能尚未成为独立于数字经济的国家战略。

表 1　党的二十届三中全会对新一代人工智能的定位和表述

文件	内容
三中全会公报	高质量发展是全面建设社会主义现代化国家的首要任务。必须以新发展理念引领改革，立足新发展阶段，深化供给侧结构性改革，完善推动高质量发展激励约束机制，塑造发展新动能新优势。要健全因地制宜发展新质生产力体制机制，健全促进实体经济和数字经济深度融合制度，完善发展服务业体制机制，健全现代化基础设施建设体制机制，健全提升产业链供应链韧性和安全水平制度

---

① 习近平：《发展新质生产力是推动高质量发展的内在要求和重要着力点》，《求是》2024 年第 11 期。

续表

文件		内容
三中全会《决定》	作为新质生产力重要组成部分被提及	三、健全推动经济高质量发展体制机制。(8)健全因地制宜发展新质生产力体制机制。推动技术革命性突破、生产要素创新性配置、产业深度转型升级，推动劳动者、劳动资料、劳动对象优化组合和更新跃升，催生新产业、新模式、新动能，发展以高技术、高效能、高质量为特征的生产力。加强关键共性技术、前沿引领技术、现代工程技术、颠覆性技术创新，加强新领域新赛道制度供给，建立未来产业投入增长机制，完善推动新一代信息技术、人工智能、航空航天、新能源、新材料、高端装备、生物医药、量子科技等战略性产业发展政策和治理体系，引导新兴产业健康有序发展。以国家标准提升引领传统产业优化升级，支持企业用数智技术、绿色技术改造提升传统产业。强化环保、安全等制度约束
		七、完善高水平对外开放体制机制。(28)完善推进高质量共建"一带一路"机制。继续实施"一带一路"科技创新行动计划，加强绿色发展、数字经济、人工智能、能源、税收、金融、减灾等领域的多边合作平台建设
	直接涉及	十、深化文化体制机制改革。健全网络综合治理体系。深化网络管理体制改革，整合网络内容建设和管理职能，推进新闻宣传和网络舆论一体化管理。完善生成式人工智能发展和管理机制
		十三、推进国家安全体系和能力现代化。(51)完善公共安全治理机制。加强网络安全体制建设，建立人工智能安全监管制度

无独有偶，在国际上，对新一代人工智能生产力潜力判断也大相径庭。一方面，根据"科技投资女王"木头姐凯茜·伍德（Cathie Wood）在 2024 年的预测，人工智能模型会催生前所未有的生产力繁荣，生产力到 2030 年翻两番，GDP 的增长可能会加速，并在未来五到十年内打破纪录[①]；另一方

---

① Wind：《"科技投资女王"2024 年预测：颠覆性技术的融合将定义下一个十年的发展》，钛媒体，2024 年 2 月 19 日。

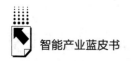

面，Acemoglu 运用 Hulten 定理①，从微观层面的任务成本节约和生产力提升，来预测 AI 对 GDP 和总体生产力的影响②。即使考虑生产力提升对新一代人工智能的引致投资，未来 10 年内，AI 对全要素生产率（TFP）的提升可能仅为 0.66%。

对新一代人工智能生产力影响如此悬殊的判断在很大程度上源自对这一技术经济性质以及将其转变为现实生产力难度的理解不同。仅仅将因果分析视为知识生产的唯一方式，极有可能将新一代人工智能视为数字经济，甚至是产品或服务生产自动化的延续，势必低估新一代人工智能对科学研究范式的重大意义和创造新产业的潜力。如果再夸大将新一代人工智能生产力潜力转变为现实的可解释性以及治理、产业路径、对就业和收入分配影响、与可持续发展的关系和价值创造难题，则极有可能忽视归纳法的内容生成和知识生产与因果分析知识之间的互补但弱相关性，这样就会产生对新一代人工智能生产力影响的悲观看法。Acemoglu 对新一代人工智能生产力影响的悲观预测正是源自其一贯遵循的建模方法。在 Acemoglu 和 Restrepo 的模型中，将人工智能完全等同于产品或服务生产自动化，而更为关键的只有人才能胜任的新工作任务创造又与人工智能无关③。因此，人工智能并不必然是劳动增广技术，如果把全部资源投入人工智能带来的自动化（All in AI），就无法创造出足够数量的新工作任务。那么，人工智能带来的自动化只会产生资本替代劳动效应，并难以有效提高生产力。

与此形成鲜明的对照，如果不考虑新一代人工智能生产力潜力转化为现实的难题，又会对新一代人工智能生产力影响产生过于乐观的看法。1998～

---

① Hulten 定理是一种考虑了中间投入的全要素生产率核算方法。一般来说，要素效率的提高将促进产出的增加，从而增加可供生产的投入的数量。在对增长来源进行任何事后评估时，必须认识到这种引起的扩张性生产投入是生产力变化的结果。换言之，全要素生产率的增长率必须根据要素效率提高所带来的额外投入进行调整。Hulten 定理核算全要素生产率更为全面。

② Acemoglu D. , "The Simple Macroeconomics of AI," NBER Working Paper No. 32487, May 2024.

③ Daron Acemoglu, Pascual Restrepo, *Artificial Intelligence, Automation, and Work, The Economics of Artificial Intelligence: An Agenda*, Edited by Ajay Agrawal, Joshua Gans, Avi Goldfarb, The University of Chicago Press, 2019.

2021 年，由高生产率的制造业和知识经济服务业组成的可贸易部门约占美国整体经济的 1/3，低生产率的非贸易部门合计占经济总量的 2/3 以及全部就业人数的近 80%，包括政府、医疗、餐旅、零售、教育和建筑等行业①。如果能够借助大模型的可扩展性，帮助非贸易部门像制造业和知识经济服务业那样提高生产率，新一代人工智能生产力影响前景自然一片光明。然而，要将新一代人工智能生产力潜力转变为现实，还需解决可解释性以及治理、产业路径、对就业和收入分配影响、与可持续发展的关系和价值创造等问题。

首先，必须成功解决模型可解释性问题，并完善新一代人工智能透明度、安全技术、数据和知识产权保护等治理。由于遵循归纳法进行隐性知识生产，大模型预训练的深度学习显然无法直接从因果分析角度实现可解释性，但仍可通过计算机程序自动验证，确保大模型内容生成和知识生产的稳健性和质量，在可预测性上实现可解释性。只有这样，才能明确工作责任，可靠地进行产业应用。否则，在诸多利益攸关的场景，如国防、金融、医疗、意识形态等领域，新一代人工智能的产业应用将变得困难重重。

其次，不同产业在将新一代人工智能生产力潜力转变为现实上存在成本差异，需为此选择产业路径。生成式人工智能在产业中的应用需同时聚合行业专家、模型训练和高质量的数据平台三方面的资源。其中，行业专家需提出产业运营和发展的正确问题，再由模型专家调适为具体的算法和模型，并运用从多样性端口获取的能够反映行业最优实践行为的高质量数据进行训练。产业应用新一代人工智能无疑存在初始资源条件差异，这就不可避免地产生产业路径选择。

再次，将新一代人工智能生产力潜力转变为现实，必须高度关注其对就业和收入的影响。新一代人工智能有可能加剧劳动力市场逐底竞争和极化效

① 戈登·布朗、穆罕默德·埃尔-埃里安、迈克尔·斯宾塞、里德·利多：《长期危机：重塑全球经济之路》，余江、傅雨樵、蒋琢译，中信出版集团，2023。

应，引发阻碍其产业应用的新卢德运动。即使承认新一代人工智能作为一种带有通用目的的关于发明方法的发明（Invention of a Method of Invention，IMI），最终会实现平衡增长，并重现就业和收入上的卡尔多事实，也必须引入基本收入保障（UBI）制度、教育改革和新技能培训等措施，加速技术和技能的匹配，帮助被资本替代的劳动力度过至少长达一代人时间的过渡时期。

又次，作为重要的中间投入，算力的能源密集型特点还要求理顺新一代人工智能和可持续发展的关系，这样才能将生产力潜力转变为现实。新一代人工智能专注于解决复杂问题，并同其他人工智能技术共建智能产业生态，在降低算力能耗上具有巨大空间。在政策补贴和新一代人工智能发展的双重支持下，受控核聚变技术一旦取得突破，更是可从根本上放松新一代人工智能发展的能源和环保约束。受控核聚变的复杂反应过程无疑特别适合使用大模型进行研究。对待新一代人工智能不能采取新罗马俱乐部的观点。新一代人工智能的引入并不与可持续发展必然冲突，必须在发展新一代人工智能时协调其与可持续发展的关系。离开了新一代人工智能发展，特别是智能创新范式的形成，传统的科学研究和创新范式只会延迟而不能避免地球气候和环境的崩溃。

最后，新一代人工智能还会加剧创新的创造性破坏。要将新一代人工智能生产力潜力转变为现实，同样需要重视价值创造问题。只有实现金融市场和新一代人工智能良性互动，同时提高对创新的个体风险识别和金融宏观审慎监管水平，才能确保新一代人工智能的价值创造和增长动力的平稳转换。

本报告意在通过深入剖析新一代人工智能技术特点及其经济属性，直接回应国家对新一代人工智能可解释性以及治理、产业路径、对就业和收入分配影响、与可持续发展的关系和价值创造等问题的关切。只有这样，才能将发展新一代人工智能上升为独立于数字经济的国家战略，使其担当起智能化增长动力转换的历史重任。

一　新一轮科技革命和产业变革

大模型驱动的新一代人工智能正处于日新月异的发展中，代表着新一轮科技革命和产业变革。新一代人工智能通过 Transformer 架构对拆分的词元（token）形成大语言模型，率先在人工智能内容生成上取得重大突破。2022年11月，以 ChatGPT 为代表的大语言模型揭示了生成式 AI 的巨大潜力。目前，技术发展的重点集中在多模态融合上。2024年2月，Sora 通过大模型多模态训练，更好地模拟了物理世界。2024年5月，GPT-4o 能够实现人与模型的实时自然对话，验证了通用人工智能（Artificial General Intelligence，AGI）的可行性。2024年9月，OpenAI 发布的新模型 o1 使用思维链（Chain of Thought，CoT）补齐了大模型在推理方面的短板。未来，AI 机器人和自动驾驶等代表的具身智能（Embodied Intelligence）极有可能取得重大突破，有望进一步实现数字世界和物理世界的联通和互动。

多模态融合的技术进步加深了对物理世界的理解，并将大语言模型推进到大模型阶段，但更多的是激活了计算机视觉（Computer Vision，CV）和计算机图形学（Computer Graphics，CG），离多模态融合目标实现尚有很大距离。将来要进一步改造物理世界，还需继续引入多步骤决策和规划等技术。

（一）大模型驱动的新一代人工智能技术特点

新一代人工智能由大模型驱动，在技术上具有双重特点。

第一，带有通用目的（General Purpose，GP）的深度学习。深度学习给侧重于因果分析的经典机器学习带来的技术进步集中在预训练上，即通过对高维的数据进行随机梯度下降的降维处理，直至形成人类可以理解的内容生成和知识生产。深度学习对内容生成和知识生产具有重大意义。①充分利用了高维的非结构化数据，解决了只可意会不可言传的隐性知识生产难题，从而产生迁移学习效应，降低内容生成和知识生产成本；②产生了与经典的科学研究因果分析互补的知识。与科学研究因果分析不同，深度学习是以较小样本的样本内误差稍微增加为代价，进行有效的样本外推断和预测，属于典型的归纳法。更为重要的是通过随机丢弃多层神经网络中的部分学习单元和节点，还能够缓解模式过度识别难题，提高样本外推断的准确性。科学研究范式在历史上曾经历过两次重大革命。一次是以双盲实验为代表的可控实验，另一次则是以可观测的数据为基础的准随机实验，在数据科学（Data Science），特别是经济计量上又被称为可信性革命，包括模式识别、结构模型和反事实分析等内容。深度学习则通过对高维非结构数据进行处理，产生了与这两类科学研究因果分析互补的归纳法知识，无疑是对科学研究范式的又一次重大改进。

第二，基于人类反馈的强化学习（Reinforcement Learning with Human Feedback，RLHF）。由于归纳法的内容生成和知识生产不可避免地带有一定程度的不确定性，这就要求引入基于人类反馈的强化学习在充分利用信息以最大化当前回报和探索以最大化长期利益之间实现平衡，及时得出较为满意的答案。

（二）新一代人工智能有望提供新规模经济

得益于带有通用目的的深度学习和基于人类反馈的强化学习的双重特点，大模型驱动的新一代人工智能不仅是一种通用目的技术（General Purpose Technology，GPT），而且是一种关于发明方法的发明，有望提供除工业化以外的另一种规模经济。

一是深度学习充分利用了高维的非结构化数据，解决了只可意会不可言传的隐性知识生产难题，从而产生迁移学习效应，降低内容生成和知识生产成本。与小模型只能重复训练、进行线性成本扩张不同，深度学习的迁移学习效应使大模型驱动的新一代人工智能具有可扩展性。

二是深度学习还能够生产与经典的科学研究因果分析互补但弱相关的知识，有可能解决无人口红利条件下的原创知识来源问题。

三是新一代人工智能基于人类反馈的强化学习不仅实现了快速计算，而且也更充分地挖掘了计算机模拟实验潜力，极大地加快了从创意到产品开发的速度。

通用目的技术通常需要满足三个标准，在诸多部门的广泛应用、催生应用部门的进一步创新以及自身迅速的改进。作为发展最迅速的人工智能子领域，得益于深度学习的迁移学习效应和大模型的可扩展性，并同基于人类反馈的强化学习相结合，大模型驱动的新一代人工智能能够实现所有部门技能型知识生产任务的自动化，无疑具有通用目的的技术属性①。这就会直接产生规模经济，并可将更多的人力资本用于原创知识（idea）生产。比如，现在人工智能识别放射照片的准确性已超过人类放射师，这样就可以将本来用于诊断的资源更多地用于病理学研究。

与此同时，作为一种 IMI，大模型驱动的新一代人工智能通过归纳法还可以在数据间建立起连接性或关联性，恰好能够与科学研究因果分析形成互补但弱相关的内容生成和知识生产。新一代人工智能归纳法知识生产的 IMI 属性可对经典的科学研究因果分析发挥启发式作用，能够确保通用目的技术的原创知识来源。

Jones 通过引入对知识生产的思考，揭示出以工业化为代表的创新驱动内生增长需要存在人口红利的先决条件②。如果没有知识生产率提高，单纯的创新驱动和知识外溢并不足以重构增长动力。即作为内生增长动力源泉，能够产生外溢效应的原创知识同样需要消耗人力资本。那么，在经济稳态条件下，能够投入知识生产部门的人力资本将接近常数。随着工业化完成，一旦失去人口红利，原创知识生产的不足可能导致创新和整体经济增速存在下

---

① Cockburn 等于 2019 年将人工智能细分为机器人、符号系统和深度学习三个子领域，并发现自 2009 年起，深度学习发展最为迅速。Iain M. Cockburn, Rebecca Henderson, Scott Stern, *The Impact of Artificial Intellligence on Innovation: An Exploratory Analysis*, *The Economics of Artificial Intelligence: An Agenda*, Edited by Ajay Agrawal, Joshua Gans, Avi Goldfarb, The University of Chicago Press, 2019.

② Charles I. Jones, "Time Series Tests of Endogenous Growth Model," *The Quarterly Journal of Economics*, 1995, 110 (2): 495-525. Charles I. Jones, "Growth: With or without Scale Effects?" *American Economic Review*, 1999, 89 (2): 139-144.

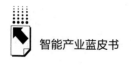

降风险。

Young 试图通过品种增多和纳入通用目的技术的质量改进两研究部门内生增长模型来回应 Jones 的挑战[1]。与品种增多型创新相比，质量改进型创新所得知识不具有弥散性，更多带有通用目的技术特征，扩散范围更广并持久。不过，正如 Li 指出的那样，如果品种增多型创新和质量改进型创新强相关，两研究部门模型将退化为单研究部门模型，通用目的技术驱动的内生增长模型将再度失效[2]。

实现品种增多型创新和质量改进型创新弱相关通常有两种解释。一是基础研究和应用研究会产生弱相关。二是在应用研究内部颠覆性创新和连续性创新也能产生弱相关。对颠覆性创新，克里斯坦森的解读是："颠覆性技术不等于更加先进或更具突破性的技术"。在他看来，"颠覆性创新"的实质是"技术的民主化"，也就是将原先复杂昂贵的技术转化为简单廉价的技术，让技术的受益者和使用者从一小撮掌握复杂知识和技术的专家，扩展为主流大众[3]。颠覆性创新又被称为市场创造性创新，是通过对复杂或昂贵产品进行化繁为简的重新设计，吸引新的消费群体，创造出全新的市场。计算机的发展是此类创新的代表。最初大型机造价高达几十万美元，且仅供一小批专业人士使用；个人电脑则将价格降至 2000 美元，使消费者群体扩充至几百万人；现在智能手机只要 200 美元，从而将消费者群体扩充至全球数十亿人。由此可见，颠覆性创新并不仅仅是熊彼特创造性破坏的质量升级，而是与连续性创新相对应的一个概念。与连续性创新不同，颠覆性创新尽管也要依赖较为高端的技术，但仍主要是通过对复杂或昂贵产品进行化繁为简的重新设计，进而形成与市场现有的产品或服务没有太多联系的全新产品。颠覆性创新由此成为更接近纳入通用目的技术的内生增长模型中与品种增多型

[1] Young A. , "Growth without Scale Effects," *Journal of Political Economy*, 1998, 106 (1): 41-63.

[2] Chol-Won Li. , "Endogenous vs Semi-endogenous Growth in a Two-R&D-Sector model," *Economic Journal*, 2000, 110 (462): 109-122.

[3] 克里斯坦森等:《"颠覆性创新"之父克里斯坦森:我只有一套理论》,《哈佛商业评论》增刊, 中信出版社, 2015。

创新弱联系的质量改进型创新活动。然而，这两种解释的问题在于基础研究知识生产问题仍悬而未决，颠覆性创新和连续性创新划分更是具有随意性。

Agrawal 等通过对知识生产建模来更好地回应 Jones 的挑战。该研究将知识生产视为在既有知识存量的基础上通过对知识进行重新组合的活动①。知识存量基础的不断扩大和相应的新的潜在组合数量的爆炸性增长，不仅增加了个体研究者获得知识的难度、产生知识的负担，而且还会加剧知识搜索空间的复杂度，形成"在干草堆里找针"的难题和钓鱼效应。幸运的是新一代人工智能兼有通用目的的技术和 IMI 双重属性，能够同时改进搜索现有知识效率和提高预测新组合价值的能力。这无疑能够提高知识生产率、确保无人口红利条件下的原创知识正增长。尽管像 Weitzman 那样提及未来机会的识别具有路径依赖特征，但 Agrawal 等只是简单指出 AI 可以识别有效路径，避免经济走入技术困境②。该研究并未能结合 Young 双研究部门建模优点，充分揭示新一代人工智能归纳法知识生产对经典的科学研究因果分析发挥启发式作用，确保无人口红利条件下的原创知识正增长的重大意义。

由此可见，大模型驱动的新一代人工智能不仅是通用目的技术，而且是一种特殊的通用目的技术，即一种关于发明方法的发明，能够实现部分知识生产任务的自动化，并确保无人口红利条件下的原创知识正增长，有望提供除工业化之外的新规模经济。

二　新一代人工智能可解释性和治理挑战

要将新一代人工智能生产力潜力转变为现实，必须成功解决模型可解释性问题，并完善新一代人工智能透明度、安全技术、数据和知识产权保护等

---

① Ajay Agrawal, John McHall, Alexander Oettl, *Finding Needles in Haystacks: Artificial Intelligence and Recombinant Growth*, *The Economics of Artificial Intelligence: An Agenda*, Edited by Ajay Agrawal, Joshua Gans, Avi Goldfarb, The University of Chicago Press, 2019.

② Weitzman, Martin, "Recombinant Growth," *Quarterly Journal of Economics*, 1998, 113 (2): 331-360.

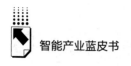

治理。

可解释性（Interpretability）在机器学习和人工智能领域中没有一个统一的数学定义。其中一种定义涉及人们对模型行为的理解程度，这意味着模型的输出结果应该能够通过一种可理解的方式与输入数据和模型内部的决策过程联系起来，使人们能够理解模型是如何得出特定结果的。另一种定义强调了人们能够一致地预测模型结果的程度。这可以理解为，模型的输出在一定程度上应该是可预测的和稳定的，不会因微小的变化或噪声导致过度不一致的结果，这有助于确保模型的稳定性和可靠性①。

新一代人工智能的技术特点决定了成功解决模型可解释性问题对充分发挥其生产力潜力的重要性。只有这样，才能明确工作责任，可靠地进行产业应用。否则，在诸多利益攸关的场景，如国防、金融、医疗、意识形态领域，新一代人工智能的产业应用将变得困难重重。第一种定义的可解释性只能在经典的机器学习上得到实现，主要体现为大数据或数据科学在模式识别、结构模型和反事实分析上取得的进步。然而，由于遵循归纳法进行隐性知识生产，大模型预训练的深度学习显然无法直接从因果分析角度实现可解释性，但仍可通过计算机程序自动验证，确保大模型内容生成和知识生产的稳健性和质量，在第二种定义的可解释性上实现可预测性。

（一）新一代人工智能透明度治理

遵循归纳法进行隐性知识生产的特点要求大模型驱动的新一代人工智能在可预测性上实现可解释性，通过计算机程序自动验证，确保大模型内容生成和知识生产的稳健性和质量，形成透明度治理。计算机程序验证和透明度早在四色问题的证明中就已涉及。1976 年，阿佩尔和哈肯在计算机专家柯克的帮助下，采用计算机证明了四色问题。他们用了 4 年的时间，采用几台计算机运算超过 1200 个小时，检验了超过 2000 个构形，做过超过 100 亿次

① 刘美欣：《机器学习在实证资产定价中的可解释性研究》，中国社会科学院大学博士学位论文，2024。

判断，并证明了 1482 个不可避免构形的可约性，最后证明了没有一张地图需要用到五种颜色，四色猜想变成四色定理。但问题在于，四色定理的计算机证明需要庞大的计算量，显然已经没有人能够逐步验证计算机的计算过程，而计算机又无法解释其中的逻辑，这是否还称得上是一个证明？1982年，阿佩尔和哈肯回应了这一质疑，进一步阐述了他们的证明过程和原理，并认为计算机检验的过程是完全可靠的。借助于计算机的强大算力，数学家由此获得了一种新的工作方式，通过个例给出猜测，然后设计实验让计算机模拟，快速验证猜测的结论。如果验证结果为真就将猜测变成定理，如果为假则进入下一个猜测[1]。

不过，总的来说，新一代人工智能透明度治理仍悬而未决[2]。人工智能的正常运行以算法为基础，同时人工智能算法的实施也带来了"算法黑箱"问题[3]。这就造成人工智能算法缺乏透明性以及存在可解释性风险[4]。为了解决"算法黑箱"问题，当前各国都致力于推动人工智能企业算法公开，要求算法服务提供主体披露、解释其算法原理、逻辑以及决策过程[5]。虽然算法的透明性要求缓解了算法服务提供主体和被决策主体的不平等地位，然而现有算法规制条款较为抽象，缺乏明确具体指引和明确义务。

（二）新一代人工智能安全技术治理

新一代人工智能深度学习产生的迁移学习效应，也带来了人工智能内容生成（AI-Generaed Content，AIGC）的低成本，这就要求培育具有国际竞争力的生成式对抗网络（Generative Adversarial Network，GAN），抑制伪造的和低质量的生成内容近乎无限地供应，从整体上降低新一代人工智能使用成

---

[1] 吴翰清：《计算》，电子工业出版社，2023。
[2] 岳林峰：《人工智能对经济影响研究综述》，北京大学经济学院工作论文，2024。
[3] Pasquale F., *The Black Box Society: The Secret Algorithms That Control Money and Information*, Harvard University Press, 2015.
[4] 毕文轩：《生成式人工智能的风险规制困境及其化解：以 ChatGPT 的规制为视角》，《比较法研究》2023 年第 3 期。
[5] 赵宏：《公共决策适用算法技术的规范分析与实体边界》，《比较法研究》2023 年第 2 期。

本。直观地说，生成式对抗网络的想法就是将玩"你画我猜"游戏的人类玩家换成一个算法，它被称为"对抗者"或"教师"①。这位"对抗者"的任务就是衡量模型生成的图像与真正的图像有多相似。为此，我们先抛一枚硬币，如果正面向上，那么我们就在庞大的真实图像库中抽选一张图像，否则，就要求模型生成一张图像。然后，无论图像来自哪里，我们都要求"对抗者"计算出它是真实图像的贝叶斯置信度。如果模型正确的话，从直觉上来说"对抗者"应该会混淆两种可能性，也就是会向任何提交的图像都赋予1/2的概率。当然，生成模型随后也可以尝试调整参数，使生成的数据更接近真实数据。因此，只有具有竞争力的生成式对抗网络才能判断出数据的真伪。

（三）新一代人工智能数据治理

新一代人工智能的技术特点决定了充分发挥其生产力潜力也要求完善相应的数据治理。与大数据的小模型形成鲜明对照，新一代人工智能从个例中归纳学习，在技术上是大参数（大模型）、小数据，这就对新一代人工智能数据治理提出了不同要求。新一代人工智能数据治理主要包括两方面内容。

1. 如何从多样性端口以合理成本获取高维数据用于大模型训练？

对数据治理的探索早在以互联网革命为核心内容的数字经济时代就已经开始，并偏重对个人数据产权和隐私的保护。一是部分研究认为，数据治理需要向数据主体进行赋权，通过立法对数据和算法服务主体施加责任，以此强化个人的数据知情权和控制权②。如2018年欧盟通过《通用数据保护条例》对人工智能算法进行了具体规定，强调了涉及个体利益的算法技术的影响。二是通过设立专门机构以及聘请专业技术人员对算法进行问责审查。如2017年美国纽约市通过《算法问责法》，首次建立美国算法规制问责的核心框

① 黄黎原：《贝叶斯的博弈：数学、思维和人工智能》，方弦译，人民邮电出版社，2021。
② 此处参照岳林峰《人工智能对经济影响研究综述》，北京大学经济学院工作论文，2024。Whitman J. Q., "The Two Western Cultures of Privacy: Dignity versus Liberty," *Yale Law Journal*, 2004, 113 (6): 1151-1221. 汪庆华：《人工智能的法律规制路径：一个框架性讨论》，《现代法学》2019年第2期。丁晓东：《隐私政策的多维解读：告知同意性质的反思与制度重构》，《现代法学》2023年第1期。

架，随后美国各地逐渐形成算法问责体系。三是以中国为代表的国家逐渐确定以平台企业算法义务为主、赋予个体算法权利为辅的复合型综合治理思路。当前，平台企业已然成为中国数字经济的代表主体，因此平台经济成为主要治理抓手，通过赋予用户相应创新权利、限定算法使用场景和用途、确立平台算法责任与义务等实现算法监管目标，如《互联网信息服务算法推荐管理规定》和《关于加强互联网信息服务算法综合治理的指导意见》等。与大数据不同，大模型通过公开网络数据训练，运用少量数据就可以进行有效推断和预测，这就降低了私域数据价值。考虑到私域数据可扩展性不足的弱点，部分研究认为，为了以合理成本获取高维数据用于大模型训练，隐私保护问题需要基于个人或社会最优目标来权衡披露和隐私，探讨个人信息保护程度水平①。Miller 和 Tucker 同时也强调，不同类型的隐私保护具有不同的影响，如消费者披露控制权法规可以促进个性化医疗技术发展②。从现实而言，目前各国政府私域数据保护机制尚处于起步阶段，欧盟《人工智能法》对人工智能按风险程度不同进行分层治理代表了这方面的最早尝试③。

2. 如何对算法偏见与算法歧视进行治理，确保能够反映行业最优实践行为的高质量数据获取？

与互联网主要依赖数据数量产生网络效应不同，大模型的发展更多取决于数据质量。除了多样性的数据获取端口外，数据质量还取决于是否能够反映行业最优实践行为，这就对算法偏见与算法歧视提出了治理要求。

如果人工智能的前期训练数据存在某种程度上的歧视或偏见，那么通过算法机制下的反馈结果同样存在结构性歧视，甚至在人工智能使用过程中导致这一负面效果进一步延续和放大④。在这一过程中，人工智能算法滥用增

---

① Acquisti A., H. R. Varian, "Conditioning Prices on Purchase History," *Marketing Science*, 2005, 24 (3): 367-381.

② Miller A. R., C. Tucker, "Privacy Protection, Personalized Medicine, and Genetic Testing," *Management Science*, 2018, 64 (10): 4648-4668.

③ 张磊：《智能产业革命和我国中长期经济增长动力转换初探》，《科学社会主义》2024 年第 3 期。

④ 张丰羽、汤珂：《数字时代的算法滥用及其规制研究》，《经济学动态》2023 年第 2 期。

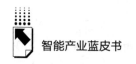
加了个体基本权利遭受侵害的可能性，致使个体更容易遭受不公平的结构性锁定，最终引发少数群体或弱势群体的加速边缘化风险，陷入"数字贫民窟"困境①。

（四）新一代人工智能知识产权保护治理

新一代人工智能的技术特点决定了充分发挥其生产力潜力还离不开对新一代人工智能知识产权保护治理的完善。

除了缓解可解释性问题外，充分发挥新一代人工智能内容生成和知识生产潜力，还需突破传统知识产权保护的知识及其表达形式二分法。传统知识产权保护的知识及其表达形式二分法带来了偏重知识表达形式保护的弱点，会阻碍归纳法的内容生成和知识生产与因果分析知识形成互补。正如陶哲轩将数学学习分为三个阶段，分别为前严谨阶段、严谨阶段和后严谨阶段。严谨阶段对应形式化技能的培养，后严谨阶段则对应科学家经过严格的形式化技能训练后产生的直觉及其形成的观点②。只有实现对传统知识产权保护的扬弃，合理衡量观点和形式化技能的学术贡献，这样才能有效促进科研分工和合作，充分发挥新一代人工智能内容生成和知识生产的应有作用。

综上所述，要将新一代人工智能知识生产部分任务的自动化转变为现实，通过归纳法生产互补但弱相关的知识，关键在于能否成功地解决模型可解释性问题，推动新一代人工智能透明度、安全技术、数据和知识产权诸方面治理。只有解决模型可解释性问题，才能明确工作责任，可靠地进行大模型驱动的新一代人工智能产业应用。概括起来，新一代人工智能治理具体内容包括以下几点。①新一代人工智能透明度治理。遵循归纳法进行隐性知识生产的特点要求新一代人工智能在可预测性上实现可解释性，确保大模型内容生成和知识生产的稳健性和质量，形成透明度治理。②新一代人工智能安全技术治理。生成式对抗网络是其中的核心内容，可用于抑制伪造的和低质

---

① Binns R. , "Algorithmic Accountability and Public Reason," *Philosophy & Technology*, 2018, 31 (4): 543-556.

② 黄黎原：《贝叶斯的博弈：数学、思维和人工智能》，方弦译，人民邮电出版社，2021。

量的生成内容近乎无限地供应，从整体上降低新一代人工智能使用成本。③新一代人工智能数据治理，主要包括两方面内容：一是打造人工智能平台的可竞争市场结构，能够在平衡个人和社会利益的基础上，保证从多样性端口以合理成本获取高维数据用于大模型训练；二是推动算法偏见与算法歧视治理，确保能够反映行业最优实践行为的高质量数据获取。④新一代人工智能知识产权保护治理。需合理衡量观点和形式化技能的学术贡献，形成基于新一代人工智能的科学研究范式和合作平台。

三　新一代人工智能的产业路径

从技术特点出发，新一代人工智能在产业中的应用需同时聚合行业专家、模型训练和高质量的数据平台三方面的资源。其中，行业专家需提出产业运营和发展的正确问题，再由模型训练专家调适为具体的算法和模型，并运用从多样性端口获取的能够反映行业最优实践行为的高质量数据进行训练。由此可见，新一代人工智能存在不同的产业应用成本，将其生产力潜力转变为现实要求对产业路径进行选择。

（一）新一代人工智能影响我国增长动力的三种产业路径

除了大模型训练，对大模型场景落地和产业应用的探索也正在全球范围内迅速展开。以下三个方向均有可能取得突破：①大语言模型用于办公自动化，通过数字化专业或商务服务升级提质增效；②具身大模型用于 AI 机器人和自动驾驶等，最终实现赋能千行百业；③多模态大模型用于文化创意或 AI 制药和其他研发活动，推动知识生产部分任务的自动化。

大模型产业上述应用前景可能形成智能专业或商务服务、智能供应链和智能创新范式等影响我国增长动力的三种产业路径①。

---

① 张磊：《大力推动智能产业革命，加快我国中长期经济增长动力转换》，《财经智库》2024年第 2 期。

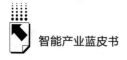

1. 智能专业或商务服务

大模型驱动的人工智能将数字化专业或商务服务提升到新的阶段，有望发展成为智能专业或商务服务，进一步缓解鲍莫尔成本病，补齐服务业短板，为工业化向智能化转型赢得宝贵时间。

鲍莫尔成本病给工业化经济增长带来的困扰由来已久。尽管技术进步和生产率提高更快的部门产出增速更快，但由于不同生产任务间不完全替代性，其产品相对价格将以更快速度下降。这样，总产出就将遵循短边规则，遭遇鲍莫尔成本病，以服务业为代表的生产力发展滞后部门将决定并最终拖累总产出增长[①]。作为中间投入，以软件为代表的数字化专业或商务服务早已在企业生产率提高中发挥重要作用[②]。得益于大样本的无监督学习，大模型驱动的新一代人工智能在应用上从模块化转向端到端（E2E，End-to-End）更是进一步推动了数字化专业或商务服务的技术进步。端到端又称感知决策一体化，能够有效缓解模块化的耦合难题，将传统的局部智能发展成为系统或全局的智能[③]。端到端本是深度学习中的一个概念，指的是一个 AI 模型从输入到输出的完整过程，不需要人为干预或中间步骤。传统的模块化架构可以看作是一种流水线，很多模型的输入参数，其实是前级模型的输出结果。如果前级模型输出的结果有误差，就会影响下一级模型的输出，导致级联误差的出现。中间环节的低效率终将影响整套系统的性能。端到端智能则相当于把不同的模型功能整合进统一模型，大大降低了级联误差出现的概率。这样新一代人工智能就不仅能够实现快速计算和知识动态化，而且可以提高输出结果的可靠性，进而升级为系统或全局的智能。

系统或全局的智能带来的成本节约能够为既非（低价）产品驱动又无法依赖外部（高昂）销售费用支撑的数字化专业或商务服务开拓新市场[④]。由系

---

① Acemoglu, Daron, Pascual Restrepo, "The Race between Man and Machine: Implications of Technology for Growth, Factor Shares and Employment," NBER Working paper, 2016, No. 22252, Cambridge, MA.

② 威廉·鲍莫尔等：《增长的烦恼：鲍莫尔病及其应对》，贾拥民译，中信出版集团，2023。

③ 《特斯拉又要颠覆行业？详解：什么是"端到端"智能驾驶》，电动知士，2023 年 5 月 9 日。

④ 《AI 二阶效应：从前的"坏主意"变成了现在的"好生意"》，蓝鲸财经，2024 年 5 月 27 日。

统或全局的智能形成的智能专业或商务服务可以提供更加多样性和成本适中的中间投入服务，无疑更能促进服务业生产率提高，并最终缓解鲍莫尔成本病。

2. 智能供应链

作为端到端的系统或全局的智能和传统机器人技术相结合的产物，具身大模型将推动智能供应链建设，逐步实现制造业分布式布局，不可避免地会削弱我国由离岸生产形成的世界工厂地位。

具身大模型特别强调机器与环境互动以及工具的使用，需同时采用端到端的系统或全局智能和传统机器人技术。尽管端到端的系统或全局的智能提高了机器使用工具的能力，但实现机器与环境互动仍需要运用传统机器人技术。来自 VRAIN、剑桥等机构研究人员对 O1-preview 等领先的 LLM 开启了全方位评测，结果发现 Transformer 构架的大模型特别不擅长处理特别简单的任务[①]。这就给继续采用传统机器人技术留下了广阔空间。传统机器人技术可以被视为控制论应用的范例。早在 20 世纪 80 年代，得益于数控机床的技术进步和更具适应性但仍然基于规则的机器人的发展，机器人技术就已实现对已知环境的主动感知而得到蓬勃发展。随后，机器人越来越依赖可以对各种刺激作出反应的编程响应算法，反应变得更为灵敏。这种方法由 Rod Brooks 开创，将人工智能的商业和创新方向从类人智能的建模转向提供反馈机制，从而为特定应用提供实用有效的机器人技术[②]。端到端的系统或全局的智能和传统机器人技术无疑是互补的，前者负责复杂的决策，后者则可用于处理较为简单的任务。

大模型驱动的新一代人工智能使按照规则进行组织的显性（explicit）知识和只可意会不可言传的隐性（tacit）知识工作任务界限变得日益模糊，在不断扩大产品和服务自动化生产任务范围的同时，还降低了隐性知识外溢对产业（空间）集聚的要求，增加了产业空间布局的灵活性[③]。具身大模型

---

① 新智元：《Ilya 预言错了！华人 Nature 一作给 RLHF "判死刑"，全球大模型都不可靠》，2024 年 9 月 29 日。

② Brooks R., "Elephants Don't Play Chess," *Robotics and Autonomous Systems*, 1990 (6): 3-15.

③ 罗伯特·斯基德尔斯基、娜恩·克雷格：《工作的未来：人工智能和就业替代》，张林、张思齐译，中国金融出版社，2021。

正是由此推动了智能供应链建设。智能供应链主要包括智能工厂、智能物流，以及仓储库存、采购管理等配套产业①。智能工厂由 AI 机器人为主从事制造，基本上无人操作。智能物流的核心技术是无人驾驶及具有智能的物联网技术和调度系统，不需要大量司机等员工。智能工厂和智能物流相结合将极大地提高制造业空间布局的灵活性，最大限度地实现制造和销售、原材料和加工等环节的本地整合，甚至可能引发部分曾经有竞争优势的中间加工环节的整体消失。具身大模型推动的智能供应链建设给外包，特别是离岸生产带来的冲击显而易见。部分出于对智能供应链技术的展望，发达经济体正在积极重构全球供应链。2023 年 5 月，七国集团广岛峰会提出去风险（de-risking）的对华战略，以减少生产上对中国的过度依赖。这样的全球供应链调整也得到部分发展中大国，如巴西、印度、墨西哥等的配合。

面对世界工厂地位的削弱，我国必须积极参与智能供应链发展，避免制造业的过快萎缩，稳住制造业大盘，降低工业化向智能化转型成本。

3. 智能创新范式

新一代人工智能对科学研究范式的变革推广应用到产业上，将进一步发展成智能创新范式。得益于科学研究范式的变革，新一代人工智能不仅能提高产品和服务生产的自动化，还会实现知识生产部分任务的自动化，并生产与经典的科学研究因果分析互补但弱相关的知识。人工智能由此有望抵消未来人口红利可能消失的影响，确保原创知识正增长。与此同时，新一代人工智能也促进了计算机模拟实验技术的进步，在很大程度上实现了对传统工程师产品开发试错活动的替代，更快地将知识创意转化为产品。新一代人工智能基于人类反馈的强化学习不仅实现了快速计算，而且也更充分地挖掘了计算机模拟实验潜力，极大地加快了从创意到产品开发的速度。科学研究范式的变革和产品开发加速都对我国创新范式变革提出了紧迫要求。我国曾一度借助全球化带来的外部原创知识，充分发挥了工程师红利产品开发多样性探索优势，形成具有中国特色的工业化创新范式。然而，新一代人工智能带来

---

① 董洁林：《中美供应链之争》，FT 中文网，2024 年 5 月 21 日。

的创新范式变革使这样的工业化创新范式难以为继，不仅工程师红利产品开发优势被计算机模拟实验技术的进步所削弱，而且缺位的原创知识生产还受到人口老龄化的严重制约。因此，亟须加快智能创新范式形成。

传统的机器学习已经深刻地改变了知识生产和创新范式，先由人提出问题，并将其转换成计算机能理解的语言，再由计算机通过算法给出解决问题的答案。大模型驱动的新一代人工智能则进一步实现了编程的自动化，彻底改变了人机互动的知识生产和创新范式。大模型驱动的新一代人工智能将人的作用和功能集中到三个方面。一是借助人脑简洁信息表示的功能，运用"模糊的正确"的启发式提问，指导知识搜索或计算机模拟实验大致方向和技术路径。二是人类专家可以在决策的较粗颗粒度上提供因果分析，这样就能够通过 AI 代理人（Agent）从外部自动调用混合专家模型（Mixed Expert Models，MoEs）方式，增强模型输出结果稳定性，并提高模型的能效比。三是数字提示师（Prompt）编制应用软件能够改进对模型生成结果的反馈质量，加快知识搜索，并调适计算机模拟实验。大模型驱动的新一代人工智能将编程的复杂度转换成数字提示复杂度，这就对数字提示师产生了大量需求。因此，应将原先主要用于工业化产品开发试错的工程师转变成能够进行启发式提问的科学家、提供因果分析的模型专家和数字提示师，并结合对新一代人机界面和互联网的探索，共同形成智能创新范式。

由此可见，大模型驱动的新一代人工智能有可能形成智能专业或商务服务、智能供应链和智能创新范式等影响我国增长动力的三种产业路径，亟须三管齐下，进行积极应对，加快工业化向智能化的中长期增长动力转换。①通过发展智能专业或商务服务，补齐服务业短板，为工业化向智能化转型赢得时间；②通过推动智能供应链建设，稳住制造业大盘，降低工业化向智能化转型成本；③通过加快智能创新范式形成，充分提高创造新产业的能力，获得工业化向智能化转型的足够增长空间。

（二）我国新一代人工智能的比较优势领域：智能供应链

尽管终将被智能供应链发展所削弱，目前我国世界工厂的地位仍有助于在智能供应链上形成新一代人工智能的比较优势，为从工业化到智能化的增长动力转换赢得窗口期。具体地讲，就是利用世界工厂所能提供的高质量产品生产和物流数据训练出具有国际竞争力的大模型，不仅积极培育国内的智能供应链，而且要在世界经济范围内输出 AI 机器人和自动驾驶技术，为智能供应链全球布局提供资本品和相应技术服务。发展智能供应链就像当年的世界工厂英国在以纺织业为主导产业的工业革命行将结束之际，通过输出与铁路相关的资本品和技术服务，在一代人的时间内继续在世界经济范围内引领第二次产业革命。

受制于服务业发展滞后，我国智能专业或商务服务严重缺乏国际竞争力，基于新一代人工智能的科学研究范式和合作平台更是即使在美国也还至少需经历一代人时间才会发挥作用。陶哲轩领衔的一份 62 页报告总结和预测了 AI 对半导体、超导体、宇宙基础物理学、生命科学等领域带来的巨大变化[①]。如果这些预测在几十年后能够实现，美国酝酿的 AI "登月计划"就将成真。或许 20 年后，即 2045 年前后，科学家会用 AI 看到量子计算机与黑洞之间的类比，开启一种全新的测试广义相对论的台式方法，以及一种强大的新时序技术。

相反，以 AI 机器人和自动驾驶为突破口，围绕智能供应链培育我国制造业新的国际竞争力，这样的新一代人工智能产业路径无疑具有可行性。与传统信息化和数字化的网络效应不同，大模型驱动的人工智能更多依赖模型参数而非数据，对数据质量的要求又比对数据数量更高。我国世界工厂地位恰好提供了高质量产品生产和物流数据，足以训练出具有国际竞争力的大模型，并在智能供应链上形成比较优势。比如，马斯克旗下就拥有自动驾驶、人形机器人、社交媒体和脑机接口等多样性的数据获取端口，并由此聚合了高端制造、供应链、数据科学等大量行业专家和人工智能模型训练专家，从而成为新一代人工智能产业应用和治理的领导者。我国世界工厂地位提供了

[①] 新智元：《美国酝酿 AI "登月计划"，陶哲轩领衔 62 页报告重磅发布！》，2024 年 5 月 1 日，https：//www.whitehouse.gov/wp－content/uploads/2024/04/AI－Report＿UPload＿29APRIL2024＿SEND－2.pdf。

类似条件。

以 AI 机器人和自动驾驶为突破口，大力推动我国智能供应链发展具有三重意义。①围绕国内智能供应链建设，切实推动软件驱动的新型工业化，执行"保持制造业占比基本稳定"的基本国策。②实现高水平对外开放，以更高生产力层次参与和推动经济全球化发展。实现智能供应链全球布局有助于推动制造业分布式生产，能够同时促进发展中经济体的工业化和发达经济体再工业化，可以最大限度地降低贸易摩擦。③提供工业化向智能化转型的重要窗口期，补齐智能专业或商务服务短板，并最终形成智能创新范式，充分提高创造新产业的能力。智能供应链发展能够为补齐智能专业或商务服务短板和形成智能创新范式赢得窗口期。一方面，智能供应链本身就带有软件驱动特征，需要智能专业或商务服务的配套发展；另一方面，智能供应链促进制造业分布式布局倾向于削弱世界工厂地位，并抑制制造业相对增长规模，只能更多地寄希望于智能创新范式带来的新增长动力。无论是补齐智能专业或商务服务短板，还是形成智能创新范式都需要经过必要的政策调整和体制改革，我国智能供应链比较优势恰好能够提供这样的从工业化到智能化增长动力转换窗口期。

（三）新一代人工智能产业路径展望

尽管智能专业或商务服务、智能供应链和智能创新范式共同构成影响我国增长动力的三种产业路径，但这三者作用大小明显不同。新质生产力在智能创新范式上得到集中体现。新一代人工智能通过智能创新范式同时形成通用目的技术和 IMI 特征。由能够进行启发式提问的科学家、提供因果分析的模型专家和数字提示师结合对新一代人机界面和互联网的探索，共同形成智能创新范式，不仅推动了科技创新资源整合，而且会在产业发展中发挥更关键作用。

智能专业或商务服务的相关技术带有通用目的技术特征，有助于进一步缓解鲍莫尔成本病。然而，智能专业或商务服务毕竟属于由人工智能带来的中间投入产生的二阶效应，其增长空间会因边际报酬递减受到严格限制。

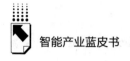

与智能供应链密切相关的传统机器人技术更多局限于工业机器人领域，连通用目的技术都算不上，更不必说是 IMI 了。即使传统机器人技术得到更多的 AI 赋能有望扩展为通用目的技术，但智能供应链促进制造业分布式布局还会倾向于削弱世界工厂地位，并抑制制造业相对增长规模。

因此，工业化向智能化转型的新增长动力只能更多地寄希望于智能创新范式带来的新产业创造能力提高。智能创新范式能够推动未来原创技术策源立足于高水平科技自强自立，并实现科技创新和产业创新协同。充分发挥战略科学家、战略企业家两个主体积极性，实现"企业家出题、科学家答题""科学家给技术、企业家用技术"①。

正如前面研究所指出的那样，新一代人工智能应用到具体产业上需要考虑三方面条件：①具备一定的数字经济基础，特别是数字端口条件，确保多样性高维数据的获取；②具有产业比较优势，形成能够反映产业最优实践的高质量数据竞争力；③形成充足的可用于模型训练的工程能力。总的来说，中国在新一代人工智能产业应用三方面条件上均有一定的国际竞争力。首先，在部分技术领域和产业部门，中国数字经济国际竞争力更为突出，促进了国际领先的数字端口的形成。2018 年，中国用于物联网的机器到机器（Machine To Machine，M2M）的 SIM 卡渗透率，即每百位居民拥有的 M2M SIM 卡数量接近 50 张，雄踞全球榜首，意大利和美国紧随其后②。中国同年 M2M SIM 卡采购量高达全球总额的 69%，是美国的 6 倍。得益于如此规模的物联网投资推动，2022 年，中国工业互联网已在原材料、消费品、装备等 31 个工业门类广泛部署，覆盖 45 个国民经济大类③。5G 则是中国具有国际竞争力的另一项数字技术④。2022 年，中国"5G+工业互联网"主要专利数占全球 40%，保持全球领先地位，边缘计算、5GTSN、5GLAN、5GNPN

① 冯华、刘温馨：《如何开辟未来产业新赛道》，《人民日报》2024 年 2 月 11 日。
② OECD, *A Roadmap Toward a Common Framework for Measuring The Digital Economy*, Saudi Arabia：OECD press，2020.
③ 中国信息通信研究院：《中国数字经济发展白皮书（2023）》，2023。
④ 中国信息通信研究院：《中国数字经济发展白皮书（2023）》，2023。

成为专利布局热点。5G 产业化同样取得明显进展。截至 2022 年，5G 芯片模组三年平均降价 40%，实现价格突破。其次，世界工厂地位使中国在制造业上具有比较优势，代表着行业最优实践，并由此获取制造业生产和物流的高质量数据。最后，在可用于模型训练的工程能力上，特别是算力上，中国与美国仍有较大差距。一方面，IDC 等机构发布的《2022-2023 全球计算力指数评估报告》显示，美国、中国分别以 82、71 的算力指数排在前两位，且明显高于第三名的日本，其算力指数为 58[①]；另一方面，可用于大模型训练的算力与美国差距仍然非常突出，并在短期内还有可能被进一步扩大[②]。

四　新一代人工智能对就业和收入分配的影响

即使成功解决可解释性以及治理问题，并合理选择了产业路径，依然需要妥善处理新一代人工智能对就业和收入分配的影响，才能将生产力潜力转变为现实。

能否实现充分就业，并形成资本和劳动力间合理分配始终是制约技术进步转变为现实生产力的重要议题之一。1950~1973 年，发达经济体工业化的技术进步曾经形成一项重要的卡尔多事实，即收入分配中的资本和劳动份额是稳定的，一直以来劳动力获得增长收益的 2/3。但自以互联网革命为核心内容的数字经济时代以来，就已出现劳动力市场逐底竞争和极化效应，并逆转了劳动力获得更大收入份额的趋势。新一代人工智能发展有可能进一步加剧趋势的恶化，这就不得不引发对是否会出现新卢德运动，阻碍新一代人工智能产业应用的普遍担忧。

（一）互联网革命、劳动力市场逐底竞争和极化效应

1973 年，随着工业化和城市化的完成，发达经济体生产率增长明显放

---

① 王昌林：《如何发展新质生产力：理论内涵、实践要求与战略选择》，中国社会科学出版社，2024。

② 大模型算力差距则根据有关部门组织的内部调研估计。

缓，工业化的高雇佣成本变得不堪重负。发达经济体一度寄希望于通过互联网平台重组生产和就业，以消化发达经济体高雇佣成本。

互联网平台企业创造信息数据市场、撮合产品和服务交易，并为全球的亿万个体用户提供点对点的共享经济（P2P）①。这样的平台企业促进了供求匹配、降低了交易成本。大多数市场存在双边信息缺口，买家和卖家都缺乏关于对方的关键信息，这种现象有时被称为"信任问题"。平台作为重复交易的场所，已产生的信息可以促进未来的交易增长。平台企业利用买卖双方庞大而不断增长的数据，可以提供越来越成熟的双向评价体系，以缩小阻碍普通市场发展的信息和信任缺口，特别是对缺乏历史声誉的小型买家和卖家而言，尤其如此。很显然，平台企业的供求匹配功能体现出了网络效应，随着用户数量的增长，平台的价值也随之提高。

平台企业的供求匹配功能还从营销环节延伸至生产外包（outsourcing）环节，并最终推动跨越国境的离岸生产（offshoring）兴起。随着1973年工业化的结束，无论是内部劳动力市场和（不完全）雇佣合同带来的激励弱化，还是大企业工资溢价都导致了发达经济体无法承受的高雇佣成本。因此，在资本市场推动下，大企业面临为投资人提高财务业绩的压力，被迫采取专注于能够给消费者和投资人带来最大价值的核心竞争力业务竞争策略。作为策略的重要补充，就是将对核心竞争力无关紧要的经营活动剥离出去，通常是从发放薪酬、宣传、会计和人力资源等职能开始，然后扩展到设备维护和保安，再进一步深化。在很多时候，剥离甚至涉及企业原有的核心业务。

不过，实施业务剥离的主导企业仍需监督和约束承担关键业务的从属企业的行为，使其不会损害如品牌识别或新产品开发等核心竞争力。所以业务的剥离要通过各种商业构架来完成：有明确和详细业绩标准的分包合同和劳务派遣合同，有类似的广泛业绩要求的特许经营、许可证与第三方管理体系②。所有

---

① 希瑟·布西、布拉德福德·德龙、马歇尔·斯坦鲍姆：《皮凯蒂之后：不平等研究的新议程》，余江、高德胜译，中信出版社，2022。

② David Weil, *The Fissured Workplace: Why Work Became So Bad for So Many and What Can Be Done to Improve It*, Ambridge, MA: Harvard Universtity Press, 2014.

这一切业务剥离的合同安排都建立在数字技术进步，特别是互联网对监督成本节约的基础之上。

主导企业的业务剥离引发了生产外包，并由此成功地消化了高雇佣成本。一方面，生产外包实现了劳动力的供需匹配，并由此形成双边合同，从而缓解了内部劳动力市场激励弱化问题；另一方面，主导企业将生产外包给外部服务供应商网络避免了工资差异悬殊的员工挤在同一工作场所的公平感问题，使按照每个劳动力的边际生产率设定工资成为可能，从而降低了工资溢价带来的高雇佣成本。很显然，生产外包实际上是把相当一部分内部劳动力市场重新还原为竞争性的外部劳动力市场。其中主导企业只需考虑外包产品和服务的价格，并不需要为实际从事这些工作的劳动力设定和支付工资。那么，随着层层外包的推进，外部服务供应商网络的内部竞争将最终导致按劳动力边际生产率设定工资。因此，与主导企业直接雇用相比，同一项目的员工最后得到的工资差别可能很大，生产外包能够更好地反映工作职位接近员工的不同边际生产率。

在工资套利的激励下，发达经济体主导企业生产外包还进一步转向工资更加低廉的新兴市场经济体，并最终发展形成以离岸生产为核心内容的全球供应链。网络信息技术和平台经营创新给复杂的全球供应链管理增添了新工具，让企业可以迅速而低成本地安排、监控和协调远距离的生产流程。

然而，正如俗语所说，世上没有免费的午餐，生产外包在消化高雇佣成本的同时，也加剧了劳动力市场的逐底竞争。生产外包导致各种形式的（非雇用）双边（承包）合同，如外包、分包、劳务派遣、以员工作为独立承包人的众包等的兴起。在生产外包的双边合同作用下，尽管主导企业仍然直接雇用员工，提供消费者认可的产品和服务，在保持较高利润水平的基础上，继续为员工提供高报酬，但业务被剥离到外部供应商网络的劳动者则面临更加激烈的市场竞争环境。这些从属市场还可能继续裂变为其他市场网络，进一步压低利润，导致工资设定更贴近竞争性劳动力市场模型，工资水平向劳动力边际生产率趋近。因此，生产外包的双边合同最终不可避免地会加剧劳动力市场的逐底竞争。生产外包发展到离岸生产则将劳动力市场的逐

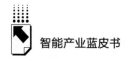
底竞争拓展至全球经济范围。

由此可见，网络信息技术和平台经营创新在推动生产外包和离岸生产、成功消化工业化的高雇佣成本的同时，也引发了劳动力市场逐底竞争和极化效应。

经济学界最初以技能偏好型技术进步来解释劳动力市场逐底竞争，即高技能人才能更好地与技术实现互补，由此形成通常由大学毕业生工资高于高中毕业生工资进行衡量的技能溢价。技能偏好型技术进步导致低技能工人供过于求，从而形成逐底竞争。

不过，由于解释不了由数字技术进步引发的劳动力市场极化现象，即那些中等技能的工人在薪酬和就业岗位的增长方面不仅落后于高技能工人，甚至还不如低技能工人，技能偏好型技术进步假说被奥托-列维-莫南假说（Autor Levy Murnane Hypothesis，简称"ALM 假说"）所替代。ALM 假说进一步将工作岗位细分为各项任务，并把任务区分为常规和非常规不同性质。对任务常规和非常规性质的区分源自迈克尔·波兰尼的思想。波兰尼认为，人类的知识可以分为可用语言明确解释规则的"显性"知识和只可意会不可言传的"隐性"知识。那么，常规任务更多需要显性知识；反之，非常规任务则更多需要隐性知识。ALM 假说从任务的角度出发并将其划分为常规与非常规两类，这种二分法一度成功地揭示了数字技术，特别是自动化发展趋势。具体地讲，可用语言明确解释规则的常规任务更易编程和实现自动化，而难以明确解释的非常规任务就很难实现自动化[①]。

（二）新一代人工智能技术有可能加剧劳动力市场逐底竞争和极化效应

劳动力市场的逐底竞争和极化效应有可能因人工智能技术进步进一步加剧。Acemoglu 正是遵循 ALM 假说思路解释了人工智能技术进步引发劳动力

---

① 罗伯特·斯基德尔斯基、娜恩·克雷格：《工作的未来：人工智能和就业替代》，张林、张思齐译，中国金融出版社，2021。

市场极化效应的原因。劳动方式可以划分为抽象劳动、程式化劳动和简单劳动三种[1]。由于算力的成本大幅下降，计算机控制的机器改变了工作岗位构成和劳动收入分配。这些机器正在数量越来越多、范围越来越广的岗位上取代劳动力，通常是可编程的日常任务，包括蓝领和白领、体力和脑力岗位；与此同时，却提升了以下两类岗位劳动力的生产率、扩大了市场需求：专注于抽象任务的岗位，要求问题解决技能、适应力和创造力；需要密集使用人类劳动的体力和服务类岗位。这就引发了劳动力市场的两极分化：高技能、高工资的非常规工作与低技能、低工资的非常规工作同时增长，而中等技能、中等工资水平的常规工作减少。中等技能、中等工资水平的常规工作减少迫使中等技能工人转向低技能、低工资非常规工作，加剧了劳动力市场逐底竞争。美国的非常规体力工作岗位和非常规脑力工作岗位在 1967～2000 年快速增长，常规工作岗位数量则在初期减少，到了 20 世纪 90 年代增长陷入停滞。进入 2000 年以后，全球化特别是离岸生产进一步放大了劳动力市场的两极分化，常规工作岗位快速减少，非常规体力工作岗位继续增长，而非常规脑力工作岗位增长出现停滞[2]。总的来说，美国的中等收入岗位占比从 1979 年的 60% 下降到 2012 年的 46%[3]。其他发达国家也有明显的类似趋势。

新一代人工智能技术的发展有可能使劳动力市场极化效应和逐底竞争愈演愈烈。基于大模型的新一代人工智能通常又被统称为生成式 AI。生成式 AI 在隐性知识生产上的惊人突破无疑极大地模糊了常规和非常规任务的边界。与此同时，生成式 AI 经过大语言模型多模态的预训练还可以实现认知功能迁移和泛化，初步验证了通用人工智能（AGI）的可行性。生成式 AI 的进步无疑会加速任务算法化进程。现在人类每完成一项任务，就会生成大

① Acemoglu D., "Technical Change, Inequality, and the Labor Market," *Journal of Economic Literature*, 2020, 40 (1): 7-72.

② Nir Jaimovich, Henry E. Siu, "The Trend Is the Cycle: Job Polarization and Jobless Recoveries," NBER, Working Paper, 2012, No. 18334.

③ Autor D. H., "Why Are There Still So Many Jobs? The History and Future of Workplace Automation," *Journal of Economic Perspectives*, 2015, 29 (3): 3-30.

量的数据，可供计算机进行深度学习，并让任务完成得更加完美。这就需要创建一系列微任务，推动任务算法化。具体地讲，大多数任务由算法主导的机器来完成，只有部分任务由人工完成，从而筛选出需要由人类完成的额外微任务。在基于算法、机器学习的世界里，每一项微任务都有一个有限寿命周期，因为一项微任务完成后所生成的数据会被拿去加以分析，然后找到最佳方法，进而生成新的微任务。这样的任务算法化可以不断进行下去。

由此可见，随着机器完成抽象非常规任务能力的提高，资本对高技能、高教育劳动替代弹性也会提高，有可能进一步恶化劳动力市场极化效应和逐底竞争。麦肯锡全球研究所一项研究成果发现，2017 年，人们从事的 45%的工作已经能用现有的技术实现自动化[①]。即便是技能要求与工资水平最高的那些职业，包括医生、律师、CEO 和金融市场高管，都有相当比例的工作可以实现自动化。这一趋势还有可能进一步加速。据此预测，在下一个10 年将有近 1100 万个不同技能的岗位被自动化替代，几乎是历史替代率的2 倍。

（三）新一代人工智能对就业和收入分配的整体影响

新一代人工智能并不只会加剧劳动力市场极化效应和逐底竞争，还有其他有益影响，对此需要进行更为全面的分析。

正是出于对新一代人工智能深度学习能力的充分肯定，有学者认为，由于人只是在复杂的非常规任务上具有比较优势，加上创造适合于人的新工作任务的技术进步速度可能跟不上人工智能带来的自动化速度，这就可能在宏观上造成资本对劳动的替代，引发大规模失业和工资水平下降[②]。Acemoglu和 Restrepo 提出人工智能带来的自动化直接产生资本替代劳动的替代效应

---

① 希瑟·布西、布拉德福德·德龙、马歇尔·斯坦鲍姆：《皮凯蒂之后：不平等研究的新议程》，余江、高德胜译，中信出版社，2022。

② Acemoglu D., Restrepo P., "The Race between Man and Machine: Implications of Technology for Growth, Factor Shares and Employment," NBER Working paper, 2016, No. 22252, Cambridge, MA. Acemoglu D., "Technical Change, Inequality, and the Labor Market," *Journal of Economic Literature*, 2020, 40 (1): 7-72.

（Displacement Effect）。与此同时，人工智能带来的自动化又通过生产率效应、资本积累和自动化深化①3种机制对替代效应起到部分抵消作用②。不过，除非能够创造出足够数量的人具有比较优势的（非常规）新工作任务，形成相应的劳动力补偿恢复效应（Reinstatement Effect），人工智能带来的自动化会降低就业和劳动力在收入分配中的份额。

然而，Aghion 等借鉴了 Agrawal 等将人工智能特别是深度学习视为带有通用目的的 IMI 的思想，并结合鲍莫尔成本病的分析框架，揭示了新一代人工智能最终重返平衡增长路径的可能性③。Agrawal 等认为基于深度学习的新一代人工智能有助于提高知识生产率。知识生产的难度是不断加大的。一方面，存在知识的负担，前沿知识搜索成本上升；另一方面，重组知识的搜索空间也在扩大，会遭遇维度灾难。新一代人工智能不仅能够提高前沿知识搜索效率，而且可以更好地预测知识重组的技术路径成功可能性。因此，基于深度学习的新一代人工智能是一种带有通用目的的 IMI，同时兼有资本和劳动增广的性质。这样新一代人工智能就能直接提高知识生产率，即 $\dot{A}/A$，确保无人口红利条件下的原创知识正增长和内生增长动力形成。很显然，Aghion 等的分析与 Acemoglu 和 Restrepo 截然不同。Acemoglu 和 Restrepo 的分析隐含了人工智能只会通过自动化提高生产率，但并不会提高人具有比较优势的新工作任务创造的生产率，以致人工智能与新工作任务创造无关，沦为一项资本

---

① 生产率效应是指生产率提高降低产品相对价格、扩大市场需求，进而带动劳动力就业的效应。资本积累此处是指资本积累带动就业增加的效应。自动化深化此处是指自动化在深度上的边际改进，代表自动化资本品的质量提升，会提升生产率并不再会替代劳动。这是因为资本对劳动的替代已在自动化广度上的边际改进中完成。

② Daron Acemoglu, Pascual Restrepo, *Artificial Intelligence, Automation, and Work, The Economics of Artificial Intelligence: An Agenda*, Edited by Ajay Agrawal, Joshua Gans, Avi Goldfarb, The University of Chicago Press, 2019.

③ Philippe Aghion, Benjamin F. Jones, Charles I. Jones, *Artificial Intelligence and Economic Growth, The Economics of Artificial Intelligence: An Agenda*, Edited by Ajay Agrawal, Joshua Gans, Avi Goldfarb, The University of Chicago Press, 2019. Ajay Agrawal, John McHall, Alexander Oettl, *Finding Needles in Haystacks: Artificial Intelligence and Recombinant Growth, The Economics of Artificial Intelligence: An Agenda*, Edited by Ajay Agrawal, Joshua Gans, Avi Goldfarb, The University of Chicago Press, 2019.

增广性质更为突出的技术进步①。与此同时，Aghion 等也通过引入鲍莫尔成本病的分析框架，排除了由奇点代表的爆炸性增长的可能性。Aghion 等认为鲍莫尔成本病源自不同工作任务间的低替代弹性，即 $\rho<1$。那么，生产率提高快的工作任务或部门就会产生双重效应。一方面，生产率迅速提高直接增加资本份额；另一方面，受制于不同工作任务或部门间的低替代弹性，又会压低生产率提高快的工作任务或部门的相对价格，从而降低资本份额。这两者相平衡会驱使新一代人工智能像历史上的其他技术进步一样重新走向平衡增长路径。Aghion 等模型模拟发现要素支付的资本份额从零开始，然后随着时间的推移逐渐上升，最终接近 1/3 左右的值，重现了就业和收入分配上的卡尔多事实。

弗雷则从技术和技能匹配视角探讨了新一代人工智能重新走向平衡增长路径的难度和漫长过程②。弗雷像 Acemoglu 和 Restrepo 一样将技术进步区分为资本和劳动力互补的赋能技术（enabling technology）与替代技术（replacing technology），如果后一种类型的技术占据主导，就会引发资本对劳动力的替代，降低就业和劳动份额③。历史也记录了这一调整过程。在英国工业革命期间，新技术的迅速引入最终引致劳动力需求和工资的上升，但这是在经历了一段长期的工资停滞、贫困扩大和生活条件恶化以后才得以实现的。从工业革命开始到 19 世纪中叶的 80 年间，即使英国经济中技术进步和生产率不断提高，工资水平也停滞不前，劳动份额则出现了下降。Allen 将这一现象称为"恩格斯停顿"（Engels' Pause）④。"恩格斯停顿"引发以

① Daron Acemoglu, Pascual Restrepo, *Artificial Intelligence, Automation, and Work, The Economics of Artificial Intelligence: An Agenda*, Edited by Ajay Agrawal, Joshua Gans, Avi Goldfarb, The University of Chicago Press, 2019.
② 卡尔·贝内迪克特·弗雷:《技术陷阱：从工业革命到 AI 时代，技术创新下的资本、劳动与权力》，贺笑译，民主与建设出版社，2021。
③ Daron Acemoglu, Pascual Restrepo, *Artificial Intelligence, Automation, and Work, The Economics of Artificial Intelligence: An Agenda*, Edited by Ajay Agrawal, Joshua Gans, Avi Goldfarb, The University of Chicago Press, 2019.
④ Allen, Robert C., "Engels' Pause: Technical Change, Capital Accumulation, and Inequality in the British Industrial Revolution," *Explorations in History*, 2009, 46 (4): 418-435.

卢德运动为代表的工人阶级对不公平的增长成果分配的抗争，不惜以捣毁机器为代价，也要阻止工业革命，特别是替代劳动的机械化推进就不足为奇了。

产业创新通常是先经历资本替代劳动的流程创新，在技术路径不确定性下降之后再进行资本和劳动技能互补的产品创新，创造新产业和增加就业①。根据熊彼特的分析，创新可以区分为流程创新和产品创新②。流程创新涉及生产商品和提供服务的新方法以及新的工作组织或商业模式；而产品创新则表现为产品差异化、产品质量显著提高，以及开发全新的产品甚至形成全新的产业和部门。流程创新能够降低生产和营销成本，进而扩大市场规模。然而，考虑到成本下降是有下限的，流程创新势必受制于市场规模的有限扩张。总体来说，流程创新创造的就业岗位少于所替代的工作岗位，并呈现技能偏好特征。

对新一代人工智能而言，由于智能专业或商务服务并不直接涉及知识生产，智能供应链也集中于产品和服务生产知识的创新，以智能专业或商务服务和智能供应链为代表的新型工业化无疑更多地属于流程创新，有可能加剧劳动力市场逐底竞争和极化效应。通过产品创新和新产业创造来缓和劳动力市场逐底竞争和极化效应还有待属于科学革命的智能创新范式崛起，即使是美国也需至少再经历一代人时间。

综上所述，新一代人工智能有可能加剧劳动力市场逐底竞争和极化效应，成为其产业应用的障碍，这是必须认真应对的问题。即使承认新一代人工智能作为一种带有通用目的的IMI，最终会实现平衡增长，并重现就业和收入上的卡尔多事实，也必须引入基本收入保障（UBI）制度、教育改革和新技能培训等措施，加速技术和技能的匹配，帮助被资本替代的劳动力度过至少长达一代人时间的过渡时期。

---

① 卡尔·贝内迪克特·弗雷：《技术陷阱：从工业革命到AI时代，技术创新下的资本、劳动与权力》，贺笑译，民主与建设出版社，2021。
② 罗伯特·斯基德尔斯基、娜恩·克雷格：《工作的未来：人工智能和就业替代》，张林、张思齐译，中国金融出版社，2021。

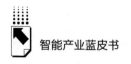

五　新一代人工智能与可持续发展

作为重要的中间投入，算力的能源密集型特点还要求理顺新一代人工智能与可持续发展的关系，这样才能将生产力潜力转变为现实。根据中国信息通信研究院的预测，2030 年全球算力规模将达到 56ZFlops，年均增速超过65%[1]。以现阶段中国数据中心用电量数据推算，2030 年承载算力的基础设施年耗电量将达到 44.8 万亿~67.2 万亿千瓦时[2]。而国际原子能机构预计，在化石能源仍保持一定比重的前提下，2030 年全球总发电量也仅为 33.3 万亿千瓦时[3]。此外，包括中国在内的 110 个国家已经作出到 21 世纪中叶实现碳中和的重大承诺，以期控制全球气温的上升。因此，新一代人工智能发展不可避免地会遭遇能源和由"双碳"目标代表的环保的重大约束。如果不能理顺与可持续发展的关系，新一代人工智能的引入终将难以为继。

（一）新一代人工智能具有节约能源的巨大潜力

新一代人工智能高昂的算力成本可以通过技术进步和产业创新进行消化。

首先，新一代人工智能可同传统小模型和其他机器学习算法组合成丰富的智能产业生态，有望消化 Transformer 构架算力成本。

尽管在内容生成效率上具有明显优势，但新一代人工智能对算力的巨大需求可能制约相应潜力的发挥。新一代人工智能对算力的巨大需求意味着只有不断丰富智能产业生态，才能获得人工智能合理的能效比。生成式 AI 对

---

[1] 中国信息通信研究院：《中国算力发展指数白皮书（2022）》，2022 年 11 月 4 日，http://www.caict.ac.cn/kxyj/qwfb/bps/202211/P020221105727522653499.pdf。

[2] 陈晓红等：《我国算力发展的需求、电力能耗及绿色低碳转型对策》，《中国科学院院刊》2024 年第 3 期。

[3] IAEA, Energy, Electricity and Nuclear Power Estimate for the Period up to 2050, September 26, 2022.

算力的巨大需求是由 Transformer 构架算力成本与时间序列长度呈二次方关系所决定的。简言之，当 Transformer 处理的序列长度（例如，段落中的单词或图像的大小）增加给定数量时，所需的算力就会按该数量的平方增加，从而迅速变大。究其原因，Transformer 通过将序列中的每个单词与该序列中的每个其他单词进行比较，这种两两比较的结果是，随着序列长度的增加，所需的计算步骤数量将呈二次方增长，而不是线性增长。很显然，Transformer 构架算力成本限制了生成式 AI 能够处理的序列长度。

幸运的是，通过引入由分析式 AI 代表的小模型和其他机器学习算法，特别是组合小模型和其他机器学习算法进行系统协同形成群体智能来丰富智能产业生态，Transformer 构架算力成本问题能够得到极大缓解。其中由分析式 AI 代表的小模型不仅有助于降低算力成本，而且能够改进模型的可解释性和透明度。在 Transformer 时代之前，不同的 AI 在不同用例中各自占主导地位，递归神经网络用于语言模型，卷积神经网络用于计算机视觉领域，强化学习用于游戏领域，等等。如果将这些小模型和其他机器学习算法同新一代人工智能组合成丰富的智能产业生态无疑会进一步降低 Transformer 构架算力成本。

其次，RockAI 提出非 Transformer 构架的技术路线，寄希望于形成群体智慧来解决人工智能算力能耗和应用灵活性难题[①]。与 OpenAI 立足于打造个体超级智能不同，RockAI 自研了国内首个非 Attention 机制的 Yan 构架通用大模型，试图通过提高每个智能体的自主学习能力，形成群体智慧来实现总体上的超级智能。在算法层面，RockAI 提出了一种类脑的分区激活机制。就像人开车和写字会分别激活脑部的视觉区域和阅读区域一样，Yan1.3 会根据学习的类型和知识范围来自适应调整部分神经元，而不是让所有参数参与训练，这就大大降低了模型训练的算力能耗。推理时也是如此。与此同时，Yan 构架还缓解 Transformer 构架的大模型自主学习能力的难题，提高了模型机器（应用）端部署的灵活性。量化、裁剪等操作会破坏 Transformer

---

[①] RockAI 是国内 2023 年 6 月成立的一家 AI 初创企业，创始人刘凡平。张倩：《与其造神，不如依靠群体的力量：这家公司走出了一条不同于 OpenAI 的 AGI 路线》，机器之心，2024 年 9 月 27 日。

构架的大模型自主学习能力，只能集中于云端部署。当一个大模型被压缩、量化、裁剪之后，这个模型就不再具备再学习的能力了。因为它的权重已经发生了变化，这种变化基本上是不可逆的。然而，由于 Transformer 构架的大模型是通过随机丢弃部分神经元或节点来保证输出结果的稳健性，其学习能力和内容生成质量仍有望遥遥领先于 Yan 构架。Yan 构架采用分区激活的机制，在本质上仍属于小模型。不过，Yan 构架确实揭示了 Transformer 构架的大模型并不擅长学习所有的问题，特别是一些简单的问题。

正是由于 Transformer 构架的大模型并不擅长学习所有的问题，运用大模型解决复杂问题，小模型解决相对简单问题，形成智能产业生态，降低算力能耗具有了广阔空间。

（二）新一代人工智能有望助推解决算力能耗问题的技术进步

比尔·盖茨提出的绿色溢价政策已经取得硕果[①]。相比于化石能源解决方案，大多数"零碳"解决方案成本投入更大。这在某种程度上是因为化石能源的价格并没有反映出其所造成的环境损害，使其看起来比"零碳"解决方案更经济。这些额外成本，就是绿色溢价（Green Premiums）。绿色溢价的存在要求采用政府补贴激励非化石的新能源生产。

得益于抵消绿色溢价的新能源补贴政策，新能源技术进步迅速。根据全球风能理事会（GWEC）发布的《全球风能报告（2023）》，2022年，全球风力发电装机容量新增 77.6GW，光伏发电新增装机容量 228.2GW，在全球可再生能源新增发电装机容量中的占比分别达到 21.7% 和 66.8%，风能和太阳能在全球电力结构中的占比已升至 12%。与此同时，氢能、储能等新能源技术快速发展。预计到 2030 年，新能源消费占一次能源消费比例将超过 25%[②]。从能源利用效率看，目前风力发

---

① 比尔·盖茨：《气候经济与人类未来：比尔·盖茨给世界的解决方案》，陈招强译，中信出版集团，2021。
② 王昌林：《如何发展新质生产力：理论内涵、实践要求与战略选择》，中国社会科学出版社，2024。

电能源利用效率已达到40%~50%，光伏发电也已接近34%，且仍有较大技术进步空间[1]。相较于燃煤发电35%的能源利用率，新能源已表现出明显优势。从技术经济性来看，新能源发电技术成本在规模效应和"干中学"效应的作用下也已快速下降[2]。在过去十年，全球风电和光伏发电项目平均千瓦时成本分别累计下降超过60%和80%[3]。目前，我国光伏发电已进入"平价上网时代"[4]。

然而，即使在政策补贴支持下取得如此大的新能源技术进步，能否到21世纪中期达到将气温上升幅度控制在1.5摄氏度的目标仍令人忧心忡忡。再考虑到经济发展能源需求的巨大缺口，新一代人工智能发展的能源和环保约束的放松最终还得依赖在受控核聚变技术上取得突破。2024年，国际原子能机构伦敦论坛上的一项民意调查发现，65%的内部人士认为，到2035年，核聚变将以可行的成本为电网发电，到2040年，这一比例为90%[5]。对受控核聚变技术取得突破的信心正是建立在政策补贴和新一代人工智能发展的双重支持上的。受控核聚变的复杂反应过程无疑特别适合使用大模型进行研究。

由此可见，新一代人工智能专注于解决复杂问题，并同其他人工智能技术共建智能产业生态，在降低算力能耗上具有巨大空间。在政策补贴和新一代人工智能发展的双重支持下，受控核聚变技术一旦取得突破，更是可从根本上放松新一代人工智能发展的能源和环保约束。很显然，对待新一代人工智能不能采取新罗马俱乐部的观点。新一代人工智能的引入并不与可持续发展必然冲突，而是必须在新一代人工智能发展中协调其与可持续发展的关系。离开了新一代人工智能发展，特别是智能创

① 王元丰：《能源革命促进新质生产力爆发》，《可持续发展经济导刊》2024年第Z1期。
② 数据来源于数据世界（Our World in Data），https：//ourworldindata.org/cheap-renewables-growth。
③ 数据来源于国际可再生能源署（IRENA）发布的"Renewable Power Generation Costs in 2021"。
④ 《2023年中国光伏行业系列研究——多晶硅研究报告》，搜狐网，2023年8月8日。
⑤ Eric：《核聚变的商业化比想象的更快》，可控核聚变，2024年3月20日。

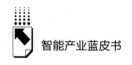

新范式的形成，传统的科学研究和创新范式只会延迟而不能避免地球气候和环境的崩溃。

六 新一代人工智能的价值创造和风险管理

新一代人工智能还会加剧创新的创造性破坏。要将新一代人工智能生产力潜力转变为现实，同样需要重视价值创造问题。只有实现金融市场和新一代人工智能的良性互动，同时提高对创新的个体风险识别和金融宏观审慎监管水平，才能确保新一代人工智能的价值创造和增长动力的平稳转换。

（一）新一代人工智能加剧创造性破坏

作为一种带有通用目的的 IMI，尽管新一代人工智能能够提高知识生产率，但也同时加剧了创新的创造性破坏。初创企业和年轻企业一直在创新中占据重要地位。知识外溢效应的存在意味着创新利益从未由创新企业独享，从而有可能导致创新投资激励不足。幸运的是，创新的创造性破坏性质决定了主要由初创企业和年轻企业构成的创新企业也不会考虑新旧产品替代给在位企业利益造成的损害和负外部性，这样的创新投资过度可以在一定程度上中和知识外溢引发的创新投资不足。正如阿吉翁等所论证的那样，初创企业和年轻企业与在位企业就会形成由创新倒 U 形曲线反映的最优竞争度[①]。

由于模仿成本的降低，新一代人工智能将从根本上改变初创企业和年轻企业与在位企业的创新竞争态势。基于人类反馈的强化学习是新一代人工智能的两大技术特点之一。新一代人工智能不仅由此实现了快速计算，而且也更充分地挖掘了计算机模拟实验潜力，极大地加快了从创意到产品开发的速度。新一代人工智能对从创意到产品开发速度的加快意味着模仿成本的急剧

---

① 菲利普·阿吉翁、赛利娜·安托南、西蒙·比内尔：《创造性破坏的力量》，余江、赵建航译，中信出版集团，2021。

下降，并有可能给产品品种增多型创新的资本回收带来困难。新一代人工智能的引入加快了创新进程，势必会造成每个部门变得日益拥挤。这反过来又可能转化为在任何现有部门内创新的回报率更快地下降。同时，这也可能促使潜在的创新者将更多的资源用于发明新的产品线，以逃避对现有产品线内的竞争和模仿（二次创新）。Aghion 和 Howitt 认为对经济增长的总体影响取决于部门内的二次创新和意在创造新产品线的基础创新的相对贡献①。Aghion 等运用一个纳入通用目的技术的两阶段熊彼特创新模型进一步凸显了以产品质量改进型创新代表的颠覆性创新的重要性②。在模型中，新一代中间产品的发现，即创新分两个阶段进行。新一代中间产品的发现需在拥有一个新的通用目的技术的同时，发明实现该通用目的技术的中间品。两者缺一不可。只有先看到通用目的技术，然后才能知道通过什么样的商品去实现这一技术。同时，只有看到过去的通用目的技术如何发挥作用，然后才能通过学习联想到新一代通用目的技术。模型回避了通用目的技术的研发，将其视为在过去的通用目的技术集体经验中产生的副产品。那么，在模型第一阶段，创新者借助通用目的技术存量进行新一代中间产品开发，随着开发成功，创新者进入第二阶段，并将全部资源用于产品生产。直至新一代通用目的技术形成，创新者进入新一轮循环。

因此，新一代人工智能带来的创新速度加快，特别是模仿成本下降，使得以产品质量改进型创新代表的颠覆性创新成为更主流的产业创新形式，并会加剧创造性破坏。

（二）新一代人工智能对风险管理提出更高要求

新一代人工智能加剧创造性破坏对风险管理提出更高要求。考虑到初创

① Aghion Philippe, Peter Howitt, "Research and Development in the Growth Process," *Journal of Economic Growth*, 1996, 1 (1): 49-73.
② Philippe Aghion, Benjamin F. Jones, Charles I. Jones, *Artificial Intelligence and Economic Growth*, *The Economics of Artificial Intelligence*: An Agenda, Edited by Ajay Agrawal, Joshua Gans, Avi Goldfarb, The University of Chicago Press, 2019.

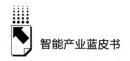
企业和年轻企业在颠覆性创新上的竞争优势，创造性破坏的加剧不仅要求更准确地识别个体风险，而且还必须提高金融宏观审慎监管水平，避免创新带来的价值毁灭。

新一代人工智能的引入在对发展成熟的金融市场提出要求的同时，其技术本身反过来又推动了金融市场发展。发展成熟的金融市场经历了长期的理论探索。①资产组合理论代表了金融学的第一次革命，将投资分析重点从单个资产转向资产组合。资产组合理论对风险共同因子带来的系统风险和个体风险进行了区分，并认为只有系统风险才是证券定价的关键，而个体风险则无法识别。根据资产组合理论，投资标的的选择不取决于自身方差，而是取决于其与共同风险因子的相关性。很显然，资产组合理论是一种代表性证券定价方法。②期权定价理论代表了第二次金融学革命，通过对资产组合被动投资趋势形成的极端事件进行风险对冲，将系统风险控制在可承受的范围内。期权定价通过对同历史数据相比较的波动率随机模拟实验来完成，并据此调控投资头寸。③行为金融理论代表了金融学的第三次重大变革，借鉴心理学、社会学等学科研究成果，通过批评有效市场理论，揭示了证券定价中的路径依赖现象，再度强调了个体风险的重要性和复杂影响。

与资产组合和期权定价理论不同，关注个体风险的行为金融理论对投资的市场试错提出了要求，并通过形成价值投资策略来实现。价值投资策略很早就通过 Shannon（香农）的信息论，特别是凯利公式得到清楚的阐释。香农借助热力学第二定律，引入核心的信息熵概念，提出打破终极的随机过程，实现最优化信息传递的设想。Shannon 提出了一个可以计算通过铜线传输最优数量信息成功概率的公式，Kelly 进一步指出香农的各种传输率只不过是涉及机会事件的可能结果的特例，在本质上都属于概率，从而提出用于资本配置的凯利公式①。凯利公式不仅可以应用于双数值回报的情况，而且

---

① Shannon E., "A Mathematical Theory of Communication," *Bell System Technical Journal*, 1948, 27 (3): 623-656; Kelly L., "A New Interpretation of Information Rate," 1956, 35 (4): 917-926.

适用于所有概率可被估计的投资。与投资组合的个体风险分散以及系统风险对冲不同，价值投资策略侧重于集中投资的个体风险管理。由于资产价格可能波动性更大，有效利用凯利公式，需要知道收益结果的确切概率，当面对不确定的投资时，需使用更保守的结果估计来计算相应的凯利赌注。很显然，个体风险定价以及相应投资头寸调整只能通过市场试错来完成，这无疑是一种源于归纳法的投资直觉。

由此可见，成熟的金融市场要求充分分散个体风险、有效对冲系统风险和更合理地处理个体风险。只有这样的金融市场才能更好地管理新一代人工智能的高度不确定性。

同时，新一代人工智能技术又反过来改进了金融市场。①新一代人工智能技术能够推动包括私募和风险投资在内的多层次金融市场发展。正如本文前面分析所指出的那样，新一代人工智能基于人类反馈的强化学习不仅实现了快速计算，而且也更充分地挖掘了计算机模拟实验潜力，这就给以非共识为主要特征的私募和风险投资提供了个体风险市场模拟实验的利器。②新一代人工智能技术还能提高金融宏观审慎监管水平、促进金融市场稳定。既然有效市场理论并不总是成立，那么，仅仅依赖金融市场是不够的，还需引入本质上属于归纳法的金融宏观审慎监管改进系统风险管理。新一代人工智能技术同样可以为金融宏观审慎监管模拟实验提供帮助。很显然，新一代人工智能技术既改进了个体风险定价，增加了金融市场层次；又能完善金融宏观审慎监管，从而推动金融市场发展。

在得到新一代人工智能技术赋能以后，金融市场会发展得更加成熟，能够同时提高个体风险识别和金融宏观审慎监管水平，从而推动新一代人工智能生产力潜力向现实转变。

七　新一代人工智能提供我国增长动力转换的新战略机遇

随着新一代人工智能可解释性以及治理、产业路径、对就业和收入分配

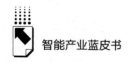

影响、与可持续发展的关系和价值创造问题的解决，新一代人工智能生产力潜力将转变为现实，为我国增长动力转换提供新战略机遇。来自增长动力转换的国际经验和我国目前所处的发展阶段都要求大力发展新一代人工智能，加快我国中长期增长动力转换。

（一）增长动力转换的国际经验：从工业化到智能化

1973 年，随着工业化和城市化的完成，受鲍莫尔成本病对经济增速的拖累，发达经济体一直面临转换经济增长动力的挑战。发达经济体为此经历了互联网革命，并正在探索新一代人工智能发展带来的新动力。

工业化一度依赖外生技术进步驱动资本积累，成为实现经济高增长的最重要动力。然而，受制于生产任务不完全替代性引发鲍莫尔成本病却会拖累经济增速。1973 年，随着工业化和城市化的完成，发达经济体出现了广泛的服务化，服务业生产率发展滞后导致服务业增加值占比不断攀升不可避免地拖累了总体经济增速，并要求转换增长动力。

发达经济体曾对互联网革命转换增长动力寄予厚望。互联网平台企业能够促进供求匹配、降低交易成本，推动专业化生产分工和相应的资本积累。然而，互联网革命给发达经济体增长动力转换却只带来喜忧参半的影响。美国全要素生产率在 1920～1970 年工业化期间增长最为迅速，高达 1.89%，并持续了半个世纪。以互联网为核心的数字革命只是在 1994～2004 年才使美国全要素生产率增速短暂回升至 1.03%，然后，在 2004～2014 年，特别是在 2008 年国际金融危机冲击下，美国全要素生产率增速更是创出新低，只有 0.4%[①]。

与此形成鲜明的对照，中国通过在全球供应链中承担离岸生产商职能，成功地抓住了第二次经济全球化提供的战略机遇期，一度发展成为世界工厂，得以加速工业化和经济增长，并缩小了与发达经济体生产率差距。早在 2012 年，中国人均制造业增加值为 1856 美元，就已经逼近与美国等发达国

---

① 罗伯特·戈登：《美国增长的起落》，张林山、刘现伟、孙凤仪等译，中信出版社，2018。

家（人均 6280 美元）收入差距的产业国际转移 3 倍警戒线①。中国世界工厂地位的取得是与一直高度重视产业空间布局的基础设施投资和产业组织创新分不开的。①我国一贯高度重视传统的市场基础设施建设，促进了市场触达和供求匹配。其中交通、物流和通信基础设施提高了市场触达效率，互联网基础设施进一步改进了供求匹配。②我国拥有丰富的产业园区建设经验，发展出能够节约交易成本的产业组织载体，促进了以隐性知识为代表的生产知识外溢。正是由于这样的基础设施投资和产业组织创新，中国一度实现了生产和营销成本最小化，成为其他经济体离岸生产商的最佳选择，并由此获得工业化的规模经济。

以互联网革命为核心内容的数字经济给发达经济体和中国带来的生产率表现差异原因有二。其一，以软件为代表的数字化专业或商务服务等中间投入品对要素生产率有益影响不仅受制于边际报酬递减规律，而且中间投入品发明本身还需有人口红利为前提条件。除非存在人口红利确保原创知识正增长，否则，知识外溢将成为无源之水、无本之木，仅仅依靠中间投入，鲍莫尔成本病也终将无解。

其二，互联网革命带来的网络效应解决不了知识外溢的本地化问题。正是得益于网络信息技术和平台经营创新，发达经济体一度积极推动全球供应链建设，并获得双重好处。一方面，互联网平台企业通过工作外包，并发展到离岸生产方式，消化了高雇佣成本；另一方面，离岸生产还帮助发达经济体在生产创新环节充分利用了新兴市场经济体的人口红利，并降低了创新成本。然而，只可意会不可言传的隐性知识在创新中的重要性也使发达经济体为离岸生产付出了国内供应链受损的代价。面对创新的高度不确定性，隐性知识将在创新中发挥不可替代的作用，知识外溢很可能具有地理区位特征，并对复杂的新知识和处于生命周期较早阶段的产业影响更大。这就意味着大部分产业创新离不开价值链环节间的内在联系，仍然需要研发、设计和生产

---

① 拉尔夫·戈莫里、威廉·鲍莫尔：《全球贸易和国家利益冲突》，文爽、乔羽译，中信出版社，2018。

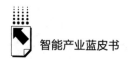

之间的紧密配合。国内企业主要还是依赖国内的供应链。尽管大型跨国公司无疑可从生产成本最小化的全球供应链中获益，但主要依赖国内供应链的发达经济体初创企业和年轻企业发展却可能由此受到阻碍，从而降低创新活力。

大模型驱动的新一代人工智能对增长动力的改进是显而易见的。一方面，实现知识生产部分任务的自动化，并通过归纳法生产互补但弱相关的知识使新一代人工智能有望弥补未来人口红利可能消失的影响，确保原创知识正增长，促进知识外溢的可持续性；另一方面，新一代人工智能对显性和隐性知识工作任务界限的模糊，降低了隐性知识外溢对产业（空间）集聚的要求，提高了智能供应链实现制造业分布式布局的潜力，知识外溢的本地化难题也由此得到缓解。

正是大模型驱动的新一代人工智能对增长动力的可能改进推动着发达经济体工业化转型经过以互联网革命为核心内容的数字经济发展中间阶段，最终转向以新一代人工智能为代表的智能化。

（二）中国智能化的时代要求

实现工业化向智能化的中长期增长动力转换也是新一代人工智能发展对中国提出的时代要求。根据黄群慧的测算，中国在 2020 年就已经基本实现了工业化①。利用人均 GDP、三次产业产值比例、制造业增加值占总商品增加值比例、人口城市化率、第一产业就业占总体就业比重 5 个指标并赋予不同权重，取实现工业化国家这 5 个指标在不同工业化阶段的经验数值范围作为标准值，构造了工业化水平综合指数。测算表明，2020 年中国整体工业化水平指数已经达到 93 分（最高 100 分）。

与此同时，我国数字化同样取得重大进展，但进一步上升空间有限。首先，根据"十四五"规划，中国数字经济核心产业增加值占 GDP 的比重要

① 黄群慧：《2020 年我国已经基本实现了工业化——中国共产党百年奋斗重大成就》，《经济学动态》2021 年第 11 期。

从 2020 年的 7.5% 提升到 5 年之后的 10%，明显缩小与数字经济发达国家差距，如韩国 2017 年达到 14%①。考虑到内容和媒介部门受到的限制，届时这一目标实现意味着中国数字经济核心产业将达到数字经济发达经济体水平。其次，数字经济的网络效应增幅趋缓。中国人民大学劳动人事学院课题组运用阿里巴巴零售平台各行业类目的规模经济模型从就业角度探讨了中心化平台企业所能带来的网络效应，结果显示，2018 年和 2019 年阿里巴巴零售平台分别带来 1558 万个和 2010.6 万个交易型就业机会②。假定生产 1 单位的最终使用产品和生产 1 单位中间产品所耗费的劳动力数量相同，由此可通过计算中间使用/最终使用，测算得出就业带动系数。那么，结合就业带动系数，就可以进一步计算出阿里巴巴零售平台带来的间接就业量。根据 2012 年和 2017 年投入产出表分别计算的就业带动系数已由 1.62 降低至 1.475。

如果将数字经济核心产业增加值占 GDP 的比重作为数字技术进步的代理指标，相当于增长核算里的 A 部分，网络效应则构成全要素生产率的重要组成部分，数字资本深化和积累则代表了增长核算里的 K 部分，那么，即使是发达经济体数字经济发展空间也会受到很大限制。首先，以互联网革命为核心内容的数字经济原创知识生产不足会阻碍数字经济核心产业进一步

---

① OECD, A Roadmap Toward a Common Framework for Measuring the Digital Economy, Report for the G20 Digital Economy Task Force, 2020. 根据 OECD（2020）的建议，数字经济可以分 3 个层次进行衡量。一是信息产业，由信息与通信技术（ICT）部门、内容和媒介部门组成。内容和媒介部门主要涉及内容的生产、出版和分发（信息、文化和娱乐产品）等活动。二是信息相关产业，除了信息产业，还包括依赖数字投入进行生产并用于满足信息需求的部门，如互联网平台和服务等。三是数字密集型产业。与信息产业和信息相关产业直接衡量增加值不同，数字密集型产业只是用来计算数字化转型的进展程度。Calvino 等（2018）运用 5 种指标衡量数字化转型的进度：（1）ICT 有形和无形（如软件、数据库等）资本投资比重；（2）购买 ICT 产品和服务中间投入比重；（3）每百名雇员拥有的机器人数量，用于反映制造业内嵌的数字投入生产方式改变；（4）在线销售交易规模比重，用于反映对顾客和供应商服务方式的改变；（5）总雇佣中 ICT 专家比重，通常又被称为 ICT 专家密度。Calvino, F., Criscuolo, C., Marcolin, L. and Squicciarini M., A Taxonomy of Digital Intensive Sectors, Paris：OECD Science, Techology and Industry working Papers, 2018, 14.

② 中国人民大学劳动人事学院课题组：《阿里巴巴零售平台就业机会测算与平台就业体系研究报告》，2019。

发展。现在数字核心产业正是靠人工智能才有了第二波增长[①]；其次，知识外溢本地化难题则抑制网络效应充分发挥；最后，作为技术进步驱动的间接结果，数字资本深化和积累会更快地达到均衡水平。互联网革命的增长动力不足已在其给发达经济体带来的生产率差强人意的表现中得到充分证实。无独有偶，中国也出现了互联网革命增长动力不足的迹象。早在 2002~2015年，即使代表着互联网经济发展的最高水平，美中概股的互联网服务业上市公司在所有年份的 TFP 增长率也是下降的[②]。

根据中国信息通信研究院的计算，2022 年，中国数字经济产业增加值占 GDP 比重已超四成，达到 41.5%，这一比重相当于第二产业增加值占 GDP 比重（2022 年，我国第二产业增加值占 GDP 比重为 39.9%）[③]。按照每五年数字经济产业增加值占 GDP 比重上升 10 个百分点的经验，到 2025年，中国数字经济产业增加值比重有望达到近 50%，接近 2020 年德国、英国、美国超过 60% 的水平。

特别是中国与发达经济体生产率差距明显缩小，并形成世界第二的经济规模，原有的全球供应链已经完全不能容纳中国作为离岸生产商的模式。中国高新技术产品总额从 2012 年的 6012 亿美元增加到 2021 年的 9796 亿美元，2023 年以电动载人汽车、太阳能电池、锂电池为代表的"新三样"出口额突破万亿元大关，成为出口新亮点[④]。这就要求中国进一步推动产业升级，及时转换增长动力，实现高质量发展，以更高生产力层次参与和推动经济全球化。

总之，来自增长动力转换的国际经验表明，当中国处于工业化基本完成、数字化取得重大进步阶段时，应积极推动工业化向智能化的中长期增长动力转换。新一代人工智能能够在很大程度上弥补以互联网革命为核心内容

[①] Ajay Agrawal, Joshua Gans, Avi Goldfarb, *The Economics of Artificial Intelligence*: *An Agenda*, The University of Chicago Press, 2019.

[②] 张磊、张鹏：《中国互联网经济发展和经济增长动力重构》，《南京社会科学》2016 年第 12 期。

[③] 中国信息通信研究院：《中国数字经济发展白皮书（2023）》，2023。

[④] 王昌林：《如何发展新质生产力：理论内涵、实践要求与战略选择》，中国社会科学出版社，2024。

的数字经济发展的不足，恰好提供了工业化向智能化的中长期增长动力转换的新战略机遇。

八　我国新一代人工智能发展现状

像其他产业革命的完整历程一样，借鉴弗里曼和卢桑运用演化经济学分析产业革命长波的方法，新一代人工智能发展应从大模型基础设施、大模型核心投入、人工智能支柱产业、人工智能引致支出和技术扩散等 4 个层次进行考察[①]。目前，在全球范围内，新一代人工智能发展及其带动的智能产业革命尚处于大模型基础设施和核心投入的战略布局阶段。

（一）中美新一代人工智能发展简要比较

1. 大模型基础设施层

大模型基础设施层包含数据、算力、算法和人才、能源等众多要素，采用基础设施即服务（Infrastructure as a Service，IaaS）模式。

数据方面，数字化水平偏低，数据质量差，特别是工业化产业条块管理体制导致的数据分割造成我国可供大模型训练的数据严重不足，并阻碍了公共语料库和数据中心的充分利用。

算力方面，中国可用于大模型训练的快速算力与美国差距最为突出。尽管中美在芯片制程方面差距最大，但由于芯片制程已经达到摩尔定律的极限，未来要想让算力进一步增长，主要靠互联，包括芯片内互联（含光互联）、片间互联（俗称"机盒"）。与此同时，云计算则是提高算力的另一项重要工程技术手段。除了芯片制程差距偏大外，中美芯片内互联差距则要小得多，光互联和片间互联更是基本处于同一起跑线。云计算只是在市场准入上需进一步完善体制，在技术上并无明显差距。考虑到芯片制程已经达到

---

① 克里斯·弗里曼、弗里西斯科·卢桑：《光阴似箭：从工业革命到信息革命》，沈宏亮译，中国人民大学出版社，2007。

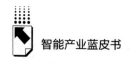

摩尔定律的极限，这就给我国通过扩大芯片投资和产能，并同其他体制和政策调整相配合，较快缩小算力差距提供了可能。

算法和人才方面，大模型训练的从业人员和顶尖人才，中美也有略小于快速算力的差距。大模型基础设施投入不足影响了中国大模型训练的从业人员，特别是顶尖人才的培育和使用。

能源方面，得益于财政和建设用地补贴，中国在风能和太阳能方面拥有短暂优势。不过，大模型生产力潜力和技术军备竞赛可能激励美国投资大模型的平台公司和初创企业加快购买土地和建设独立电网。更为关键的是，考虑到作为辅助能源的性质，风能和太阳能可能会受到受控核聚变发展的冲击。

2. 大模型核心投入层

大模型核心投入层，以大模型作为核心投入，采用模型即服务（Model as a Service，MaaS）模式。

大模型核心投入层要求对大模型坚持工程实验技术路线。与传统的实验室实验不同，大模型开发需采用新的组织方式，除了以科学和技术研究为基础，还要同时重视实现工程化，验证产品开发和商业模式的可行性。中国正在进行的"百模大战"就代表了对新的工程实验技术路线和组织方式的探索，可为科技和产业创新体制改革、培育适应大模型驱动的新一代人工智能发展需要的人才积累有益经验。以月之暗面的个人助手 Kimi 为例，这一款产品实质上是用来验证文本大模型训练的技术路线可行性，将来还会逐步扩展到多模态大模型训练，直至最终实现通用人工智能[①]。

3. 人工智能支柱产业层

人工智能支柱产业层重点在于探索大模型场景落地和产业应用，采用平台即服务（Platform as a Service，PaaS）和软件即服务（Software as a Service，SaaS）模式。

大模型是对冯·诺伊曼计算框架的根本突破，大模型场景落地和产业应

---

① 张小珺：《月之暗面杨植麟专访：AI 不是接下来一两年找到 PMF，而是接下来十到二十年如何改变世界》，腾讯科技，2024 年 3 月 3 日。

用需要发展与之配套的产业管理体制。冯·诺伊曼框架用的是 CPU+内存，大模型的计算框架则是模型参数+上下文 prompt。其中模型参数对应的是 CPU，而上下文 prompt 则相当于内存，用于编制复杂指令。加快大模型场景落地和产业应用可以通过两种技术路径进行：一是通过智能代理人（Agent）从外部自动调用混合专家模型（Mixed Expert Models，MoEs）；二是由专家围绕 prompt 编制应用软件，提高对模型生成结果的反馈质量，并在用户中低成本推广。很显然，这两种技术路径都带有软件驱动特征，第二种技术路径尤其体现大模型的独立价值，需要对软件产权进行有效保护。我国目前的产业管理体制机制脱胎于工业化，使软件服务业缺乏定价权，势必会阻碍大模型驱动的新一代人工智能产业应用。

与互联网主要依赖数据数量产生网络效应不同，大模型的发展更多取决于数据质量。尽管大模型是基于互联网公开数据进行训练的，但源自人口大国和制造业发达的丰富数据可能形成的私域大模型优势并不足以完全抵消产业管理体制机制缺陷造成的负面影响。首先，私域大模型策略既可能高估单个节点数据价值，又会低估可扩展性不足带来的成本。其次，即使是像医疗、金融服务以及游戏这样可以持续生产私域专有数据的行业，其大模型原生应用和场景落地也始终面临着被通用大模型进步到相当程度而替代的挑战。私域大模型能力不足要求我国更多地走通用大模型的发展道路，并对工业化产业管理体制机制改革提出迫切要求。在工业化产业管理体制机制下，除了数据分割影响（通用）大模型训练质量以外，软件服务业定价权不足还会制约模型的应用。只有弥补工业化产业管理体制机制缺陷，才能把我国新一代人工智能应用场景丰富的潜力充分发挥出来。

4. 人工智能引致支出和技术扩散层

人工智能引致支出和技术扩散层重点在于打造 To B 和 To C 的场景数据闭环。与比重偏小的人工智能支柱产业层侧重于优化产业结构不同，人工智能引致支出和技术扩散层才能将人工智能作为通用目的技术广泛应用于各大产业，并成为实现宏观增长效应的关键。究其原因，只有形成 To B 和 To C 的场景数据闭环，才能获得源源不断的数据供应，实现知识生产的动态化，

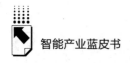

形成有效的商业模式，充分发挥大模型驱动的新一代人工智能规模经济潜力。然而，我国目前数字所有权和控制权问题悬而未决以及对内容生成的高监管成本都将阻碍场景数据闭环的形成。

总的来说，对所有经济体而言，除了大模型基础设施和核心投入内涵较为清晰外，大模型场景落地和产业应用仍处于产品验证阶段，尚未出现市场匹配产品（Product-market fit，PMF），数据闭环和相应的商业模式更是远未破题。新一代人工智能发展及其带动的智能产业革命尚处于以大模型基础设施和核心投入为主要内容的战略布局阶段。

（二）我国仍需加大对新一代人工智能的投资

尽管存在需完善体制机制的问题，目前我国与美国差距仍主要集中在对新一代人工智能，特别是对大模型基础设施和核心投入的不足上，可能在未来影响到可用于大模型训练和产业应用的工程能力充分发挥。

中国人工智能投资目前仍然大幅落后于美国，且正呈现被继续拉大的趋势。2019~2023 年，美国共在人工智能领域投资 3285.48 亿美元，中国的投入仅有 1326.65 亿美元[1]。截至 2024 年第一季度，全球人工智能企业共有约 3 万家，美国约占 34%，中国约占 15%。同时，从当前爆火的大模型来看，截至 2024 年，全球人工智能大模型共有 1328 个，美国与中国分列第一与第二位，其中美国占 44%，中国占 36%[2]。考虑到新一代人工智能的规模经济特征，投资不足势必会影响到大模型生产力潜力的发挥。

美国已经将人工智能产业发展上升为国家战略，通过一系列专项计划支持人工智能相关产业发展[3]。美国国家信息技术研究与发展计划（Networking and Information Technology Research and Development，NITRD）是支持人工智能产业发展的重要战略计划，主导了美国政府在人工智能领域的大量投资计划。从 2020 财年预算申请开始，NITRD 开始报告联邦政府的非国防部门在

---

① 数据来源于岳林峰撰写的本书 B.3。
② 中国信息通信研究院：《全球数字经济白皮书（2024 年）》，2024。
③ 此段主要参考了岳林峰撰写的本书 B.3 内容。

人工智能研发方面的综合投资。这一报告的开始是响应美国第 13859 号行政命令"保持美国在人工智能领域的领导地位"，该命令要求采用标准化方法来准确统计联邦政府在人工智能研发方面的投资。当时，NITRD 与联邦机构合作，为人工智能创建了一个新的项目组成领域（PCA），并统计在其他 PCA 下进行的人工智能研发投资。这一核算使人工智能研发投资与《国家人工智能研究与发展战略计划：2019 年更新》中的关键战略保持一致，并能够跟踪年度非国防人工智能研发投资。2020 年《国家人工智能倡议法》还要求一致性地报告人工智能研发投资，包括国家人工智能研究所的投资，这在 2022 财年报告中首次包括在内。2021~2024 财年，美国政府的人工智能投资由 24.1 亿美元上涨至 30.9 亿美元①。其中，美国国立卫生研究院与美国国家科学基金会在人工智能方面投资最多，紧随其后的便是美国国防部高级研究计划局。此外，美国国防部在人工智能方面也存在大量投资，由此可见美国政府对人工智能的重视程度。与此同时，尽管支出大幅增加，但美国大型科技公司及风险投资公司在人工智能上的支出更是远远超出美国政府部门。2011~2022 年，美国在人工智能领域融资金额的复合年均增长率高达422.5%。2022 年美国在人工智能领域融资金额为 243.5 亿美元。2023 年，美国投资者又向近 700 个生成式人工智能交易注入总计 291 亿美元。2024年第二季度，投资者又向美国人工智能初创企业投入 271 亿美元，比一季度增加了 1 倍多，占该期间美国初创企业融资总额的近一半②。

我国对新一代人工智能现有定位无疑是与其所具有的生产力潜力不相称的，应将新一代人工智能独立于数字经济上升为国家战略，并变成智能化的重点。与此同时，还需借助新一代人工智能技术推动多层次金融市场发展，完善金融宏观审慎监管，并由此培养耐心资本。只有将国家战略和耐心资本有效结合起来，新一代人工智能才能担当智能化增长动力转换的历史重任。

---

① 资料来源：https：//www.nitrd.gov/apps/itdashboard/ai-rd-investments/。
② 资料来源：https：//www.163.com/dy/article/J684QBSC05118O92.html。

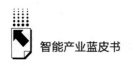

九　结论和对策

（一）主要结论

根据上面的分析，可以得出以下一系列结论。

一是得益于带有通用目的的深度学习和基于人类反馈的强化学习的双重特点，大模型驱动的新一代人工智能有望引领新一轮科学研究范式革命，并提供除工业化以外的另一种规模经济，形成巨大的生产力潜力。

二是要将新一代人工智能生产力潜力转变为现实，还需解决可解释性以及治理、产业路径、对就业和收入分配影响、与可持续发展的关系和价值创造等问题。

三是只有成功解决模型可解释性问题，并完善透明度、安全技术、数据和知识产权保护等相关治理，才能明确工作责任，可靠地进行新一代人工智能产业应用。

四是新一代人工智能有可能通过智能专业或商务服务、智能供应链和智能创新范式三种产业路径影响我国增长动力，世界工厂地位有助于我国在智能供应链上形成比较优势。

五是新一代人工智能有可能加剧劳动力市场逐底竞争和极化效应，成为其产业应用的障碍。必须引入基本收入保障制度，采取教育改革和新技能培训等措施，加速技术和技能的匹配，帮助被资本替代的劳动力度过至少长达一代人时间的过渡时期。

六是考虑到算力的能源密集型特点，新一代人工智能发展将遭遇能源和由"双碳"目标代表的环保的重大约束。需围绕新一代人工智能共建智能产业生态，降低算力能耗，特别是运用大模型研究受控核聚变的复杂反应过程取得技术突破，彻底理顺新一代人工智能与可持续发展关系。

七是只有实现金融市场和新一代人工智能良性互动，才能确保新一代人工智能的价值创造和增长动力的平稳转换。一方面，新一代人工智能加剧了创造性破坏，对发展成熟的金融市场提出要求；另一方面，新一代人工智能技术既改进了个体风险定价，增加了金融市场层次，又能完善金融宏观审慎监管，从而推动金融市场发展。

八是来自增长动力转换的国际经验表明，当中国处于工业化基本完成、数字化取得重大进步阶段时，应积极推动工业化向智能化的中长期增长动力转换。新一代人工智能能够在很大程度上弥补以互联网革命为核心内容的数字经济发展的不足，恰好提供了工业化向智能化的中长期增长动力转换的新战略机遇。

九是发展新一代人工智能尚未成为独立的国家战略，并受到金融市场发展不够成熟的拖累，我国对大模型驱动的新一代人工智能投资不足，可能在未来影响到可用于大模型训练和产业应用的工程能力的充分发挥。

（二）对策建议

考虑到以互联网革命为核心内容的数字经济立足于网络效应和知识外溢，工业化完成后转换增长动力仅仅依赖实体经济和数字经济深度融合是不够的，还需通过新一代人工智能，特别是智能供应链因地制宜发展新质生产力。只有这样，才能既确保无人口红利条件下的原创知识正增长，又有效缓解知识外溢的本地化难题，最终实现增长动力转换。

然而，党的二十届三中全会仍将智能化重点集中在实现实体经济和数字经济深度融合上，发展新一代人工智能尚未成为独立的国家战略。我国对新一代人工智能现有定位无疑是与其所具有的生产力潜力不相称的，应将新一代人工智能独立于数字经济上升为国家战略，并变成智能化的重点。为此，需制定适宜的新一代人工智能发展规划，并探索相应的体制保障。

1. 我国新一代人工智能发展规划

将发展新一代人工智能上升为独立的国家战略，需制定适宜的发展规划。大模型基础设施和核心投入对最终形成大模型驱动的新一代人工智能通用目的技术至为关键。如果没有充足的大模型基础设施和核心投入，就无法充分利用 scale law，拥有足够的学习深度，使用足够大数量的参数，并由此

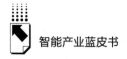

形成更高抽象程度的知识和更高质量的世界模型。缺乏高质量的世界模型也会反过来制约更高抽象知识层次对更为具体应用层次的指导，无法有效降低大模型推理应用的参数数量和边际成本。大模型基础设施和核心投入可能需要由量子计算机所代表的算力和受控核聚变才能将 scale law 的作用发挥到极致。

除了大模型基础设施和核心投入的战略布局外，新一代人工智能发展还涉及以智能专业或商务服务和智能供应链为代表的新型工业化与以智能创新范式为代表的新质生产力形成。智能专业或商务服务和智能供应链无疑带有软件驱动特征，属于新型工业化重要组成部分。智能产业革命远远超出软件驱动的新型工业化范畴，进一步拓展到以智能创新范式为代表的新质生产力形成，引领战略性新兴产业和未来产业发展。智能创新范式有望通过提高新产业创造能力在科技创新资源整合和产业发展上发挥关键作用。

如果从 20 世纪 80 年代的个人电脑算起，先后经历互联网和非对称加密，数字通用目的技术发展已有约两代人时间，到目前的大模型驱动的新一代人工智能，数字通用目的技术特征更为突出。根据每一轮产业革命通常需要 50~60 年完成的经验估算，再有一代人时间新一代人工智能带动的智能产业革命就有望完成。考虑到中美在大模型基础设施和核心投入上的差距在短期内还有可能继续扩大，为了将新一代人工智能发展差距保持在三年以内，为以后的赶超创造条件，需要在短期内完成大模型基础设施和核心投入的战略布局，为后续产业革命奠定技术基础。同时，产业创新通常是先经历资本替代劳动的流程创新，在技术路径不确定性下降之后再进行资本和劳动技能互补的产品创新，创造新产业和增加就业。由于智能专业或商务服务并不直接涉及知识生产，智能供应链也集中于产品和服务生产知识的创新，以智能专业或商务服务和智能供应链为代表的新型工业化无疑更多地属于流程创新。流程创新能够降低生产和营销成本，进而扩大市场规模。然而，考虑到成本下降是有下限的，流程创新并不足以最终形成新增长动力。产品创新和新产业创造成为新增长动力还有待属于科学革命的智能创新范式崛起，即使是美国也需至少再经历一代人时间。

因此，结合我国已有的经济发展战略，及时制定新一代人工智能发展规划：到 2027 年，基本完成以大模型基础设施和核心投入为主要内容的新一代人工智能战略布局；到 2035 年，基本实现以智能专业或商务服务和智能供应链为代表的新型工业化；到 2049 年，形成常态化智能创新范式，加快发展新质生产力，最终实现中国式现代化。

2. 开启双循环新发展格局2.0时代，探索发展新一代人工智能的体制保障

所有发展战略都离不开体制保障。中国能够成功抓住第二次经济全球化提供的战略机遇期，与当时推行的经贸战略和配套体制改革是分不开的。王建提出利用国际大循环打破二元经济结构主张，即通过发展劳动密集型产品出口，换取外汇，为重工业发展获得所需的资金，再用重工业发展后积累的资金返回来支持农业，通过国际市场的转换机制，沟通农业和重工业的循环关系，达到消除中国二元结构偏差的目标①。这实际上是最早提出的以外循环为主的双循环发展战略。林毅夫等则进一步运用动态比较优势理论更系统地论证了中国这一工业化经贸战略，并明确指出发展战略对体制的决定性影响②。随着第二次经济全球化出现的新调整，党的十九届五中全会通过的《中共中央关于制定国民经济和社会发展第十四个五年规划和二〇三五年远景目标的建议》及时提出新的双循环发展战略，要求逐步形成以国内大循环为主体、国内国际双循环相互促进的新发展格局，进行积极应对，以满足增长动力转换的需要。

目前所谓去风险的全球供应链调整并不仅仅是地缘政治和意识形态冲突的结果，由新一代人工智能及其带来的智能产业革命代表的技术和经济因素也在产生更长远的影响。特别是智能供应链促进制造业分布式布局势必会将双循环由以外循环为主转变为以内循环为主。面对这样的双循环新发展格局，应积极主动参与竞争，形成智能供应链的新国际竞争力，并在全球布局。

---

① 王建：《关于"国际大循环"经济发展战略的构想》，《经济日报》1988 年 1 月 5 日。

② 林毅夫、蔡昉、李周：《中国的奇迹：发展战略与经济改革》（增订版），格致出版社，1999。

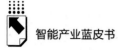

　　智能供应链发展和全球布局无疑可以成为我国发展新一代人工智能的先导，并需为此开启双循环新发展格局 2.0 时代，推动财税、产业管理、科技创新、社会保障和投融资体制等一系列配套改革。党的二十届三中全会提出，要以高质量发展的新理念引领改革，并到 2035 年，全面建成高水平社会主义市场经济体制。大力发展新一代人工智能，开启双循环新发展格局 2.0 时代正是实现这一体制改革目标的必由之路，并将再次验证发展战略对体制的决定性影响。

分报告

B.2

中国智能产业上市公司高质量发展评价：
基于产业革命变迁视角

张 鹏 胡 蝶 陶双梳*

摘 要： 作为社会主义市场经济的重要微观主体，上市公司高质量发展不仅是维护资本市场健康发展的重要基础，也是宏观经济高质量发展的重要依托。智能产业革命时代的到来将会带来生产力跃迁，从根本上重塑中国经济增长的内生逻辑，从增量和存量上对中国新兴行业和传统行业进行重造。特别是在智能产业革命路径逐渐清晰和预期逐渐明确的情况下，微观层面，上市公司资本支出、劳动力收入增厚和创新增长等效应促进了上市公司在经历内外部环境冲击下仍然保持了转型与发展相统一的增长路径，智能产业类上市公司表现更为突出。在翔实机理分析和统计分析的基础上，本报告进一步根据《国家人工智能产业综合标准化体系建设指南（2024版）》所列示的

---

* 张鹏，中国社会科学院经济研究所经济增长研究室副主任，中国社会科学院上市公司研究中心副主任，研究方向为经济增长与资本市场；胡蝶，中国社会科学院大学经济学院硕士研究生；陶双梳，经济学博士，中信银行总行交易银行部高级经理。

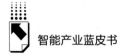

人工智能产业标准体系对中国智能产业类上市公司进行了挑选，从分布看，中国智能产业类上市公司主要集中在计算机、机械设备、电子和通信等ICT硬件和软件行业。然后，本报告使用包含经营绩效、估值水平、治理能力、创新能力和创值能力等五方面的评价体系对中国智能产业类上市公司高质量发展情况进行了评估，同时选取各行业综合质量靠前的上市公司构建了"智能产业50"投资组合，回测结果显示该组合不仅大幅跑赢市场主要宽基指数，而且自2023年1月以来能够为投资者带来绝对正收益。同时，"智能产业50"投资组合不仅质优而且性价比高，其市盈率水平远远低于科创板块，与主板相差不大。"智能产业50"投资组合具备长期投资价值，是中国智能产业革命大潮在微观上的集中体现。

关键词： 智能产业革命　上市公司高质量发展　智能产业50

作为社会主义市场经济的重要微观主体，上市公司高质量发展不仅是维护资本市场健康发展的重要基础，也是宏观经济高质量发展的重要依托。2024年4月，国务院印发《关于加强监管防范风险推动资本市场高质量发展的若干意见》（以下简称新"国九条"），明确提出未来5年，上市公司质量和结构明显优化，各类专业机构实力和服务能力持续增强，资本市场良好生态加快形成。到2035年，基本建成具有高度适应性、竞争力、普惠性的资本市场，投融资结构趋于合理，上市公司质量显著提高。应该说，新"国九条"为上市公司高质量发展明确了时间表，使提高上市公司质量不仅成为监管服务机构的对标对表对象，也逐渐内化为上市公司自身质量提高行动，这样才能使提高上市公司质量走深走实。

当前，中国上市公司面临的内外部环境发生深刻变化，持续提高上市公司质量压力与挑战并存。一方面，随着中国经济向高质量发展转型，经济增长更加强调由规模向质量、由要素向创新、由外延向内涵转变；另一方面，向质量、创新和内涵转型意味着企业增长路径更加依赖于新技术的摄取，特别是新的产业技术革命的兴起、推广和应用，是实现化压力为动力、化被动为主动的关键。

因此，新的技术革命带来的颠覆性创新或技术变迁是不断重构上市公司内生增长动力的关键。回到企业生命周期，企业成长遵循线性增长模式，最显著的特征就是增长"斜率"将会逐步减小，无法摄取成长"波动"收益，但技术变迁却呈现"指数"形式，其明显特征是增长"斜率"将会逐步增大，可以获取技术变迁的"波动"收益。企业成长轨迹与技术变迁轨迹在生命周期早期较为一致，但技术变迁演化轨迹逐步与企业成长相脱离，朝着独立模式演进，最终带来企业成长周期与技术变迁周期差距扩大（见图1）。因此，上市公司只有持续不断地创新或通过并购重组等外源性方式获得前沿技术曲线，才能将技术演化与企业成长共进，企业发展也才能"逃逸"生命周期束缚。当前，人工智能是我国企业技术转型的关键支撑，是促使新产业加速形成并抢占战略高地的重要领域。在内外部环境的影响下，中国近年来各行业的数字化转型正在加速推进，人工智能革命与5G、工业互联网、物联网等中国近年来数字化加速布局的新领域紧密结合，使人工智能产业有望成为未来的新赛道、新空间。从技术角度看，人工智能处于关键突破阶段，以计算机视觉、语音识别为代表的人工智能技术经历了萌芽期和多年的低谷期，在GPT-3等超大训练模型横空出世加持下，人们对人工智能产业革命的预期越来越明朗，人工智能产业越来越具备成为新技术革命后产业革命的先导产业。

从现有研究看，多数还是围绕与人工智能紧密相关的数字化转型及其对经济社会的影响展开。数字化转型最早在2012年由国际商业机器公司（IBM）提出，强调了应用数字技术重塑客户价值主张和增强客户交互与协作。我国政府自2017年以来已经连续多年将"数字经济"写入政府工作报告，并在"十四五"规划纲要中提出"以数字化转型整体驱动生产方式、生活方式和治理方式变革"，数字化转型从企业（组织）层面上升为国家战略。可以看出数字化转型充分利用数字化技术的优势，但同时其发展超越数字化技术本身向着多态、合作方向迈进，为新时代信息化与工业化融合提供了全新的思维、竞合等思路。一方面，数字化能够跨越行业边界，促进数字和产业、数字与生态的强链接和深融合，进而加速新产品、新服务的诞生、

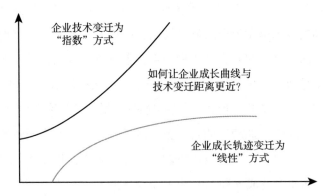

图1 企业技术变迁和成长轨迹变迁

拓展和演进①。传统产业之间的相对独立和割裂模式，使新产品和新服务的互嵌与合作始终无法超越产业边界，而数字技术崛起使拥有不同知识、技能的个体和团体打破企业原有的知识壁垒，推动企业运营和技术创新系统优化与生产效率不断提高②。另一方面，数字化转型推动海量信息的生成、开发和利用，使企业宏观、中观和微观信息处理和应用能力大幅提高，提高企业生产经营效率，驱动企业规模进一步扩张，进而促进企业成长③。数字技术在企业领域的广泛应用正在加速资本向研发方向的积累④，以把握市场需求为出发点，加快人工智能等技术在生产、研发和销售中深度应用，帮助企业更加前瞻性地理解消费者需求，制订更合理的研发计划，生产与市场需求相匹配的产品，减少库存，实现零库存智能化管理。很显然，数字化转型中带来的人工智能应用提高了上市公司产品和服务竞争力，促进了企业的成长⑤。

① Nambisan, Satish, Mike Wright, Maryann Feldman, "The Digital Transformation of Innovation and Entrepreneurship: Progress, Challenges and Key Themes," *Research Policy*, 2019, 48 (8): 1-9.

② Gregory, V., "Understanding Digital Transformation," *The Journal of Strategic Information Systems*, 2019, 28 (2): 118-144.

③ Brynjolfsson, Erik, Kristina McElheran, "The Rapid Adoption of Data-Driven Decision-Making," *American Economic Review*, 2016, 106 (5): 133-139.

④ Goldfarb, A., C. Tucker, "Digital Economics," *Journal of Economic Literature*, 2019, 57 (1): 3-43.

⑤ Fadziso, Takudzwa, "The Impact of Artificial Intelligence on Innovation," *Global Disclosure of Economics and Business*, 2018, 7 (2): 81-88.

因此，随着中国经济和上市公司向高质量发展转型，上市公司囿于规模报酬递减原因，维持长期增长总是需要不断创新和持续推动第二增长曲线开启，最终形成不断适应内外部环境变化并不断演绎和推陈出新的增长路径。本报告基于人工智能产业革命转型视角，详细分析人工智能新技术对宏观上产出的影响和微观上企业增长的影响机理，从经济增长三要素资本、劳动力和创新三个方面详细比较了智能产业类上市公司与一般上市公司的区别，从微观视角进一步发掘智能产业革命即将到来之际，中国智能产业类上市公司经营业绩与投资价值。然后，从经营绩效、估值水平、风险控制、创新能力与创值能力等多个维度对中国人工智能产业类上市公司高质量发展情况进行了评价，并依据各行业上市公司数量选取各行业排名靠前的上市公司组成"智能产业 50"投资组合，对该组合的回测结果显示"智能产业 50"投资净值不仅能够显著跑赢沪深 300、中证 500、创业板指等市场主要宽基指数获得相对超额收益，还能从 2023 年 1 月 1 日以来持续维持在初始千点以上，获得绝对收益。

一 智能产业革命的经济效应

（一）智能产业革命将会带来生产力跃迁

如图 2 所示，人类社会进入工业社会后经历了 4 次产业革命形态。肇始于 18 世纪末期的英国第一次工业革命将人类社会从效率低下的农业、手工业社会带入以机械化生产为主的工业化社会，以 1784 年第一架蒸汽机纺织机为标志，第一次工业革命迅速扩散至英国以外的欧美大陆；19 世纪末开始的以电力为动力的第二次工业革命将人类带入电气化和机械化时代，生产流水线带动了大规模工业化生产，工业生产规模和生产效率都得到大幅提高。从这里可以看出，前两次工业革命推动经济增长的主要原因在于将劳动力、资本作为要素，以机器、设备为代表的传统资本的大量投资是工业化快速发展的主要原因，并且人口或者劳动力依然是推动工业化发展的重要前提，只有劳动力的持续增长配合资本的大量投入才能成功开启工业化进程。从 20 世纪 60 年代开始，以计算机为代表的信息技术革命将可编辑逻辑控制器带入工业化生产，使工业化生产控制由以人为主转变为由人设定的自动化程序软件，极大地解放了劳动力，也部分缓解了劳动力作为工业化投入的重要约束；从 2014 年开始，以德国工业 4.0 为代表的信息物理融合系统的第四次工业革命，虽然也依赖于软件，但软件不再仅仅是为了控制机器或执行具体工作而编写的，也不再是被嵌入产品或生产的系统，而是借助于万物互联（物联网），通过软件、电子和环境的结合，不断迭代生产出全新的产品和服务，换言之，越来越多的产品和服务具有自主性或自适应性，能够根据环境或数据的持续输入迭代出或优化自身行为，生产系统具有智能化特征。

第四次智能产业革命与第一次、第二次、第三次产业革命相比，突出的变化主要体现在三点。第一，知识和数据要素逐步取代资本和劳动力成为产业革命投入的主要要素。数据作为生产要素在党的十九届四中全会正式被提出，充分反映了数据在新一轮产业革命中的重要性，与传统实体经济部门人力资本与物质资本作为主要生产要素不同，智能产业革命以数据作为主要投入，将数据作为生产要素不断迭代学习产生新的产品、服务以及模式等。第二，产业革命形态越来越复杂，产业边界不断被突破。第一次工业革命和第二次工业革命产业组织形态本质上还是机械化大生产，从农业向工业、从工业向服务业等高级产业形态不断演变，生产边界非常清晰。但随着第三次产业革命特别是第四次产业革命的推广，产业形态正在发生深刻变化，中央提出的新型工业化以此为基础突出智能化在新的产业革命中的独特价值，新型工业化生产囊括了工业生产以及由此衍生的高级服务形态，传统工业化集中于生产端，新型工业化则向生产端和消费端并重转变，以工业化为中心将消费与生产、工业与服务业、工业与农业、城市与乡村、白领与蓝领等之前并列的领域转变为串联生态，工业生产边界不断被突破，工业化由单一向复杂、由局部向全局、由点状向网络、由产业向生态转变。第三，产业生态化特征日渐明显，生产网络的自主性或自适应性成为常态。在传统工业化中，机器设备和产品独立运行：而在新型工业化中，由于传感器、芯片、软件、网络的不断融入，产品和机器设备是互相联网的，表现为产品与机器联网，产品和机器本身就是网络，由此形成万物是互联的，即物联网、工业互联网。因联接而实现远程控制，因联接而形成群体智能，因联接而提供优质服务。也正是由于万物互联，物理机器设备具备了智能决策基础，能够通过实时、多维度的大数据来实现"感知—分析—决策—执行"的能力，生产设备和产品越来越具有自主性和自适应性。生产设备和产品的自主决策程度，使越来越多的"灯塔工厂"、无人工厂等形式成为可能，这也是第四次产业革命与第三次产业革命虽然都有计算机推动和网络特征却存在根本区别的重要原因。

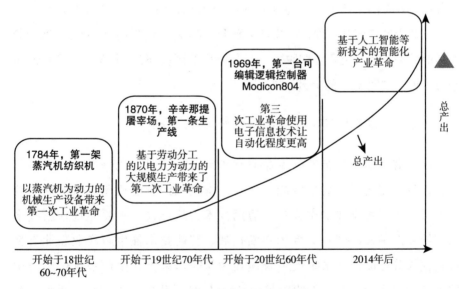

图 2　产业革命和总产出演变

产业革命必然带来生产力的大发展。从经济学角度而言，生产力发展可以用生产函数来表征：

$$Y = AF(K,L) \tag{1}$$

生产力的不断提高必然带来生产函数的更新，最终结果必然是社会产出的不断增加和人民福祉的不断提高。按照生产力构成三要素劳动者、劳动资料和劳动对象，劳动者、劳动资料在生产函数中分别为 L、K，劳动对象在马克思看来是劳动者将自己想法和意图通过劳动形式注入劳动对象中，使劳动转化为物，使无形的劳动与有形的劳动资料结合转化为具有某种形态的劳动产品，即"劳动与劳动对象结合在一起。劳动对象化了，而对象被加工了。在劳动者方面曾以动的形式表现出来的东西，现在在产品方面作为静的属性，以存在的形式表现出来。劳动者纺纱，产品就是纺成品"[①]。由此可见，劳动对象是人类创造精神的集中体现，是劳动力与劳动资料结合的产物，在生产函数中可以用 F 来体现，反映了劳动者主观想法作用于劳动资料客观物体的过程，这一过程实现了劳动从无形向有形的转化过程、产品和服务从无到有的生产过程，也实现了生产力从低级向高级递进的过程。因此，正是历次产业革命促使的生产力跃升，改变了农耕社会生产力长期停滞不前的状态，使人类真正摆脱了"马尔萨斯贫困循环"，世界经济增长曲线经历了近乎"垂直"的上升。

（二）智能产业革命影响经济增长的机理分析

从上文可知，智能产业革命时代的到来可能带来新一轮增长周期，为此，我们需要了解清楚智能产业对经济增长的影响机制。从宏观机理上而言，人工智能技术作为一种通用技术，从形式上主要体现在新技术与传统经济融合广度和深度的不断拓展、智能技术催生新产业新业态新商业模式等方面，从系统上主要体现为从需求系统和生产系统两端对中国上市公司进行更新、重造（见图3），对新时代中国上市公司柔性、韧性、弹性、塑性的增长路径形成具有重要的作用。第一，从存量上看，过去几年数字化转型加速以及随之而来的智能技术深入发展加速了传统行业上市公司业务转型，使上市公司可以继续汲取"人口红利"，使要素配置效率提高、网络效应空间延展，使纵向一体化效应和规模经济扩展。

---

① 《马克思恩格斯文集》第五卷，人民出版社，2009。

金碚认为传统工业具有信息本源性，是信息的物化体，因而总是倾向于最大限度地运用可以获取和处理的信息[①]。信息技术、人工智能等要素的组合方式将带来劳动配置效率的提高[②]，传统产业通过深度运用数字技术与人工智能技术，推动传统产业全方位、全链条数字化转型，不仅实现了从需求端出发敏感捕捉消费动态、消费场景和消费趋势；也实现了在生产端的智能化控制和流程再造，产业链延长，产业之间互动性和一体化联系更强，产业智能化、网络化和数字化特征更加明显。新技术的深度应用，使传统行业上市公司在面临要素报酬递减困境后实现脱胎换骨和凤凰涅槃，促进传统部门提质增效[③]。第二，从增量上看，随着新兴行业崛起，智能产业本身作为独立的部门构成新发展阶段知识生产和消费的主要载体，催生新产业新业态新模式，企业层面范围经济扩大导致产业生命周期迭代。从过去几年情况看，数字经济的壮大有力地支撑了以数据生产、数据分析和数据服务为基础的新产业新业态新模式，促进消费端从普通耐用消费品向高档消费品以及教育、医疗、旅游、文化娱乐等个人发展型和享受型消费档次提升，数字经济无论与传统部门结合还是作为独立的经济部门都发挥了巨大作用。未来可以预计，由于中国数字经济发展先行打下的坚实基础，智能产业作为"第四产业"将成为新发展阶段增量经济的重要组成部分，其凭借蓝海市场规模和巨大发展潜力必将是我国及早抓住新一轮世界科技革命和产业变革先机，并在新一轮国际竞争中拔得头筹、抢占未来发展制高点的重要发展方向。

从微观机理而言，上市公司智能化转型是将传统企业的业务、流程甚至商业模式通过数字技术和信息化手段进行重构和升级的过程，不同于以往传统技术改造仅仅将其作为企业局部或某个环节的改造或更新，智能化

---

① 金碚：《工业的使命和价值——中国产业转型升级的理论逻辑》，《中国工业经济》2014 年第 9 期。

② Acemoglu, Daron, Pascual Restrepo, "Automation and New Tasks: How Technology Displaces and Reinstates Labor," *Journal of Economic Perspectives*, 2019, 33 (2): 3-30.

③ Lyytinen, Kalle, Youngjin Yoo, Richard J. Boland Jr, "Digital Product Innovation Within Four Classes of Innovation Networks," *Information Systems Journal*, 2016, 26 (1): 47-75.

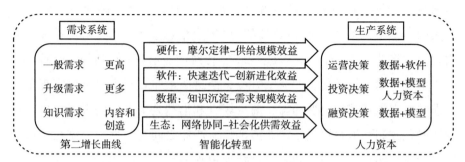

图3 数字化转型重构增长动力

转型既作为手段也作为目的为上市公司全系统运行和管理提供了脱胎换骨式的更新和重造，使企业能够充分借助智能化之手实现二次增长。这里，从企业生产、销售、管理、物流等4个方面来阐述智能化转型对企业的影响。从生产方面看，上市公司可以采用物联网、大数据、人工智能等技术，实现生产过程的智能化、自动化和高效化。通过实时监控生产数据，企业可以及时发现生产过程中的问题并采取相应措施，提高生产效率和产品质量。数字化转型使企业可以根据客户需求快速调整生产线，实现个性化、定制化生产能力不断提高，更加精准瞄准客户满意度和市场需求"靶心"。从销售方面看，企业可以通过大数据和人工智能技术，更好地了解客户需求，精准定位目标客户，并提供个性化的产品和服务，不断拓展销售渠道。另外，智能化还可以帮助企业实现线上销售和传统线下体验相融合，通过增强现实和虚拟现实等技术可以提高用户体验、促进多重场景消费，提高产品销售效率和用户体验满意程度。从管理方面看，企业可以利用智能化技术建立全面的信息化管理系统，实现全系统的实时监控。通过云计算和大数据分析更好地管理和利用海量数据资产，实现企业内部流程的优化和迭代，不断提高响应速度和管理效率。从物流方面看，通过智能化转型可以建立基于供应链的全生态的智能物流系统，实现对供应链的实时监控，优化物流网络，降低物流成本，提高物流的精准度和灵活性、韧性。综上所述，企业智能化转型对上市公司的影响是全方位、全生态的，给企业生产、销售、管理、物流等多个方面都将带来革命性影响，为上市公司内生增长动力形成不断奠定基础。

（三）微观 I ：智能产业革命的资本支出增长效应

在上文分析智能产业革命对经济增长影响机理的基础上，这里从经济增长 $Y=Af$（K，L）的三大来源——资本 K、劳动力投入 L 和创新 A，分析智能产业革命中智能产业类上市公司在上面三个领域的表现。表 1 为各个板块资本支出占比，其中智能产业板块为本报告依据智能产业标准体系选取的 895 家上市公司，"智能产业 50" 为智能产业类各行业排名靠前的 50 家上市公司，本报告第二部分将详细说明。从表 1 可以看出，"智能产业 50" 和智能产业上市公司资本支出占比近年来一直维持在 10% 以上，占据营业收入的 1/10 以上，显著高于全部 A 股、主板和创业板等，一方面说明了科创板、智能产业、"智能产业 50" 等成长性较高板块需要较高的资本支出支撑，才能不断维持和巩固在行业的领先地位；另一方面从侧面也说明在智能产业革命驱使下中国资本支出的方向进一步明确、领域进一步集中，中国智能化转型和数字化转型的步伐越来越快。

表 1　各板块资本支出占比比较

单位：%

板块	2018 年	2019 年	2020 年	2021 年	2022 年	2023 年
全部 A 股	6.57	6.38	6.73	6.34	6.78	7.41
科创板	—	6.08	22.21	16.52	18.14	20.81
创业板	10.76	9.98	10.72	11.47	10.73	9.48
全部主板	6.44	6.27	6.48	5.98	6.36	7.01
智能产业	11.97	11.67	11.38	10.15	10.34	10.69
智能产业 50	17.81	18.28	16.08	15.77	14.11	12.91

注：其中资本支出为购买固定资产、无形资产和其他长期资产支付的现金，资本支出占比为资本支出与营业收入之比。

资料来源：Wind 金融资讯终端。本报告无特别说明都来源于此。

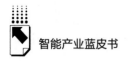

（四）微观Ⅱ：智能产业革命的劳动力收入增厚效应

劳动力投入为促进经济增长的另外一大要素，也是智能化产业革命转型的依托。从表2可以看出，第一，从趋势上看，各个板块2018年以来人均工资总体都经历了比较明显的上升趋势，而总体上增速最快的为"智能产业50"板块，智能产业和"智能产业50"劳动力收入不仅增速居于各板块前列，其波动性更是小于其他板块，例如，2020年智能产业和"智能产业50"的增速都大于0，而其他板块增速为负，这从另外一个角度反映了中国智能化转型的"坚定"和明确，即使在疫情干扰和各种内外部环境干扰情形下，智能产业类上市公司劳动力收入都有增无减，这只能说明在智能化转型推动下企业的收入不断提高或者成本不断下降，经营绩效显著提高。第二，从绝对值上看，"智能产业50"板块2023年劳动力收入约为32万元，显著高于其他板块，创业板和科创板虽然从性质上属于资本支出增长较快的科技创新型企业，但巨额的资本支出也意味着企业巨大的现金流流出，在劳动力收入无法增厚和人力资本积累受阻的情形下只能意味着资本支出的低效率，而与之形成鲜明对比的是，虽然智能产业类资本支出也很高，但较高的资本支出却"花得起所"，劳动力收入也不断提高。

表2　各板块人均收入（支付给职工以及为职工支付的现金/员工总数）比较

单位：元，%

板块	2018年	2019年	2020年	2021年	2022年	2023年
收入						
全部A股	168542.5	180964.84	179807.50	198904.43	209788.46	221128.16
科创板		196499.75	183609.49	196966.32	215609.25	228648.78
创业板	127836.6	133620.20	128718.10	136725.69	151420.29	156020.47
全部主板	171228.5	184284.33	184247.72	205878.47	216900.66	229691.74
智能产业	147564.8	158818.03	158863.41	177992.68	194414.71	205334.36
智能产业50	219580.4	237927.03	243283.07	262376.01	291731.84	316262.18
增速						
全部A股		7.37	−0.64	10.62	5.47	5.41
科创板			−6.56	7.27	9.47	6.05

续表

板块	2018 年	2019 年	2020 年	2021 年	2022 年	2023 年
创业板		4. 52	−3. 67	6. 22	10. 75	3. 04
全部主板		7. 62	−0. 02	11. 74	5. 35	5. 90
智能产业		7. 63	0. 03	12. 04	9. 23	5. 62
智能产业 50		8. 36	2. 25	7. 85	11. 19	8. 41

（五）微观Ⅲ：智能产业革命的创新经济效应

最后看创新。表 3 为各板块研发强度对比和研发强度增长对比。可以发现，首先，2023 年研发强度除科创板和创业板外，"智能产业 50" 和智能产业板块研发强度显著高于全部主板和全部 A 股。其次，从研发强度增长情况看，"智能产业 50" 板块增长速度显著高于其他板块，显示了中国智能产业板块研发强度不断增长，研发强度不断增长说明了深陷智能产业革命浪潮的中国上市公司不断加大研发投入，不仅在人工智能+领域充分挖掘各类场景对收入的增长效应，更是在未来产业上不断提前布局，及早获取新产业和新赛道的成长效应。

表 3　各板块研发强度比较

单位：%

板块	2018 年	2019 年	2020 年	2021 年	2022 年	2023 年
研发强度						
全部 A 股	1. 68	1. 88	2. 17	2. 23	2. 32	2. 51
科创板		6. 96	9. 66	9. 54	9. 43	10. 04
创业板	4. 51	4. 79	4. 63	4. 65	4. 69	4. 72
全部主板	1. 57	1. 74	1. 98	1. 98	2. 01	2. 17
智能产业	2. 54	2. 85	3. 09	3. 27	3. 46	3. 72
智能产业 50	1. 85	2. 42	2. 90	3. 34	3. 59	4. 08
研发强度增长						
全部 A 股		11. 78	15. 30	2. 72	4. 15	8. 29
科创板			38. 81	−1. 21	−1. 15	6. 43

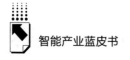

板块	2018 年	2019 年	2020 年	2021 年	2022 年	2023 年
创业板		6.27	-3.33	0.45	0.86	0.52
全部主板		10.94	13.62	-0.01	1.76	7.80
智能产业		12.21	8.36	5.85	5.66	7.46
智能产业 50		30.37	19.86	15.38	7.35	13.83

在资本支出、劳动力投入和创新研发不断增长的基础上，中国智能产业类上市公司经营绩效也在不断提高。表 4 为各板块 2018~2023 年总资产收益率（ROA）、扣非净资产收益率（ROE）和资本回报率（ROIC）变化情况，与上文一致，无论是总资产回报率还是扣非净资产回报率抑或资本回报率，中国智能产业类和"智能产业 50"板块的各个回报率都居于前列，2023 年"智能产业 50"板块 ROA 和扣非 ROE 分别为 8.72% 和 10.73%，资本回报率 ROIC 也为 9.34%，因此，科创板、创业板两个科技板块虽然研发支出、资本支出处于领先地位，但其经营绩效却低于其他板块，一定程度上说明了科技创新行业是高研发支出、高收入但同时也是高波动、低收益的代表，反映了科技竞争赛道的不确定性和科技支出强度刚性高的残酷事实，在智能产业革命越来越清晰的赛道和未来增长空间比较明确的情况下，智能产业高投资和高研发能够被高收入或低成本所"吸收"，因此经营绩效也就得到明显改善，同时员工收入实现了不断提高。

综上所述，以智能产业革命为代表的新一轮科技革命从根本上重塑了中国未来经济增长的内生逻辑，智能产业革命能够从存量上不断提高传统产业的核心竞争力，促进传统行业规模经济提高、范围经济扩大；增量上不断提高以智能产业为代表的新行业占比，促进新的增长曲线不断形成。同时，在智能产业革命越来越清晰的情况下，智能产业类上市公司经营绩效明显高于其他板块，从增量上确认了中国智能产业发展的高速、高效，智能产业革命时代正在到来。

表4　各板块产出绩效比较

单位：%

板块	2018 年	2019 年	2020 年	2021 年	2022 年	2023 年
ROA						
全部 A 股	5.09	4.76	4.47	4.99	4.77	4.47
科创板		8.39	5.91	6.79	5.26	2.50
创业板	2.64	3.29	4.80	5.50	5.21	4.16
全部主板	5.19	4.81	4.44	4.92	4.73	4.55
智能产业	5.90	5.71	5.59	5.39	4.89	4.79
智能产业 50	9.28	8.89	8.60	8.52	8.39	8.72
扣非 ROE						
全部 A 股	8.85	8.69	7.81	8.81	8.40	7.80
科创板		10.88	6.46	7.76	6.36	2.68
创业板	0.29	2.26	4.61	5.95	6.80	5.28
全部主板	9.20	8.93	7.96	8.97	8.54	8.12
智能产业	7.24	7.03	7.11	7.02	6.52	6.22
智能产业 50	12.27	11.04	10.98	10.80	10.81	10.73
ROIC						
全部 A 股	4.12	3.77	3.75	4.51	4.42	4.16
科创板		11.51	7.07	8.15	6.33	3.15
创业板	1.43	2.38	4.57	5.64	5.66	4.64
全部主板	4.25	3.81	3.66	4.35	4.26	4.16
智能产业	4.23	5.12	5.22	5.20	4.74	4.52
智能产业 50	9.66	9.80	9.67	9.82	9.68	9.34

二　人工智能类上市公司筛选

已有研究对人工智能产业上市公司筛选主要还是基于年报文本数据进行挖掘，从年报中获得关键词词频来对人工智能发展情况进行界定，并在此基础上确定该公司的人工智能属性。上述思路存在的问题主要在于无法规避自选择带来样本偏差，譬如一些行业一些领域的上市公司会在年报或者重大披露计划中"刻意"加入智能化转型的相关内容，以便于达到博取热点、管理市值等目的。虽然加入更多的关键词筛选可以在一定程度上规避此类问题，但在信息过滤和标准不一致的情况下，关键词的加入可能导致结果并不一定实现大幅提高。出于上述考虑，本报告参考了工业和信息化部、中央网络安全和信息化委员会办公室、国家发展和改革委员会、国家标准化管理委员会发布的《国家人工智能产业综合标准化体系建设指南（2024版）》，该标准体系由外围即人工智能产业链所涉及的基础层、框架层、模型层、应用层等4个部分构成。其中，基础层主要包括算力、算法和数据，框架层主要是指用于模型开发的深度学习框架和工具，模型层主要是指大模型等技术和产品，应用层主要是指人工智能技术在行业场景的应用。在四个部分基础上，该标准进一步从基础共性、基础支撑、关键技术、智能产品与服务、赋能新型工业化、行业应用、安全/治理等7个方面界定了人工智能在各个方面的标准体系，应该说外围的四层主要涉及人工智能技术的核心技术逻辑，而7个部分主要侧重人工智能技术产业化应用，考虑到基础共性和安全/治理两个部分差异性关键词较少，本报告主要从基础支撑、关键技术、智能产品与服务、赋能新型工业化、行业应用等5个方面对人工智能类上市公司进行筛选（见表5）。

表5　《国家人工智能产业综合标准化体系建设指南（2024版）》

指标	主要内容
基础支撑	基础数据服务
	智能芯片
	智能传感器
	计算设备
	算力中心
	系统软件
	开发框架
	软硬件协同

续表

指标	主要内容
关键技术	机器学习
	知识图谱
	大模型
	自然语言处理
	智能语音
	计算机视觉
	生物特征识别
	人机混合增强智能
	智能体
	群体智能
	跨媒体智能
	具身智能
智能产品与服务	智能服务
	数字人
	智能移动终端
	智能运载工具
	智能机器人
赋能新型工业化	装备行业
	消费品行业
	原材料行业
	运营管理
	营销服务
	生产制造
	中试验证
	研发设计
行业应用	智慧交通
	智慧医疗
	智慧教育
	智慧物流
	智慧金融
	智慧环保
	智慧能源
	智慧农业
	科学智算
	智慧城市

然后，在确定关键词的基础上，从中国上市公司目录中确定某一家是否属于智能产业类上市公司。具体步骤为：从公司简介、经营范围、主营产品名称和主营产品类型等 4 个指标中分别对基础支撑、关键技术、智能产品与服务、赋能新型工业化、行业应用等 5 个方面所涉及的关键词进行匹配，若任何一类匹配成功则将其列为智能产业类上市公司。之所以选择公司简介、经营范围、主营产品名称和主营产品类型等 4 类指标，主要在于上市公司经营范围、主营产品名称等确定都需要经过授权，变更或者修改都需要一定法律程序①，不会存在任意修改或者任意变更的情形。这样从上述 4 个方面确认公司的人工智能属性就会更加准确。

表6　人工智能标准体系与公司经营范围等匹配

公司简介—基础支撑	公司简介—关键技术	公司简介—智能产品与服务	公司简介—赋能新型工业化	公司简介—行业应用	经营范围—基础支撑	经营范围—关键技术	经营范围—智能产品与服务	经营范围—赋能新型工业化	经营范围—行业应用	主营产品名称—基础支撑	主营产品名称—关键技术	主营产品名称—智能产品与服务	主营产品名称—赋能新型工业化	主营产品名称—行业应用	主营产品类型—基础支撑	主营产品类型—关键技术	主营产品类型—智能产品与服务	主营产品类型—赋能新型工业化	主营产品类型—行业应用

图 4 为智能产业类上市公司各行业分布。按照一般惯例，我们剔除 ST 以及金融、房地产类上市公司，此外，由于新股发行波动较大，本报告剔除了 2023

---

① 公司经营范围变更需要经过一定的法律程序方能生效，按照《中华人民共和国公司法》和《中华人民共和国公司登记管理条例》等法律法规，公司经营范围变更需要经过以下程序，具体包括：（1）《公司登记（备案）申请书》；（2）变更登记事项涉及公司章程修改的，提交修改公司章程的决议、决定；（3）变更登记事项涉及公司章程修改的，提交修改后的公司章程或者公司章程修正案，并由公司法定代表人在公司章程或公司章程修正案上签字确认；（4）公司申请登记的经营范围中有法律、行政法规和国务院决定规定必须在登记前报经批准的项目，提交有关批准文件或者许可证件的复印件；（5）法律、行政法规和国务院决定规定公司变更事项必须报经批准的，提交有关的批准文件或者许可证件复印件；（6）已领取纸质版营业执照的缴回营业执照正、副本。

年 1 月 1 日以来 IPO 的智能产业类上市公司，最后智能产业类上市公司共有 895 家，涵盖申万一级 28 个行业分类，但从数量上可以看出，中国智能产业类上市公司主要集中在计算机、机械设备、电子、电力设备、通信等人工智能核心行业，包括人工智能所涉及算法、算力、计算机硬件设备、计算机软件等核心构件，这些行业上市公司占比达到 57.8%，而涉及行业应用的主要分布在汽车、环保等行业，以及医药生物、轻工制造、家用电器、基础化工等制造业，这一方面说明了中国人工智能产业目前仍然集中于 2024 年标准体系的外围基础层、框架层、模型层，智能产业的底层技术逻辑架构逐步构建，行业成熟度越来越高；另一方面，中国人工智能产业应用还有巨大空间，应用层及赋能新型工业化、行业应用等目前看仍然处于起步阶段，各行业依托人工智能技术潜力仍需加速，人工智能需要从行业核心层架构逐步向赋能和应用层面展开。

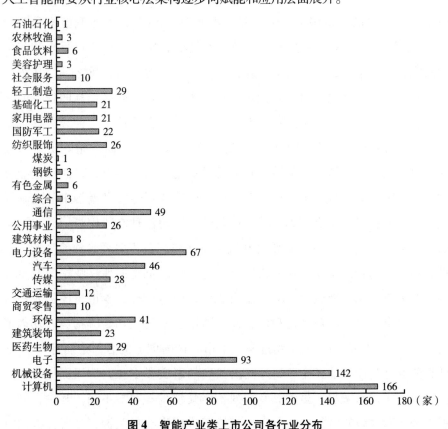

图 4　智能产业类上市公司各行业分布

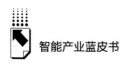

三 评价指标和方法

（一）评价指标体系

对智能产业类上市公司评价一方面要突出其特质，智能产业革命的到来使企业一般呈现创新能力较强特征，创新能力必须是评价智能产业类上市公司发展质量的第一考量因素。同时，创新的产生与推动必须有相应的治理条件作为支撑，本报告同时加入公司治理的相关指标，以反映创新与公司治理的密不可分性。另一方面，正如上文所分析的那样，单纯的创新投入并不一定带来企业利润增长和投资者收益增长，其经营绩效才是决定研发投资效益的关键因素，因此我们需要使用 ROE 之类盈利能力和业绩"含金量"等指标来反映上市公司经营的绩效，突出上市公司投入与产出的匹配关系。最后，站在投资角度，投资除了考虑公司特质之外，其"价格"亦是投资的重要参考，我们加入估值水平等指标来分析标的投资的相对价值。如表 7 所示，中国智能产业上市公司投资价值由运营绩效、估值水平、治理条件、创新能力和创值能力等五大因素共同决定。①运营绩效。由于创新能力涉及外部性，并不足以决定公司生存率，仍需保证必要的运营绩效。②估值水平。高估值则可以反映数字经济发展带来的流动性溢价，代表相应的融资能力。③治理条件。公司治理在通用指标外，同样引入 ESG 指标，以反映公司治理从股东主义向利益相关者治理的飞跃。④创新能力。创新能力是决定成长性的关键。为了更全面地反映中国数字核心产业上市公司创新能力，除了通用的创新能力指标，本报告还引入代表广义数字资本深化的数字化和代表人力资本积累的人均薪酬指标。⑤创值能力。从 MVA 和 EVA 两个角度考察上市公司的创值能力，特别是 EVA 的计算能够把智能产业类企业研发支出较高的事实资本化，从而更加准确地反映其真实运营情况。虽然五者并列，但其权重却明显不同，其中，创新能力和运营绩效对智能产业上市公司投资价值影响最关键，其所拥有权重超过治理条件、估值水平和创值能力三者的总和。只有这样，才能更准确地反映智能产业革命的创新驱动特征。

表 7　评价体系

类别	评价体系
运营绩效	ROE
	营业周期
	销售毛利率
	销售净利率
	资本结构
	业绩含金量
	资本支出
	营业收入增长率
	净利润增长率
	经营现金流增长
估值水平	PE
	PEG
治理条件	董事会情况
	股息率
	机构持股稳定性
	审计意见类型
	担保
	违规事项
	ESG
创新能力	研发强度熵系数
	研发人员投入
	人均薪酬
	研发产出
	无形资产
	数字化
	劳动生产率
	超额收益率

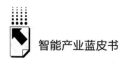

类别	评价体系
创值能力	MVA
	EVA

（二）评价方法

在建立指标体系后，就是通过数学统计方法将多因子指标加总在一起从而依得分从低到高来对上市公司价值创造能力进行评估。具体步骤如下。

第一，通过数据清洗，将数据中缺失值、离群值和极端值进行替代、删除和删截。譬如，在缺失值较多的情况下，我们使用该行业该因子的平均值或零进行替代，离群值和极端值的存在造成评估结果出现极端抬高或极端压低的情形，通常使用数据删截的方法进行处理，以便使因子取值范围限定在相对合理的区间。数据清洗是影响因子质量的重要因素，进行全面的因子清洗是准确评估的第一步。需要说明的是，为了防止一些上市公司特别是ST摘帽公司业绩大幅波动所造成极端值出现概率大大提高的情形，对所有财务指标、成长类指标以及公司治理、研发创新的大部分指标都取各因子的近三年均值，但即便如此，仍然无法规避极端值、离群值的出现，特别是业绩出现巨幅波动的标的对评价结果科学性形成较大干扰，因此，本报告创新性地采用波动调整的方法对业绩巨幅波动的上市公司进行"惩罚"，更加合理地还原其业绩增长"本质"，甄别和筛选出业绩稳健增长、核心竞争力充分、在长期中具有较高投资潜力的优质标的。

第二，将清洗后的因子进行标准化，以得到归一化和无量纲的效果。因子清洗后，各因子衡量单位不同，标准化后的因子能够统一归一化处理，使各个因子对上市公司价值创造能力影响不因衡量单位的不同而不同。

第三，将标准化后的因子进行正交化处理，得到"纯净"因子。众所周知，因子之间存在较强的相关性，特别是五大因素内部各因子之间存在较强的相关性。相关性存在将会造成因子对创值能力的解释存在较大的误差，导致夸大和缩小某一类因子的解释能力。正交化的处理降低了因子之间的相关性，能够得到各因子"净"影响。

第四，通过层次分析法确定各因素之间和各因素下子项间权重。考虑到本报告包含因子巨多，各因素下子项又包含多个具体因子，如果使用层次分析法确定权重首先涉及五个因素间、各因素下子项间、各子项下具体因子间不同层次的专家打分，由于专家数量有限以及专家重复打分可能造成的主观误差，我们仅对五个因素间、各因素下子项间进行专家打分，而子项下各因子之间由于已经经过标准化、正交化处理，同时规避各子项下不同因子间"重要性"重复判断节省专家时间和提高专家打分的效率，通过加权平均处理得到各子项的数值。各因素间、各因素下子项间通过下列层次分析法规则得到权重。

首先，根据前文划分的财务状况、估值与成长性、创值能力、公司治理和创新与研发能力等驱动因素，建立起上市公司价值评估的各层指标体系。

其次，根据各个子项的相对重要程度来确定各因素权重。通过两两比较，得出每一子项相对于另一子项的"重要性"程度得分。相对重要程度度量如下。

表8　专家打分规则

标度	含义
1	表示两个因素 X_i 和 X_j 相比，具有相等重要性
3	表示两个因素 X_i 和 X_j 相比，X_i 比 X_j 稍微重要
5	表示两个因素 X_i 和 X_j 相比，X_i 比 X_j 明显重要
7	表示两个因素 X_i 和 X_j 相比，X_i 比 X_j 强烈重要
9	表示两个因素 X_i 和 X_j 相比，X_i 比 X_j 极端重要
2,4,6,8	表示两个因素 X_i 和 X_j 相比，在上述两个相邻等级之间
倒数	表示两个因素 X_i 和 X_j 比较得出判断 a_{ij}，则 X_j 和 X_i 比较得出判断 $a_{ji}=1/a_{ij}$

对于打分结果，对各因素及各因素下指标分别构造判断矩阵，计算判断矩阵的最大特征根和一致性指标，进行一致性检验。满足一致性检验的判断矩阵的特征向量的各个分量就是各个指标对上一级指标（因素）的权重。利用该权重计算企业价值评估值。

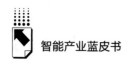
由于行业众多，我们将申万 28 类行业按照产业特征分为制造业和服务业两大类，再按照产业结构和功能的相似性进一步划分为 10 类子行业，每一类子行业代表一种专家打分权重，通过对这 10 类子行业打分，得出所有 28 类行业的专家打分结果。

表 9　专家打分表类型

产业	产业结构和功能	包括的申万行业
制造业	上游能源	煤炭、有色金属、石油石化
	中游制造	基础化工、钢铁、建筑材料、建筑装饰、电力设备、机械设备、轻工制造、国防军工
	下游需求	汽车、家用电器、农林牧渔、纺织服饰、食品饮料
服务业	物流	交通运输
	TMT	电子、计算机、传媒、通信
	休闲服务	社会服务、美容护理
	公用事业	公用事业、环保
	零售	商贸零售
	医药	医药生物
	其他	综合

四　评价结果

通过对上市公司五要素下具体因子进行标准化与正交化，并使用层次分析法对五要素、要素下子项进行打分，通过加总可以得出分行业上市公司价值评估综合评价结果，考虑篇幅有限，我们只选取每个行业评价前十的上市公司，[①] 其他上市公司的综合结果以及五个要素的具体分值在附录体现。同时考虑到科创板和北交所的科创属性较强特征，分别将其单列。

---

① 若该行业上市公司不足 10 家，列出全部。

（一）评估结果

1. 传媒

表 10 传媒

代码	公司名称	总得分	运营绩效	估值水平	风险控制	创新能力	创值能力
300002.SZ	神州泰岳	6.31	7.01	5.35	5.43	6.71	5.96
000681.SZ	视觉中国	5.76	6.19	5.45	5.2	5.9	5.5
601928.SH	凤凰传媒	5.7	6.05	5.39	6.36	4.9	6.25
300113.SZ	顺网科技	5.68	5.65	5.12	5.41	6	5.94
300785.SZ	值得买	5.64	6.04	4.94	5.37	5.58	5.94
605168.SH	三人行	5.54	5.72	5.22	5.47	5.31	6.04
000156.SZ	华数传媒	5.52	6.01	5.21	6.46	5.29	4.37
300031.SZ	宝通科技	5.39	5.51	5.08	4.85	5.72	5.36
301171.SZ	易点天下	5.31	5.14	5.04	4.88	5.56	5.86
603466.SH	风语筑	5.25	4.89	5.19	5.67	5.23	5.64

2. 电力设备

表 11 电力设备

代码	公司名称	总得分	运营绩效	估值水平	风险控制	创新能力	创值能力
300274.SZ	阳光电源	6.31	5.93	5.37	6.12	6.51	7.8
000400.SZ	许继电气	5.73	5.79	5.35	6.27	5.67	5.61
300693.SZ	盛弘股份	5.72	6.51	5.24	5.18	5.29	6.02
300360.SZ	炬华科技	5.71	6.59	5.49	5.49	5.31	5.16
000682.SZ	东方电子	5.67	5.85	5.43	5.68	5.61	5.67
300880.SZ	迦南智能	5.67	6.14	5.72	5.38	5.23	5.82
300514.SZ	友讯达	5.66	6	5.33	5.39	5.73	5.42
300882.SZ	万胜智能	5.6	6.24	5.29	5.38	5.21	5.63
601012.SH	隆基绿能	5.58	5.86	5.29	5.64	4.99	6.43
002851.SZ	麦格米特	5.55	5.24	5.38	5.66	5.63	6.08

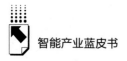

3. 电子

表 12 电子

代码	公司名称	总得分	运营绩效	估值水平	风险控制	创新能力	创值能力
300866. SZ	安克创新	6.19	6.32	5.41	5.7	6.41	6.79
300613. SZ	富瀚微	6.16	6.4	5.21	5.68	7	5.4
002841. SZ	视源股份	5.98	5.41	5.34	5.99	6.66	6.38
603160. SH	汇顶科技	5.89	5.31	4.11	5.42	7.07	6.9
603893. SH	瑞芯微	5.8	5.73	3.91	5.15	6.96	6.17
300433. SZ	蓝思科技	5.7	5.47	5.45	6.63	5.19	6.49
002241. SZ	歌尔股份	5.62	5.39	4.99	5.53	5.67	6.69
601231. SH	环旭电子	5.61	5.16	5.39	6.9	5.19	6.29
300346. SZ	南大光电	5.56	6.17	5.49	5.35	5.08	5.62
002130. SZ	沃尔核材	5.51	5.86	5.52	5.6	4.97	5.76

4. 纺织服饰

表 13 纺织服饰

代码	公司名称	总得分	运营绩效	估值水平	风险控制	创新能力	创值能力
002832. SZ	比音勒芬	5.82	6.45	5.39	5	5.51	6.43
600398. SH	海澜之家	5.79	5.4	5.53	6.46	5.38	6.98
002612. SZ	朗姿股份	5.49	5.8	5	5.19	5.79	5.09
603877. SH	太平鸟	5.32	5.43	5.36	5.51	5.07	5.38
301066. SZ	万事利	5.28	4.94	4.39	4.68	6.19	5.63
002486. SZ	嘉麟杰	5.24	5.43	4.81	5.73	5.16	4.97
301088. SZ	戎美股份	5.23	5.42	4.93	4.64	5.81	4.56
603196. SH	日播时尚	5.15	5.29	5	4.37	5.22	5.63
003016. SZ	欣贺股份	5.14	5.37	5.04	5.4	5.11	4.57
603908. SH	牧高笛	5.13	5.74	5.27	5.36	4.01	5.81

5.钢铁

表 14　钢铁

代码	公司名称	总得分	运营绩效	估值水平	风险控制	创新能力	创值能力
000932.SZ	华菱钢铁	5.49	5.27	4.96	5.72	5.64	5.92
002478.SZ	常宝股份	5.25	5.32	6.48	4.82	4.69	5.42
000709.SZ	河钢股份	4.4	4.41	3.56	5.46	4.67	3.66

6.公用事业

表 15　公用事业

代码	公司名称	总得分	运营绩效	估值水平	风险控制	创新能力	创值能力
600900.SH	长江电力	6.16	5.94	5.2	5.94	6.01	8.1
003816.SZ	中国广核	5.98	5.27	5.93	5.7	6.51	6.67
601985.SH	中国核电	5.9	5.47	5.37	5.95	6.33	6.36
600803.SH	新奥股份	5.86	6.23	5.32	6.47	5.25	6.3
600475.SH	华光环能	5.42	4.61	7.1	6.19	5.6	4.24
600863.SH	内蒙华电	5.24	5.25	5.49	5.45	5.09	5.04
600821.SH	金开新能	5.23	5.83	5.75	4.63	4.85	4.89
600116.SH	三峡水利	5.21	5.54	6.34	5.75	4.19	4.96
000591.SZ	太阳能	5.14	4.99	5.49	5.1	5.71	4.01
600167.SH	联美控股	5.08	5.5	4.92	5.93	4.34	5.04

7.国防军工

表 16　国防军工

代码	公司名称	总得分	运营绩效	估值水平	风险控制	创新能力	创值能力
300474.SZ	景嘉微	5.54	6.13	3.21	4.63	6.16	6.39
600435.SH	北方导航	5.45	5.72	6.88	5.52	4.29	5.74
002465.SZ	海格通信	5.44	5.6	6.29	5.56	4.71	5.62
600764.SH	中国海防	5.37	5.68	4.95	5.57	5.01	5.67
002414.SZ	高德红外	5.34	5.8	3.5	5.19	5.19	6.7

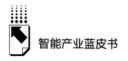

续表

代码	公司名称	总得分	运营绩效	估值水平	风险控制	创新能力	创值能力
600372. SH	中航机载	5.29	5.51	5.09	5.87	4.71	5.66
002625. SZ	光启技术	5.28	6.24	5.12	4.69	4.59	5.52
300775. SZ	三角防务	5.25	6.27	5.19	5.25	4.19	5.41
300762. SZ	上海瀚讯	5.12	4.1	5.05	4.46	6.28	5.58
002519. SZ	银河电子	5.1	5.77	5.02	5.34	4.61	4.6

8. 环保

表17 环保

代码	公司名称	总得分	运营绩效	估值水平	风险控制	创新能力	创值能力
603568. SH	伟明环保	5.94	6.33	5.28	5.91	5.18	7.35
603279. SH	景津装备	5.72	5.73	5.3	5.81	5.42	6.63
000598. SZ	兴蓉环境	5.68	5.83	5.39	6.13	5.17	6.26
003039. SZ	顺控发展	5.61	5.97	6.65	4.96	4.93	5.87
002034. SZ	旺能环境	5.48	5.91	5.24	5.74	5.21	5.1
600817. SH	宇通重工	5.35	5.95	4.94	5.25	4.7	5.95
601330. SH	绿色动力	5.34	5.87	5.15	5.95	4.89	4.77
300631. SZ	久吾高科	5.33	4.98	5.71	5.05	5.5	5.59
000967. SZ	盈峰环境	5.3	5.13	5.05	6.01	5.64	4.51
000820. SZ	神雾节能	5.3	5.08	6.66	3.89	5.23	5.89

9. 机械设备

表18 机械设备

代码	公司名称	总得分	运营绩效	估值水平	风险控制	创新能力	创值能力
300124. SZ	汇川技术	6.23	6.32	5.32	6.02	5.97	7.69
603203. SH	快克智能	5.8	6.32	5.12	5.47	5.79	5.8
603015. SH	弘讯科技	5.71	5.39	4.94	6.08	6.63	4.91
603338. SH	浙江鼎力	5.71	6.2	5.41	5.67	5.09	6.28
600582. SH	天地科技	5.7	5.78	5.46	6.1	5.9	5

代码	公司名称	总得分	运营绩效	估值水平	风险控制	创新能力	创值能力
002979.SZ	雷赛智能	5.65	5.8	5.01	4.77	6.03	6.13
002158.SZ	汉钟精机	5.64	6.16	5.41	6.04	4.96	5.78
603100.SH	川仪股份	5.62	5.87	5.41	5.73	5.32	5.83
600761.SH	安徽合力	5.62	5.5	5.44	6.35	5.26	5.99
300667.SZ	必创科技	5.59	6.05	4.49	5.15	6.06	5.31

10. 基础化工

表19　基础化工

代码	公司名称	总得分	运营绩效	估值水平	风险控制	创新能力	创值能力
600989.SH	宝丰能源	6.02	6.55	5.17	6.41	4.84	7.78
603977.SH	国泰集团	5.89	6.17	5.23	6.12	6.01	5.52
000920.SZ	沃顿科技	5.68	6.11	5.68	5.94	5.21	5.48
300387.SZ	富邦股份	5.62	5.49	5.4	5.22	6.36	5.02
300343.SZ	联创股份	5.13	5.47	3.44	4.36	5.72	5.71
301220.SZ	亚香股份	5.1	5.6	5.13	4.82	5.04	4.46
002666.SZ	德联集团	4.92	4.84	6.93	5.19	4.66	3.35
002886.SZ	沃特股份	4.8	4.69	3.02	5.56	5.14	5.36
300995.SZ	奇德新材	4.65	4.49	4.56	4.54	4.5	5.46
301100.SZ	风光股份	4.55	4.97	4.41	4.99	3.92	4.66

11. 计算机

表20　计算机

代码	公司名称	总得分	运营绩效	估值水平	风险控制	创新能力	创值能力
002230.SZ	科大讯飞	6.28	5.46	6.13	5.83	6.8	7.46
600845.SH	宝信软件	6.22	6.03	6.07	6.01	5.93	7.57
603019.SH	中科曙光	6.01	5.47	5.74	5.88	6.4	6.71
002063.SZ	远光软件	5.95	5.83	7.07	5.94	5.75	5.49
300496.SZ	中科创达	5.76	6.37	4.67	5.15	6.07	5.62

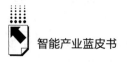
续表

代码	公司名称	总得分	运营绩效	估值水平	风险控制	创新能力	创值能力
300532.SZ	今天国际	5.67	5.9	5.29	5.78	5.75	5.36
300378.SZ	鼎捷数智	5.63	6.01	6.27	5.95	5	5.19
002236.SZ	大华股份	5.62	5.69	5.23	5.46	5.95	5.36
000948.SZ	南天信息	5.59	5.43	6.15	6.06	5.43	5.2
603859.SH	能科科技	5.56	6.39	6.17	5.12	5.41	4.05

12. 家用电器

表 21　家用电器

代码	公司名称	总得分	运营绩效	估值水平	风险控制	创新能力	创值能力
000921.SZ	海信家电	5.76	5.81	5.35	6.34	5.16	6.73
000810.SZ	创维数字	5.66	5.18	4.67	5.71	6.72	5.45
002543.SZ	万和电气	5.64	5.24	7.29	5.81	5.63	4.6
603868.SH	飞科电器	5.56	6.16	5.8	6.07	4.24	6.27
002959.SZ	小熊电器	5.35	5.85	6.16	5.01	4.66	5.28
603579.SH	荣泰健康	5.29	4.87	5.71	6.09	5.98	3.57
002035.SZ	华帝股份	5.24	5.25	5.26	5.88	5.18	4.69
301280.SZ	珠城科技	5.2	5.65	5.56	4.98	4.8	4.94
002429.SZ	兆驰股份	5.19	5.7	5.48	5.44	4.6	4.8
603219.SH	富佳股份	5.05	5.55	4.69	4.69	4.55	5.78

13. 建筑材料

表 22　建筑材料

代码	公司名称	总得分	运营绩效	估值水平	风险控制	创新能力	创值能力
002392.SZ	北京利尔	5.56	5.43	6.54	5.43	5.77	4.6
000672.SZ	上峰水泥	5.43	5.8	5.23	6.04	4.48	6.2
002333.SZ	罗普斯金	5.19	4.65	5.86	5.84	5.18	4.96
600876.SH	凯盛新能	5.18	5.87	4.97	5	4.73	5.07
002718.SZ	友邦吊顶	5.06	5.71	4.71	4.73	4.92	4.74
000401.SZ	冀东水泥	4.86	4.69	5.21	5.3	4.95	4.2
002457.SZ	青龙管业	4.79	5.43	2.82	5.2	4.73	5.18
603616.SH	韩建河山	4.34	2.53	4.65	5.22	5.18	5.11

14. 建筑装饰

表 23　建筑装饰

代码	公司名称	总得分	运营绩效	估值水平	风险控制	创新能力	创值能力
300384. SZ	三联虹普	5. 93	6. 41	5. 66	5. 08	6. 4	5. 15
301091. SZ	深城交	5. 8	6. 12	6. 62	4. 83	5. 56	5. 8
601868. SH	中国能建	5. 58	5. 27	6. 22	5. 41	5. 95	5
603357. SH	设计总院	5. 56	6. 03	5. 91	5. 98	4. 99	5. 01
600820. SH	隧道股份	5. 51	5. 18	6. 08	6. 28	5. 54	4. 78
000032. SZ	深桑达 A	5. 24	5. 96	3. 74	5. 09	5. 21	5. 51
002883. SZ	中设股份	5. 22	5. 98	4. 66	5. 08	4. 87	5. 11
002541. SZ	鸿路钢构	5. 13	5. 61	6. 51	5. 11	4. 1	4. 84
300989. SZ	蕾奥规划	5. 1	5. 82	3. 91	4. 49	5. 18	5. 32
300675. SZ	建科院	5. 04	5. 29	3. 06	5. 73	5. 26	5. 42

15. 交通运输

表 24　交通运输

代码	公司名称	总得分	运营绩效	估值水平	风险控制	创新能力	创值能力
001965. SZ	招商公路	6. 09	5. 81	5. 73	6. 18	6. 57	5. 97
600012. SH	皖通高速	5. 86	6. 24	7. 19	5. 18	4. 79	6. 59
600794. SH	保税科技	5. 45	5. 73	5. 38	5. 35	5. 15	5. 68
600035. SH	楚天高速	5. 43	5. 78	5. 87	5. 39	5. 2	4. 82
600269. SH	赣粤高速	5. 14	5. 32	5. 4	5. 44	5. 19	4. 13
601228. SH	广州港	5. 08	5. 13	3. 69	5. 73	5. 28	5. 31
000906. SZ	浙商中拓	5. 07	4. 91	4. 82	5. 78	5. 19	4. 7
600179. SH	安通控股	4. 94	5. 7	3. 94	4. 74	4. 76	4. 96
000900. SZ	现代投资	4. 72	4. 41	6. 29	5. 5	5. 27	1. 89
300350. SZ	华鹏飞	4. 58	3. 99	3. 79	4. 81	4. 81	5. 89

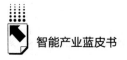
16. 煤炭

表 25 煤炭

代码	公司名称	总得分	运营绩效	估值水平	风险控制	创新能力	创值能力
000723. SZ	美锦能源	6.11	5.58	3.28	6.42	7.56	6.8

17. 美容护理

表 26 美容护理

代码	公司名称	总得分	运营绩效	估值水平	风险控制	创新能力	创值能力
002243. SZ	力合科创	5.51	5.26	5.09	6.03	6.18	4.61
300955. SZ	嘉亨家化	5.2	6.13	4.91	4.76	4.44	5.56
002094. SZ	青岛金王	4.43	3.61	5.01	5.21	4.38	4.83

18. 农林牧渔

表 27 农林牧渔

代码	公司名称	总得分	运营绩效	估值水平	风险控制	创新能力	创值能力
300021. SZ	大禹节水	5.4	5.39	3.82	5.8	6.18	5
301116. SZ	益客食品	4.7	4.61	6.18	4.86	3.82	5

19. 汽车

表 28 汽车

代码	公司名称	总得分	运营绩效	估值水平	风险控制	创新能力	创值能力
601058. SH	赛轮轮胎	5.77	5.8	5.32	6.27	5.46	6.32
000338. SZ	潍柴动力	5.7	5.32	5.3	5.96	6.18	5.66
301000. SZ	肇民科技	5.69	6.31	5.25	5.34	5.45	5.72
002085. SZ	万丰奥威	5.59	5.59	5.28	5.74	5.4	6.15
002870. SZ	香山股份	5.53	6.42	5.14	5.14	5.32	4.96

续表

代码	公司名称	总得分	运营绩效	估值水平	风险控制	创新能力	创值能力
300926. SZ	博俊科技	5.52	5.82	5.17	4.94	5.38	6.11
002984. SZ	森麒麟	5.51	6.1	5.28	5.47	5	5.62
603013. SH	亚普股份	5.4	5.69	5.23	6.15	4.92	5.25
300928. SZ	华安鑫创	5.33	4.67	5.06	4.89	6.32	5.39
002434. SZ	万里扬	5.32	4.69	6.93	5.89	5.39	4.28

20. 轻工制造

表 29 轻工制造

代码	公司名称	总得分	运营绩效	估值水平	风险控制	创新能力	创值能力
300729. SZ	乐歌股份	6.04	6.25	4.94	6.1	6.66	5.44
603992. SH	松霖科技	5.91	5.83	5.47	5.79	5.69	7.09
301004. SZ	嘉益股份	5.86	7.03	5.03	5.39	4.72	7.08
603848. SH	好太太	5.85	6.4	5.25	5.29	5.87	5.89
001322. SZ	箭牌家居	5.49	5.46	4.73	4.86	5.73	6.48
002615. SZ	哈尔斯	5.4	5.7	5.56	5.27	4.93	5.73
605299. SH	舒华体育	5.29	5.67	6.67	5.42	4.07	5.47
300640. SZ	德艺文创	5.26	5.19	4.49	4.84	6.13	4.88
002899. SZ	英派斯	5.24	5.49	5.53	5.54	4.85	4.93
301011. SZ	华立科技	5.18	4.91	5.02	5.04	5.3	5.79

21. 商贸零售

表 30 商贸零售

代码	公司名称	总得分	运营绩效	估值水平	风险控制	创新能力	创值能力
300947. SZ	德必集团	5.91	5.71	6.69	5.4	6.03	5.77
000785. SZ	居然之家	5.69	5.79	5.46	6.34	5.8	4.9
603682. SH	锦和商管	5.55	5.46	6.49	5.53	5.17	5.58
603214. SH	爱婴室	5.23	5.62	5.46	5.39	4.4	5.72
000058. SZ	深赛格	4.98	5.12	4.23	5.42	4.43	6.1

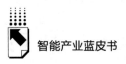
续表

代码	公司名称	总得分	运营绩效	估值水平	风险控制	创新能力	创值能力
300022. SZ	吉峰科技	4.95	5.23	3.7	3.8	5.36	5.99
002187. SZ	广百股份	4.84	5.17	3.9	5.53	4.86	4.42
000882. SZ	华联股份	4.67	5.6	3.36	5.57	4.6	3.35
000759. SZ	中百集团	4.47	3.72	5.12	4.86	4.62	4.67
000564. SZ	供销大集	4.24	3.01	5.13	5.38	4.5	4.11

22. 社会服务

表 31　社会服务

代码	公司名称	总得分	运营绩效	估值水平	风险控制	创新能力	创值能力
300938. SZ	信测标准	5.67	6.71	5.21	5.28	4.94	5.86
002093. SZ	国脉科技	5.47	5.26	5.51	5.88	5.66	5.07
300688. SZ	创业黑马	5.38	5.3	5	5.23	5.2	6.46
600636. SH	国新文化	5.29	4.8	4.82	6	6.03	4.57
002858. SZ	力盛体育	5	4.66	4.81	4.89	5.3	5.4
600258. SH	首旅酒店	4.98	5.6	4.89	6.7	4.72	2.61
300572. SZ	安车检测	4.89	4.74	5.24	4.98	4.73	5.03
300010. SZ	豆神教育	4.71	4.04	5	3.81	5.81	4.44
600706. SH	曲江文旅	4.71	4.82	4.71	5.9	3.74	5.22
002707. SZ	众信旅游	4.43	4.41	4.9	4.67	3.63	5.34

23. 石油石化

表 32　石油石化

代码	公司名称	总得分	运营绩效	估值水平	风险控制	创新能力	创值能力
600506. SH	统一股份	5.23	3.89	3.28	6	7.77	4.03

24. 食品饮料

表 33　食品饮料

代码	公司名称	总得分	运营绩效	估值水平	风险控制	创新能力	创值能力
605499.SH	东鹏饮料	6.14	6.66	5.81	5.55	5.2	7.89
002557.SZ	洽洽食品	5.17	4.52	4.77	6.2	5.18	5.82
605300.SH	佳禾食品	4.97	4.58	5.12	4.63	5.68	4.51
603517.SH	绝味食品	4.88	4.48	5.57	5.03	5.14	4.31
603711.SH	香飘飘	4.77	4.53	6.12	5.5	4.49	3.69
603777.SH	来伊份	4.36	5.21	2.6	5.09	4.31	3.78

25. 通信

表 34　通信

代码	公司名称	总得分	运营绩效	估值水平	风险控制	创新能力	创值能力
300627.SZ	华测导航	5.79	6.32	5.15	5.47	5.88	5.55
600941.SH	中国移动	5.72	5.92	5.39	5.87	5.59	5.77
301165.SZ	锐捷网络	5.67	5.89	4.94	5.37	5.98	5.65
300211.SZ	亿通科技	5.6	4.64	7.03	5.91	5.89	5.23
300394.SZ	天孚通信	5.58	6.98	5.01	5.89	4.13	5.92
603236.SH	移远通信	5.55	5.65	4.34	5.72	6.14	5.21
601728.SH	中国电信	5.45	5.79	5.27	6.01	5.56	4.18
603881.SH	数据港	5.43	5.66	5.58	5.45	5.4	4.88
301380.SZ	挖金客	5.41	6.15	5.09	4.97	5.24	4.99
002396.SZ	星网锐捷	5.39	5.66	5.1	5.89	6.07	3.32

26. 医药生物

表 35　医药生物

代码	公司名称	总得分	运营绩效	估值水平	风险控制	创新能力	创值能力
002432.SZ	九安医疗	5.95	7.32	4.9	4.56	5.62	6.34
000963.SZ	华东医药	5.82	5.43	5.85	5.8	5.41	7.42

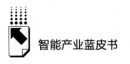

续表

代码	公司名称	总得分	运营绩效	估值水平	风险控制	创新能力	创值能力
600566. SH	济川药业	5.65	6.13	5.18	5.86	4.87	6.49
300206. SZ	理邦仪器	5.55	5.82	4.77	4.75	5.9	5.86
600998. SH	九州通	5.36	5.05	6.58	6.11	5.14	4.47
002940. SZ	昂利康	5.29	5.42	6.75	5.32	4.65	4.85
002880. SZ	卫光生物	5.24	5.12	4.93	5.49	5.22	5.59
300358. SZ	楚天科技	5.23	5.08	4.85	5.49	5.96	4.17
002932. SZ	明德生物	5.21	6.41	4.27	4.47	5.55	3.83
601607. SH	上海医药	5.2	4.61	4.88	5.86	5.35	5.75

27. 有色金属

表36　有色金属

代码	公司名称	总得分	运营绩效	估值水平	风险控制	创新能力	创值能力
000657. SZ	中钨高新	5.84	5.18	4.89	6.22	6.57	6.25
603979. SH	金诚信	5.56	5.87	5.17	6.38	4.59	6.44
002824. SZ	和胜股份	4.87	5.2	4.77	4.55	4.48	5.41
003038. SZ	鑫铂股份	4.77	5.31	5.18	5.04	4.23	4.11
002160. SZ	常铝股份	4.2	3.45	4.99	4.47	5.13	2.78

28. 综合

表37　综合

代码	公司名称	总得分	运营绩效	估值水平	风险控制	创新能力	创值能力
000753. SZ	漳州发展	5.22	4.98	5	6.2	4.72	5.94
600770. SH	综艺股份	5.22	4.94	5	5.44	5.58	5.03
000632. SZ	三木集团	4.71	5.07	5	4.36	4.71	4.03

29. 科创板

表38 科创板

代码	公司名称	所属行业	总得分	运营绩效	估值水平	风险控制	创新能力	创值能力
688169.SH	石头科技	家用电器	6.35	6.37	5.44	6.32	6.23	7.5
688271.SH	联影医疗	医药生物	6.32	5.96	5.36	6.24	6.54	7.63
688188.SH	柏楚电子	计算机	5.98	7.06	5.16	5.16	5.29	6.84
688279.SH	峰岹科技	电子	5.94	6.58	5.24	5.3	6.01	5.87
689009.SH	九号公司-WD	汽车	5.93	5.43	5.35	6.25	6.18	6.64
688289.SH	圣湘生物	医药生物	5.85	6.45	5.24	6.33	5.24	6.05
688100.SH	威胜信息	通信	5.83	5.68	5.42	5.71	5.86	6.61
688301.SH	奕瑞科技	医药生物	5.8	6.35	4.96	6.32	5.2	6.22
688389.SH	普门科技	医药生物	5.75	6.54	5.41	5.66	5.13	5.86
688396.SH	华润微	电子	5.74	5.75	5.14	5.99	5.24	7.09

30. 北交所

表39 北交所

代码	公司名称	所属行业	总得分	运营绩效	估值水平	风险控制	创新能力	创值能力
430476.BJ	海能技术	机械设备	5.81	6.09	7.06	5.93	5.47	4.56
835174.BJ	五新隧装	机械设备	5.72	6	5.3	5.71	5.11	6.84
830879.BJ	基康仪器	机械设备	5.61	5.98	5.28	5.42	5.47	5.65
839680.BJ	广道数字	计算机	5.57	5.69	4.95	5.08	5.98	5.65
831832.BJ	科达自控	计算机	5.34	5.43	5.09	5.31	5.69	4.71
837092.BJ	汉鑫科技	计算机	5.11	4.95	4.7	4.19	5.61	5.77
838924.BJ	广脉科技	通信	5.11	5.46	4.98	4.83	4.8	5.43
835670.BJ	数字人	医药生物	5.06	5.33	3.58	4.9	5.33	5.6
838262.BJ	太湖雪	纺织服饰	5	5.34	5.47	5.38	4.34	4.82
837821.BJ	则成电子	电子	4.83	5.1	4.65	4.8	4.08	6.03

（二）"智能产业50"投资组合

我们根据申万各行业上市公司价值评估综合结果并参考各行业上市公司

数量,在每个行业中选出最能代表本行业未来发展方向和价值驱动的上市公司,构成"智能产业50"投资组合,具体见表40。

表40 "智能产业50"投资组合

单位:家

申万行业	相关受益公司	数量
计算机	科大讯飞、宝信软件、中科曙光、远光软件、中科创达、今天国际、鼎捷数智、大华股份	8
机械设备	汇川技术、快克智能、弘讯科技、浙江鼎力、天地科技、雷赛智能、汉钟精机	7
电子	安克创新、富瀚微、视源股份、汇顶科技	4
医药生物	九安医疗、华东医药、济川药业	3
建筑装饰	三联虹普	1
环保	伟明环保、景津装备	2
交通运输	招商公路	1
传媒	神州泰岳	1
汽车	赛轮轮胎、潍柴动力、肇民科技	3
电力设备	阳光电源、许继电气、盛弘股份	3
公用事业	长江电力	1
通信	华测导航、中国移动、锐捷网络	3
纺织服饰	比音勒芬	1
国防军工	景嘉微、北方导航	2
家用电器	海信家电、创维数字	2
基础化工	宝丰能源	1
轻工制造	乐歌股份	1
科创	石头科技、联影医疗、柏楚电子、峰岹科技、九号公司-WD	5
北交	海能技术	1

五 市场表现

通过将"智能产业50"投资组合的50只股票采用流通市值加权的方法构建"智能产业50"指数,如图5所示,自2023年1月1日至2024年10月23日,"智能产业50"指数与主要宽基指数如中证500指数、创业板指数和沪深 300 指数等相比，录得了不错的收益。截至 2024 年 10 月 23 日，中证 500 指数、创业板指数、沪深 300 指数的最新值分别为 970、936 和 1022（基期统一设定为 1000），而"智能产业 50"指数为 1206，这就意味着一年零 10 个月的时间内，"智能产业 50"指数获得了 21% 的收益，沪深 300 指数刚刚持平，而创业板指数和中证 500 指数收益仍然为负。虽然 9 月底以来随着各项政策落地，中国资本市场经历了向上调整，一改过去一年多的持续下行的趋势，但仔细观察图 5 可以发现，"智能产业 50"指数一直在 1000 点以上，这就意味着，在市场总体负向波动的大背景下，该指数仍然能够获得绝对收益，充分显示了该指数所囊括的上市公司的高质量和高投资价值。可以预计，随着更多资本市场利好政策出台及中国宏观经济稳中向好，资本市场进一步向上的概率将会显著提高，"智能产业 50"指数必将为投资者带来更高的投资收益。

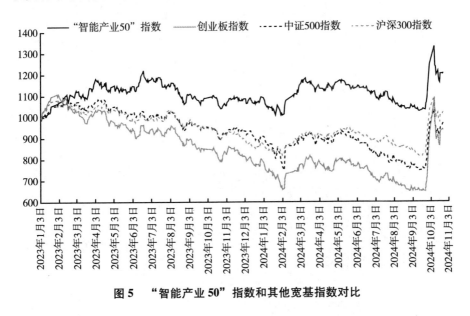

图 5 "智能产业 50"指数和其他宽基指数对比

另外，从表 41 还可以看出，"智能产业 50"投资组合不仅收益高，同时其"价格"还较低，显著低于科创板、创业板动辄 30～50 倍市盈率，2024 年 10 月 25 日，"智能产业 50"投资组合的市盈率仅仅为 18.45 倍，略

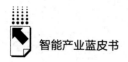

高于全部 A 股和全部主板，这一估值水平与国际上主要板块相比仍然较低，充分说明了"智能产业 50"组合较高的投资价值。

表 41 "智能产业 50"指数和其他宽基指数市盈率

单位：倍

板块	市盈率（TTM）2024-10-25	市盈率（TTM）2023-12-31	市盈率（TTM）2022-12-31	市盈率（TTM）2021-12-31	市盈率（TTM）2020-12-31	市盈率（TTM）2019-12-31	市盈率（TTM）2018-12-31
全部 A 股	15.18	13.45	13.29	16.80	19.36	15.02	12.17
科创板	49.26	39.08	36.24	53.01	74.33	56.83	
创业板	36.01	31.82	35.16	51.26	52.73	42.20	28.80
全部主板	13.22	11.74	11.51	14.35	17.18	13.97	11.58
智能产业	23.05	21.97	19.86	28.49	29.04	25.32	19.26
"智能产业 50"	18.45	19.45	15.78	29.10	27.37	21.66	17.72

产 业 篇

B.3
中国智能制造的发展战略与路径选择

汪红驹 李原*

摘 要： 在第四次科技革命浪潮下，智能制造对传统意义上的生产方式、制造范式和产业模式进行了颠覆式变革，对建设现代化产业体系和培育新质生产力起到关键性支撑作用，既是我国建设制造强国的关键棋，亦是制胜棋。我国智能制造产业进入快速发展期，产业规模与市场规模快速上升，应用场景不断拓展，智能化工厂试点示范如火如荼，但也存在关键技术装备受制于人、智能化应用场景开发不足、基础设施薄弱、行业与地域智能化水平不均衡、产业发展生态环境不优等不足。未来要对标智能制造高质量发展所需的基础要件，攻克关键核心技术，广泛拓展应用场景，完善智能制造基础设施布局，加强体制机制改革，以智能制造高质量发展为主攻方向推进制造强国建设。

* 汪红驹，经济学博士，中国社会科学院财经战略研究院研究员，博士生导师，研究方向为宏观经济学、货币经济学等；李原，经济学博士，北京市社会科学院助理研究员，研究方向为区域经济学、金融理论与政策。

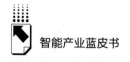

关键词： 智能制造　制造强国　智能化　数字化

在新一轮科技革命驱动下，全球制造业竞争已经由单纯的产品竞争演变为科技能力竞争和创新能力竞争。2015 年，我国提出实施"制造强国"战略，将智能制造确定为中国制造的主攻方向，配套发布了"智能制造工程"实施指南。此后，党的十九大、二十大均强调"加快建设制造强国"，"十三五"和"十四五"规划纲要均列出单独章节对制造强国战略的实施、智能制造的高质量发展明确了路线图。2023 年 5 月，习近平总书记强调，"加快建设以实体经济为支撑的现代化产业体系"，"要把握人工智能等新科技革命浪潮"，"推进产业智能化、绿色化、融合化，建设具有完整性、先进性、安全性的现代化产业体系"①；党的二十大报告围绕"加快建设制造强国"，首次提出"现代化产业体系"概念和"建设现代化产业体系"的新任务，提出"推动制造业高端化、智能化、绿色化发展"。党中央充分重视发挥智能制造对建设现代化产业体系、建设制造强国的重要作用。

建设制造强国必须加快构建以先进制造业为支撑的现代化产业体系，必须以发展新质生产力为重要突破口和着力点。智能制造，作为融合新一代信息技术与先进制造技术的一种先进制造业业态，是新一轮科技革命和产业变革的重要交汇点，已然成为我国发展新质生产力的重要载体、推进新型工业化的核心驱动力、迈向全球产业链价值链高端的关键支撑。发展智能制造对重塑我国制造业竞争新优势有重要现实意义，是实现制造业高端化的重要路径，是加快智能制造技术产业化的现实需要，是破解能源、环境和劳动力等资源约束的有力手段。因此，发展智能制造能够对建设现代化产业体系和培育新质生产力起到关键性支撑作用，既是我国建设制造强国的关键棋，亦是

---

① 《加快建设以实体经济为支撑的现代化产业体系　以人口高质量发展支撑中国式现代化》，《人民日报》2023 年 5 月 6 日。

制胜棋。不仅要深刻认识智能制造在制造强国建设过程中的重要地位，更要理解智能制造带来的产业体系变革与生产关系重构，深入分析以智能制造支撑引领制造强国建设的理论逻辑与发展策略，为中国实现从制造大国到制造强国的跨越提供智力支持。

一 智能制造塑造新质生产力

（一）科技革命推动智能制造兴起

伴随着科技革命，制造业经历了四个阶段的跃升。在第一次工业革命以前，制造业长期处于手工制造阶段①，不仅生产效率低下且生产规模小。18世纪中期，以蒸汽机的发明及应用为标志的第一次工业革命到来，制造业领域机器开始取代人力，制造业各细分领域的生产效率显著提高。19世纪末20世纪初，以电力和电机的发明与应用为标志的第二次工业革命到来，制造业开始全面转向大规模机器制造。20世纪60年代，以计算机技术与互联网技术蓬勃发展为标志的第三次工业革命到来，制造业从大规模制造转入柔性制造阶段。柔性制造集合了手工制造和大规模制造的优点，同时解决了手工制造的高成本问题和大规模制造的同质化问题。但是，工业化带来的"生产过剩"问题依然存在，即工业生产走在需求前面，出现供给端强于需求端的局面②。

20世纪后期，以人工智能、物联网、大数据、云计算等为标志的智能技术快速发展，第四次工业革命到来。随着智能技术逐渐向制造业全生命周期渗透和应用，智能制造成为制造业发展的高阶业态。谢弗（G. H. Schaffer）③认为，人工智能等新兴技术为制造业发展带来了新的动力，依靠人工智能自主学习、

---

① 查尔斯·辛格：《技术史》（第1卷），王前、孙希忠译，上海科技教育出版社，2004。
② 《马克思恩格斯全集》第四卷，人民出版社，1958。
③ Schaffer G. H. , "Artificial Intelligence: A Tool for Smart Manufacturing," *American Machinist and Automated Manufacturing* , 1986, 130（8）: 83.

适应等能力，制造业企业改良了生产工艺、降低了生产成本、提升了生产效率。1988年，保罗·肯尼斯·怀特（Paul Kenneth Wright）和大卫·亚兰·博恩（David Alan Bourne）在《制造智能》（*Manufacturing Intelligence*）一书中首次提出"智能制造"（Manufacturing Intelligence）概念。他们将"智能制造"定义为"一种通过软件系统和机器人控制，使机器能够在无人干预的情况下完成小规模生产的制造模式"[1]。随着数字技术的发展，发达国家开始从国家战略角度布局发展智能制造。21世纪以来，在"工业4.0"浪潮下，德国、美国等发达国家都将智能制造作为本国制造业发展的主攻方向。我国工业和信息化部对"智能制造"的定义为：它是一种基于先进制造技术与新一代信息技术深度融合，贯穿于设计、生产、管理、服务等产品全生命周期，具有自感知、自学习、自决策、自执行、自适应等功能的新型生产方式[2]。简单来说，"智能制造"以生产制造环节和流程智能化为核心，以端到端数据流为基础，以工业互联网为关键支撑，以智能制造装备和工业软件为主要工具，以智能工厂为载体，对传统制造业的技术范式、生产范式、管理方式均实现了颠覆式变革。

（二）智能制造对制造业产生颠覆性影响

1. 智能制造引领生产方式变革

智能制造通过将机器智能与人类智能高度集成，实现制造过程自主感知、自我适应、自我诊断、自主决策和自我修复。智能制造的生产过程是人机协同，表现为机器与人的高效合作以及数据共享、即时互联。与传统制造相比，智能制造具有自我控制、自主学习、自我调整完善的能力。一方面，智能技术成为制造系统的"关键和核心"[3]，智能技术与实时制造数

---

[1] Wright P. K., Bourne D. A., *Manufacturing Intelligence*, Boston：Addison-Wesley，1988.

[2] 工业和信息化部、国家标准化管理委员会：《国家智能制造标准体系建设指南（2021版）》，http://www.gov.cn/zhengce/zhengceku/2021-12/09/5659548/files/e0a926f4bc584e1d801f1f24ea0d624e.pdf。

[3] Li B., Hou B., Yu W., et al.，"Applications of Artificial Intelligence in Intelligent Manufacturing：A Review," *Frontiers of Information Technology & Electronic Engineering*，2017（18）：86-96.

据、业务运营充分结合，使动态数据系统和工业软件应用于制造业各流程。另一方面，数据成为智能制造的关键生产要素，全面渗透到制造业的生产过程[1]。智能制造以横向和纵向的数据价值链为基础[2]，横向数据价值链指的是产业内部不同企业间的信息整合，包括企业研发、采购、制造和服务流程等[3]；垂直数据价值链指的是企业内部数据的整合，涵盖从设备到云的集成等环节。

2. 智能制造引领制造范式变革

智能制造以人工智能替代部分人的智能，不仅代表了技术创新的突破，还引领了制造范式的变革。智能制造对制造体系进行了重塑，制造体系由单一使用智能制造设备转变为全产业生产流程智能化，实现了制造流程从"人—物"二元系统（HPS）到新一代"人—网络—物理"三级系统（HOPS）的转变。智能制造系统是一个覆盖设计、物流、仓储、生产、检测等生产全过程的复杂巨系统，可以简写为：

$$智能制造系统 = 自动化设备 + 智能"神经系统" \tag{1}$$

智能制造从投入和产出两端改写了生产函数，调动制造企业"人—机—料—法—环—测"六大关键生产因素[4]。

3. 智能制造助推制造产业体系发生多维度、多层次的巨大变革

智能制造是制造业的高阶制造形态，天然具有产业属性，因此本报告主要从产业属性分析智能制造[5]。智能制造对传统意义上的产业结构进行了重

① Fhorey R. , "Emerging Trends in Vehicular Communications," *IEEE New York Presentation* , 2014 （8）.

② Chen B. , Wan J. , Shu L. , et al. , "Smart Factory of Industry 4.0: Key Technologies, Application Case, and Challenges," *Ieee Access* , 2017（6）: 6505-6519.

③ Wan J. , Zhang D. , Sun Y. , et al. , "VCMIA: A Novel Architecture for Integrating Vehicular Cyber-Physical Systems and Mobile Cloud Computing," *Mobile Networks and Applications* , 2014 （19）: 153-160.

④ Huang Q. , "*Intelligent Manufacturing*, Understanding China's Manufacturing Industry," Singapore: Springer Nature Singapore. 2022: 111-127.

⑤ Davis J. , Edgar T. , Graybill R. , et al. , "Smart Manufacturing," *Annual Review of Chemical and Biomolecular Engineering* , 2015（6）: 141-160.

组和重塑，其形成的新型产业链主要包括：上游行业的基础硬件、感知层次的相关硬件产品、智能制造装备和工业软件；中游行业的提供智能制造装备、智能制造解决方案和系统集成服务的各种供应商；下游行业的市场需求方，包括交通装备、仓储物流、电子信息、生物医药等。

（三）智能制造形成现实新质生产力

1. 智能制造将新的生产工具和生产资料引入制造业

以人工智能为代表的新技术革命使人的智力"物质化"，将智能制造系统应用于制造业领域，成为提高全要素生产率的关键要素[1]。智能制造系统不仅具备传统机器长时间运转的特性，还融入视觉、听觉、嗅觉、味觉、触觉等感官能力以及类似人的智能特质，能够相对独立地完成产品设计、工艺规划、生产调度、质量控制、物流配送、售后服务等环节，实现对"人、机、料、法、环、测"等要素的精细化、敏捷化和高效化管理。智能制造系统通过感知、学习、决策和主动交互等能力，不断优化各个生产环节，提高创新水平和生产效率。据工业和信息化部统计，截至 2023 年底，我国已建成万余家省级数字化车间和智能工厂。以上海市为例，已建成的智能工厂生产效率平均提高 50%，运营成本平均降低 30%，带动单位增加值能耗累计下降 13.8%。

2. 智能制造将新的生产组织形式引入制造业

生产组织是将生产资料与人的劳动以某种方式结合在一起，形成一种有序且有效的协同。在传统制造模式中，生产组织的典型形态是工厂，具有固定化、层级化、标准化等特点，劳动者按照预先设定好的工作内容、工作方式和工作流程进行生产。智能制造利用新型的生产组织形态——数字平台，使生产活动突破时间和空间的限制，不仅便于在全球范围内获取和配置生产资料，还能够以更加灵活的方式组织劳动者进行生产，减少了劳动力投入数量，提升了劳动力配置效率。劳动者不必局限在工厂等固定

---

① Wang J., Xu C., Zhang J., et al., "Big Data Analytic for Intelligent Manufacturing Systems: A Review," *Dearborn: Journal of Manufacturing Systems*, 2022 (62): 738-752.

物理空间，通过"数字在场"（digital present）形式在任何时间、任何地点接受并完成工作任务①。例如，借助云计算、远程协作、物联网等技术，设计师、工程师和操作员可以在不同的地理位置进行协作，以远程方式共同参与完成产品的设计、生产和测试等工作。不同于传统制造以地理集聚为特点的传统工业生产组织形式，智能制造采取以网络集聚为特点的虚拟生产组织形式，不仅降低了生产要素在不同产业和不同地区间的流通成本，还大大提升了生产运行效率。

3. 智能制造将新的业态引入制造业

智能制造通过数字技术赋能实体经济，推动实体经济与数字经济的深度融合，引领了未来制造业发展方向，为制造业全面转型升级提供了机遇，为产业模式和商业模式的革新提供了动力。一方面，企业生产过程的高度数字化加速了传统制造业转型升级。"智改数转网联"成为制造企业提质增效、抢占发展制高点的关键之举，借助数字孪生等先进技术，企业能够在虚拟环境中模拟创建产品和生产线的精确数字模型，简化了产品设计、测试等生产环节，加速产品从概念设计到进入市场的进程，能够有效规避传统制造模式中的决策时滞、准确率低、设备闲置等问题。当我国逐渐失去土地、原材料和劳动力成本优势之后，智能制造为传统制造业带来了工业设计、品牌建设、个性化定制服务等竞争新优势。另一方面，科技创新拓展了智能制造新模式、新业态。智能制造的普及和应用促进了工业互联网、工业软件、工业大数据、工业机器人等技术的快速发展，催生出软件和信息技术服务业等具有融合特征的产业业态②，同时也推动了产业组织方式变革。智能制造将传统的线性创新模式转变为全产业链复合式网络创新，有望打破企业间、行业间的界限，促进制造业向多元化、综合化发展。在企业层面，智能制造能够促进不同部门和团队之间的数据共享和整合，更容易吸收和利用来自其他行业的知识和技术，加速了新技术的

---

① 蓝江：《5G、数字在场与万物互联——通信技术变革的哲学效应》，《探索与争鸣》2019年第9期。
② 宋旭光、何佳佳、左马华青：《数字产业化赋能实体经济发展：机制与路径》，《改革》2022年第6期。

研发和应用。在行业层面，在开放数据的前提下，互联网、物联网、大数据、5G、人工智能等渗透到先进制造业和现代服务业产业链的各个环节，智能制造能够为跨学科和跨行业的信息交流提供平台，智能制造的融合集成特性能够促进跨产业深度融合，依托智能制造系统实现产业间业务关联、链条延伸、技术渗透、要素整合，培育形成服务型制造和制造型服务等新模式、新业态，有效推进先进制造业和现代服务业深度融合发展。

4. 智能制造将绿色低碳引入制造业

智能制造通过将新一代信息通信、新材料、新能源等技术与先进制造技术相结合，提升制造企业的能源管理效率和资源使用效率，实现生产方式的绿色低碳转型。智能制造采用人工智能对生产要素投入及配置进行分析决策，比人脑决策更具科学性，能够更高效地减少不必要的要素投入，进而达成节能减排和绿色发展的目标。一方面，智能制造系统通过模拟生产过程为生产能耗决策提供基础。数字孪生技术通过搭建虚拟生产副本，预先计算产品生产成本和能耗，为企业进行最优能耗决策提供了有力工具[1]。部分智能制造企业已经实现对废水、废气、固废、噪声等污染源全天候智能监控与管理[2]。德国西门子公司就基于"数字孪生综合方案"实现了对产品绿色化水平的定量分析与持续优化[3]。另一方面，智能制造系统有利于减少能源损耗、提高资源利用效率。随着智慧供应链、智能工厂的智慧能源管理系统逐步成熟，能源消耗和资源投入能够得到实时监测、分析、控制和优化，根据能源成本及供应情况自主选择替代能源或生产时段，实现精准调度和动态平衡，以进一步减少能源的浪费和损耗[4]。例如，智能电网通过大规模可再生能源并网发

---

[1] Sachs J. D. , Schmidt-Traub G. , Mazzucato M. , et al. , " Six Transformations to Achieve the Sustainable Development Coals," *Nature Sustainability* , 2019, 2（9）: 805-814.

[2] 《智能制造生态体系不断发展制造业转型正当时》，《通信信息报》2022年11月30日。

[3] 聂飞、胡华璐、李磊：《工业机器人何以促进绿色生产？——来自中国微观企业的证据》，《产业经济研究》2022年第4期。

[4] Iqbal J. , Khan M. , Talha M. , et al. , " A Generic Internet of Things Architecture for Controlling Electrical Energy Consumption in Smart Homes," *Sustainable Cities and Society* , 2018（43）: 443-450.

电技术、分布式发电和微电网技术，引入清洁能源以减少对常规化石能源的消耗；通过超高压输电等手段提高能源输送效率、实现传输环节的低碳化。

二　我国智能制造发展的现状

（一）我国智能制造产业发展特点

我国智能制造产业发展总体上呈现"顶层设计推动—重点区域支撑—部分领域突出"的基本特征。

1. 智能制造高质量发展拥有较为完备的政策支撑

2015年以来，我国将智能制造作为制造强国战略的主攻方向，国家相关部门陆续出台了一系列推进智能制造高质量发展的政策文件，例如：工业和信息化部联合其他部门发布了《智能制造工程实施指南（2016—2020年）》《智能制造工程发展规划（2016—2020年）》《国家智能制造标准体系建设指南》《"十四五"智能制造发展规划》等，为智能制造的发展制定了目标、指明了方向；累计发布国家标准408项，主导制定国际标准48项。各地政府也因地制宜出台了促进本地智能制造产业发展的政策措施，如湖北省制造强省建设领导小组印发了《湖北省推进人工智能产业发展三年行动方案（2023—2025年）》，江苏省制定了《制造业智能化改造和数字化转型三年行动计划》，广东省制定了《制造业数字化转型实施方案（2021—2025年）》，智能制造工程、智能制造试点示范等专项工作渐次展开，呈现多点开花、梯次发展局面。

2. 我国智能制造产业进入快速发展期

中国智能制造经历了以下五个阶段，其中，2015年以来智能制造进入快速发展时期。

（1）2002年之前：独立系统阶段。制造业的生产制造独立于设备层和控制层，MES理念开始出现并应用于个别案例。

（2）2002~2007年：信息化应用阶段。政府提出"两化融合"，重点推

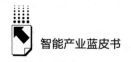

进企业生产系统信息化的单项应用。MES、ERP 开始广泛应用。

（3）2008～2011 年：系统协作阶段。MES 和 ERP 进一步深化对接，提升协作能力。

（4）2012～2014 年：数字化导入阶段。制造业开始提及数字化概念，领先行业开始推进数字化改造。MES 继续深化推进，物联网、云计算、大数据开始在工业中涉足。

（5）2015 年至今：智能化转型阶段。制造业开始全面推进数字化，国内大范围开展应用示范，制造业智能化转型成为焦点，数字化解决方案全面推进。

总体来看，我国智能制造产业发展取得了显著成绩。我国智能制造应用水平与规模处于全球先进行列。根据前瞻产业研究院的测算，从智能制造产业市场规模来看，2024 年第一季度，我国智能制造装备行业市场规模已经超过 3.2 万亿元，比 2017 年的 1.27 万亿元增长了 1.5 倍；预计 2024 年中国智能制造产业市场规模将增至 4.9 万亿元，占全球智能制造总产值的比例将超过 38%。2023 年工业软件市场规模为 2414 亿元，同比增长 12.3%，占全球市场规模的比例为 6.8%，工业软件企业关键工序数控化率达到 62.2%，数字化研发设计工具普及率达到 79.6%。

我国智能制造应用场景丰富，支撑起万亿元市场规模。根据工业和信息化部的数据，汽车制造、通用/专用设备制造、生物医药、电气机械和器材制造、钢铁化工、物流、纺织等多个行业，对数字化车间/智能工厂设计、产品研发及工艺设计、生产作业、仓储配送、设备运维、安全管控、能源与环保、经营管理等智能制造系统解决方案有巨大市场需求，支撑起我国智能制造万亿元市场规模。智能制造系统解决方案市场规模自 2019 年起以平均 50% 的年增速增长，预计到 2027 年，我国智能制造行业市场规模将达到 6.6 万亿元（见图 1）①。

---

① 数据来源于中研普华产业院研究报告《2024-2029 年智能制造产业现状及未来发展趋势分析报告》。

中国电子技术标准化研究院设计了一个智能制造能力成熟度模型，从企业智能化角度客观评价智能制造发展水平，利用等级评估系统将企业智能制造成熟度划分为五级：一级——规划级，二级——规范级，三级——集成级，四级——优化级，五级——引领级，等级越高代表智能化成熟度越高①。这个模型能够较为客观地评估国内制造业智能化发展水平和智能制造发展状况。从评价结果来看，2024年达到GB/T 39116-2020《智能制造能力成熟度模型》国家标准二级及以上的智能工厂普及率为42%，比2020年增长了17个百分点，呈逐年上升态势。25%的制造业企业达到成熟度二级，实现了核心业务环节的数字化网络化；11%的制造业企业迈进成熟度三级，实现了网络化集成及单点智能；6%的制造业企业达到四级及以上的高成熟度，实现了深度智能化，正引领着中国式智能制造创新发展。但需要指出的是，尽管全国制造企业智能制造能力仍在提升，但整体看仍处于初级阶段，超过半数的企业尚处于智能制造成熟度一级，只有6%的企业实现了深度智能化。

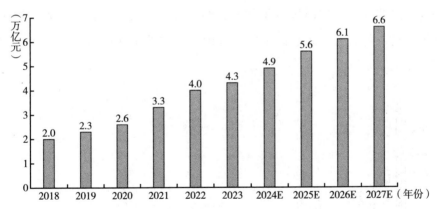

图1 中国智能制造行业市场规模预测

---

① 评估系统包含4个能力要素：人员、技术、资源、制造；12个能力域：组织战略、人员技能、数据、集成、信息安全、装备、网络、设计、生产、物流、销售、服务；20个能力子域：组织战略、人员技能、数据、集成、信息安全、装备、网络、产品设计、工艺设计、采购、计划与调度、生产作业、设备管理、安全环境、仓储配送、能源管理、物流、销售、客户服务、产品服务。

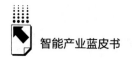

3. 智能制造发展程度存在区域不平衡

中国智能制造产业发展水平有较为明显的地域差异，与经济发达程度呈一定的正相关。经济发达的地区，智能制造企业的数量和质量也较高，呈现"东强西弱"分布特征。

从智能制造企业数量来看，智能制造评估评价公共服务平台（www.c3mep.cn）显示，目前参与自诊断的企业库中，智能制造行业企业多分布于我国经济较为发达的东南沿海地区。江苏省达到智能制造能力成熟度二级及以上企业数量累计达到 3525 家，数量居全国第一；山东、安徽、湖北、湖南、河南、广东等位居全国前列，均有超过 700 家企业达到二级及以上水平。西部地区智能制造行业企业的数量相对较少。其中，智能制造行业的上市企业则多分布于长三角和珠三角地区，其中广东省数量位居第一。从城市来看，无锡、长沙、苏州、深圳、北京拥有的高成熟度智能制造企业较多。《2019 世界智能制造中心城市潜力榜》报告对世界 50 个主要城市的科研水平、智能生产、产业融合、发展潜力和政府扶持等 5 个方面进行了评价，结果表明，我国上海、深圳、苏州和天津进入前十名，北京、重庆、佛山、宁波等地区的智能制造潜力也相对较大。

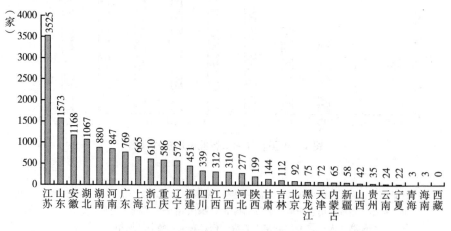

图 2　2024 年智能制造能力成熟度二级及以上的企业地区分布

在智能制造产业园区方面，根据前瞻产业园区库最新数据，截至 2022 年 6 月，我国共有智能制造产业园区 359 个，分布最多的 3 个省份分别是江苏省、广东省与山东省，分别代表了长三角经济区、粤港澳地区和环渤海经济区，三个省份的占比分别为 21%、15% 和 9%；西部地区智能制造产业园较少。

4. 高技术行业和知识密集型行业智能制造水平更为领先

智能制造涉及细分行业众多、范围较广，各行业在生产流程、技术工艺、生产线配置、原材料种类、产品类型、组织方式等方面均存在较大差异，行业智能化水平发展不平衡。根据智能制造评估评价公共服务平台数据，参与自诊断的企业中，计算机电子设备制造业、汽车制造、医药制造、电子机械和器材制造、交通运输设备制造、化学原料和化学制品制造业与食品制造业等行业智能化程度较高。

总的来说，装备制造、电子信息、消费品和原材料四大重点领域在智能制造方面走在前列。装备制造领域，具有研发技术壁垒高、客户定制化需求多、售后运维成本高、上下游产业关联度高以及应用领域广泛等特点，研发设计类工业软件应用最为广泛，在样本企业中，68% 的企业应用了研发设计类软件开展产品设计和工艺设计；34% 的企业使用了三维仿真软件，可以预先发现产品设计的加工方法、加工过程等方面的问题，确保产品的质量和工期；7% 的企业为产品提供远程监测、故障预警、预测性维护等服务。电子信息领域，对装备自动化程度要求偏高，对质量过程管控严格，具有信息系统覆盖广泛、生产运营管理高效等特点。该领域数字化装备渗透率高达72%，设备联网率近 50%，生产制造类工业软件应用率达到 60%，远高于全行业平均水平。消费品领域，消费品工业对质量控制要求严格、对产品数字化营销方式需求强烈，采用数字技术开展营销和质量管理成效显著。其电子商务平台应用率为 12%，质量全流程可追溯率达到 16%，数字化营销手段采用率为 27%。原材料领域，具有工况环境复杂、能源消耗总量大、设备资产价值高等特点，产业数字化转型需求高。20% 以上的企业达到智能制造能力成熟度三级及以上，行业能源管理平台应用率达到 27%，装备数字化率达到 60%，12% 的企业实现了设备预测性维护。

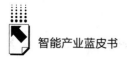

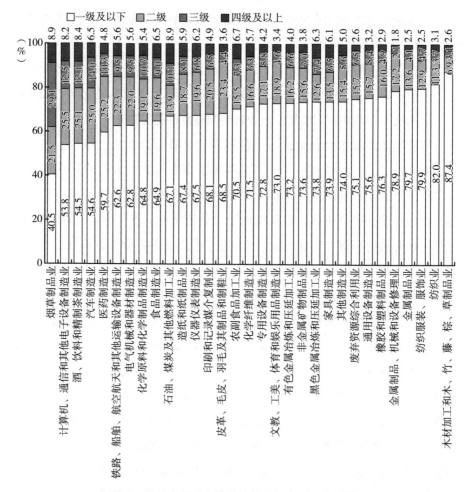

图3　2024年智能制造能力成熟度行业分布情况

　　从行业的生产组织形式来看，离散型制造行业智能化程度高于流程型制造行业。离散型制造行业特点是产品通常由多个零部件加工装配而成，加工程序较为离散且不连续，电子设备制造、汽车制造、电器制造等产业是离散型制造行业的代表，在生产数字化转向生产智能化过程中进行了大量探索，智能化成熟度较高。流程型制造的原材料从开始加工到输出成品，物料始终要在彼此相连的设备或管道中传递。炼油、水泥等传统行业在流程化管理方面有较好基础，但智能化转型步伐相对较慢。

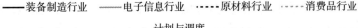

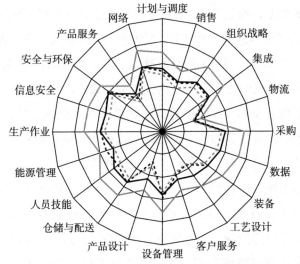

图 4　四大重点领域 20 个能力子域智能制造成熟度得分情况

5. 以点带面以智能制造试点示范持续推动智能制造高质量发展

自 2015 年以来，工业和信息化部等部门每年遴选一批智能制造优秀场景，以揭榜挂帅方式建设一批智能制造示范工厂和智慧供应链。各地积极开展智能制造试点示范行动，探索智能制造最佳实践的标准化、模块化、精准化的推广路径，推动制造业数字化、网络化、智能化升级，推广应用成效明显。例如，北京出台《北京市"新智造 100"工程实施方案（2021—2025年）》，到 2023 年全面推进实施制造业"十百千万"升级计划，打造 10 家产值过百亿元的世界级"智慧工厂"，支持建设 100 家"智能工厂/数字化车间"，推动 1000 家制造企业实施数字化、智能化转型升级，培育万亿级智能制造产业集群。上海实施智能工厂领航行动计划，提出到 2025 年，建成200 家示范性智能工厂、20 家标杆性智能工厂，评选出 1000 个智能制造优秀场景。

中商产业研究院分析师预测，2023 年我国智能工厂市场规模达 1.17 万亿元，到 2024 年智能工厂市场规模有望增至 1.3 万亿元。截至 2023 年底，中国有 62 座"灯塔工厂"，占全球的比例为 40.5%，位列全球第一。根据工业和信息化部数据，截至 2023 年 7 月，我国已建成智能制造能力成熟度二级以上水平数字化车间和智能工厂 2500 余个，智能工厂使产品研发周期平均缩短了 20.7%，生产效率平均提升 34.8%，产品不良品率平均下降 27.4%，碳排放平均减少约 21.2%。机械装备制造、汽车制造、航空航天等领域的智能制造能力成熟度高的企业，通过提升生产效率、降低生产成本，不仅能够获得竞争优势，还能够发挥直接示范作用和间接激励作用，通过产业链条传导带动上下游企业、其他行业向智能化方向迈进。

以中建钢构阳光二期智能制造项目为例，基于"数字化、信息化、智能化"的设计理念，研发先进的高端数控机床和工业机器人设备、智能物流仓储设备、智能传感控制设备等智能制造设备，建成一个集研发、设计于一体的全球领先的新型智能工厂。该项目预计将提高 20% 生产效率、降低 20% 产品缺陷率、减少 10% 的单位产品能耗。赛力斯汽车超级工厂，结合应用云计算、大数据、物联网、5G 等技术，打造了全链路监控的智联工艺系统，工厂内应用超过 3000 台机器人，实现了焊接和喷涂等工艺 100% 自动化、100% 采集车辆从钢板到整车下线的全过程质量数据检测。超大型 9000T 一体化压铸机、智能港口级物流数字技术融合运营、车型全价值链数据联通、全流程质量自动化管理、可持续发展的绿色智慧工厂、开放共享互联互通等，为汽车的高品质交付赋能。

（二）发展面临的困境与瓶颈

当前，我国发展智能制造面临关键技术装备受制于人、智能化应用场景不足、基础设施薄弱、产业发展生态环境不优等制约因素。

1. 智能制造关键核心技术尚未实现自立自强

一是智能制造基础理论研究比较薄弱。目前我国智能制造领域基础理论和技术应用存在结构性不平衡。与世界先进技术相比，人工智能等技术差距未能缩小，一些核心零部件（如测控装置、传感器、高端数控系统等）仍依赖进口。基础研究深度不够，尚未形成较为完整的智能制造技术体系。智能制造产业关键核心技术面临"卡脖子"难题，单点关键核心技术仍受制于人，系统集成技术国产替代能力较弱，系统解决方案供给不足。中高端工业控制芯片、工业机器人等核心器件和装备国产化率较低，国产产品稳定性不足，关键核心技术迭代受限。以系统解决方案为例，国内蕴含智能制造产业机理和制造原理的系统解决方案创新性和适配性不强，应用场景受限。二是集成技术"短板"明显。国内半导体企业多采取技术跟随策略，原始创新动力和研发投入不足，不具备国际竞争优势，缺少能够高效整合产业链中的硬件、软件和应用服务等各个环节的超强半导体企业。此外，"缺芯"问题日益凸显，光刻机、高端离子注入机、光刻胶等方向的自主攻关难度较大，短期内仍受制于人。同时，系统集成技术涉及不同端口的标准协议，存在不同系统和数据端口之间的互不兼容、难以适配等问题。

2. 智能工厂建设缺少关键支撑

从全球范围来看，"灯塔工厂"主要集中在离散型制造业，美国、德国的"灯塔工厂"主要从事生物技术、半导体等高端产业，而中国的"灯塔工厂"主要集中于产业链下游的家电制造、电子制造等领域，仍有较大的提升空间。智能工厂建设涉及智能装备、智能传感器、工业软件和系统解决方案等供应商，技术复杂度高，集成难度较大。一是部分智能工厂存在"信息孤岛"问题。在实践中，部分企业只注重购买高端数控设备，数据在各设备之间难以交互共享；部分企业数据自动化采集和车间联网程度较低，难以实现对生产设备的实时监测和预测性维护，不仅没有降低资源投入，反而会因生产中断而导致能源和设备损耗增加。二是忽视工业软件配套。我国工业软件行业底子薄、集约化程度低，产品多为标准化通用型产品，在工业软件定制、新产品开发方面较为薄弱，难以满足复杂多变的各细分工业生产需求与场景需求。国产工业软件多为业务管理类产品，集中在企业资源计划、供应链管理等中低端类型，研发设计类、生产控制类等软件多依赖进口，缺少高技术水平、高附加值的自主供应商。匹配智能工厂数据中心建设的软件平台建设滞后，也缺乏实现快速开发各类工业App 的敏捷开发框架。

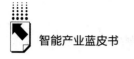

3. 智能制造基础设施建设相对落后

目前,我国在信息网络联通、智能算法、智能传感和智能处理等方面相对薄弱,基础设施建设无法有效支撑智能制造高度网络集成的生产模式①。一是工业互联网根基不稳。工业互联网发展相对滞后,行业属性明显,标准化程度低,对底层技术的深入开发不足,与先进的智能制造强国相比存在差距。例如,德国通过打造底层信息描述模型——"管理壳",使制造生产过程中的各种部件、设备"互联";日本则在 IVRA 框架下将多个智能制造单元有效串联,实现"工业互联"。我国工业互联网存在信息技术与运营技术融合不够的"工具陷阱"难题,落地适配性不高,难以搭建起庞大的"神经系统"来为智能制造高质量发展提供解决方案。二是工业大数据应用面临制约。在工业大数据平台、工业整体数字解决方案等新兴产业环节,我国尚未进行战略规划与精准布局。目前我国存在工业数据"空心化"问题,智能制造大数据整体应用层次偏低。工业大数据采集不充分、不深入,"十三五"时期,我国企业完成设备联网、开展数据采集的仅占23%,影响了数据的完整性和有效性②。部分企业不重视数据开发,庞大的数据价值无法及时转化。

4. 智能技术为传统制造按下"加速键",但仍面临数字化转型难题

智能制造能力成熟度结果显示,江苏省、广东省、河南省智能制造能力成熟度二级及以上企业数量占参与自诊断企业总数的比例分别为43.7%、37%和25%,这些省份虽然智能化程度高的制造业企业数量较多,但其企业基数大,大量传统制造业企业尚未实现智能化转型,制造业企业智能化改造的任务十分艰巨。总体来看,我国传统制造业处于"2.0补课、3.0普及、4.0示范"并行发展阶段,不是简单地实现"机器替代人",更需要转变生产组织管理模式。很多传统制造业企业智能化转型面临"不敢转、不会转"等难题,转型目标不清晰,价值效益不明显,存在技术和管理"两张皮"、

---

① 夏妍娜、赵胜:《工业4.0:正在发生的未来》,机械工业出版社,2015。
② 中国电子技术标准化研究院:《智能制造发展指数报告(2020)》,2021。

114

数字思维跟不上等发展困境。由于缺少数据壁垒、存在人才缺口、技术落后等问题，很多传统制造业企业陷入"转型找死，不转等死"的窘境。针对传统离散型制造业，制造设备结构化和敏捷性不足、不同设备间缺乏统一的数据标准和接口、数据要素尚未实现全生产过程渗透等问题，制约了企业提高柔性制造能力和产业链协同能力。针对传统流程型制造业，供应链上下游协同不紧密、管理缺乏精细化、供需适配性不足等问题制约了企业智能制造过程的连续性。

5. 智能制造产业生态还没有完全形成

一是政策标准体系建设不完善。近年来，为促进智能制造高质量发展、加快制造强国建设，我国出台了一系列政策措施，取得了初步成效，但仍有一些差距。中央层面，国家发展改革委、工业和信息化部、科技部、商务部等均承担了部分智能制造领域管理职能并出台了政策，但相关部门关注点各有侧重，不易形成统一、完整、协调的政策体系。地方政府和企业层面，推进智能制造存在"重跟风，轻实质"的现象，过分追求智能制造融资规模、企业数量等，缺乏有效政策和制度保障基础技术研发、初创企业培育和配套设施服务。二是智能制造标准体系不健全。国际层面，我国在智能制造标准制定方面缺乏话语权和影响力；国内层面，我国标准体系建设相对滞后，很多企业应用标准去对标、评价的时候存在"水土不服"问题；物联网应用标准不健全导致很多生产设备不兼容、企业内部各种信息系统无法集成，也严重影响了企业之间跨平台、跨系统集成。

三 智能制造高质量发展依赖完备的基础要件

智能制造强调高质量发展而非高速度发展，其直接目标是动态效率提升，但要警惕陷入"唯技术论"误区，不能仅仅以智能化程度高低来评判智能制造发展效率。盲目采用先进而当前不易驾驭的技术很可能使"智能制造"徒有其表而效率更低。也就是说，智能制造高质量发展要具备以下基础条件才能实现"水到渠成"，不能一味追求生产技术高端

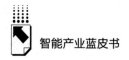

化、智能化和生产系统的无人化，而是要在智能化技术研发、智能制造应用场景、智能制造软硬件基础设施系统运行成本及效率之间寻求动态平衡。

（一）具有关键技术创新和系统创新能力

依托完善的"龙头企业—高校、科研院所—上下游企业"创新网络，关键核心技术和系统集成技术研发取得突破。在设计、生产、管理、服务等关键领域，实现设计仿真、协同优化等基础技术创新和智能感知、人机协作、数字孪生等共性技术创新，实现人工智能、5G、大数据、边缘计算等在工业领域的适用性技术创新。在系统集成技术领域，基于信息模型和标准接口的可复用数据集成技术，制造装备、工业软件之间的业务互联技术，促进产业链供应链协同的企业信息交互技术，涵盖设计、生产、管理、服务等制造全过程的复杂系统建模技术等逐步成熟。

（二）智能制造新模式应用场景丰富多样

制造业企业具有较强的智能化需求。一批"数字孪生+""人工智能+""虚拟/增强/混合现实（XR）+"等智能场景不断涌现；生产、检测、物流等环节实现全流程数字化连接，以生产数据贯通、柔性制造和智能管理为特点的智能车间建设需求旺盛；围绕设计、生产、管理、服务等制造全过程开展智能化升级、打造智能工厂的需求旺盛；企业间供应链具有数据信息互联交互、生产深度协同、资源柔性配置等协同需求；中小企业具有制造装备联网、关键工序数控化等智能化数字化改造需求。

服务制造业行业具有较强的智能化需求，衍生出新的制造业智能化服务场景。装备制造、电子信息、原材料、消费品等重点制造业细分领域明确了智能制造实施路线图。例如，装备制造领域，面向特定场景的智能成套生产线以及新技术与工艺结合的模块化生产单元不断成熟，智能车间和工厂建设不断成熟。电子信息领域，复杂电磁环境下的通信网络和主动安全防护系统逐渐完备，企业内数据实现可靠传输；电子产品专用智能制造装备与自动化装配线的集成应用不断推进；智能检测设备与产品一体化测试平台逐步成熟。原材料领域，多基地协同制造、少人无人作业、安全一体化监控、大型制造设备健康监测和远程运维、全生命周期数据共享平台等建设需求旺盛；人工智能技术赋能工艺流程优化、工序动态协同、资源高效配置和智慧决策支持等模式成熟。

（三）自主适配智能制造中上游供给

强化智能制造中上游装备产业自主研发和供应能力在感知、控制、决策、执行等环节的基础零部件和装置研制取得突破，尤其是柔性触觉传感器、高分辨率视觉传感器、先进控制器、可穿戴人机交互设备等"卡脖子"基础零部件。先进工艺、信息技术与制造装备深度融合，工作母机、工业机器人、工业控制装备、智能物流装备等通用智能制造装备，以及汽车制造、航空航天、船舶制造、集成电路制造、生物医药等专用智能制造装备加速研制和迭代升级。研制出一批融合数字孪生、大数据、人工智能、边缘计算、虚拟现实/增强现实（VR/AR）、5G、卫星互联网等新技术的新型智能制造装备。

（四）软硬件基础支撑夯实

丰富工业软件产品：面向产品全生命周期和制造全过程的核心软件和面向细分行业的集成化工业软件平台逐步成熟。研发设计、生产制造、工艺仿真、业务管理、控制执行等工业软件支撑力足。拥有面向特定行业、特定环节的基础知识库和全流程一体化优化软件；工业 App、云化软件、云原生软件等新型软件不断涌现。

增加系统解决方案：智能制造系统解决方案供应商与用户能够联合创新，在工艺、装备、软件和网络系统集成等方面深度融合。面向典型场景和细分行业的解决方案丰富，聚焦中小微企业特点和需求的轻量化、易维护、低成本的解决方案不断涌现。系统解决方案供应商数量增加，能够提供专业化、高水平、一站式的集成服务。

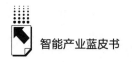

（五）具备完善的智能制造标准体系

拥有健全的国家智能制造标准体系和行业应用标准体系。纺织、石化、建材、汽车、航空、船舶、电力装备、轨道交通装备、家电、食品、钢铁、有色金属、新能源等细分领域的行业应用标准体系完备。定期制定和修订数字孪生、数据字典、人机协作、智慧供应链、系统可靠性、信息安全与功能安全一体化等基础共性和关键技术标准。

（六）信息基础设施完备且安全

5G 通信技术、工业互联网、物联网等新一代网络基础设施广泛部署与规模化应用，工业数据中心与智能计算中心等算力设施供给充足。信息安全软硬件产品能够实现自主研制和制造，信息安全保障系统与试验验证平台全面搭建，能够对信息安全风险进行全方位、多层次监控。工业互联网信息安全审查、检查机制高效运行，信息共享渠道畅通无阻。

四　智能制造支撑制造强国建设的发展策略

智能制造已经成为我国抢占全球制造业科技创新制高点、加快建设制造强国的支撑点和新引擎。未来几年是智能制造发展的窗口期和关键期，要以发展新质生产力为目标，以推动制造业向高端化、智能化、绿色化方向转型为主线，聚焦国内外智能制造市场需求和创新发展趋势，找差距、补短板、强优势、挖潜力，实现智能制造高质量发展。

（一）攻克关键核心技术，实现国产替代

关键核心技术的攻克是智能制造高质量发展的先决条件。目前我国通过"自主创新+国际合作"方式，降低高端智能装备、智能制造关键技术、核心零部件、工业软件和系统解决方案等的对外依赖度。

一方面，加强相关基础理论研究。支持科研机构和科研人员在智能制造的基本原理、基本算法和基础模型等方向实现突破。在教育领域改革促进智能制造理论研究，改进相关专业设置，以满足智能制造产业对跨专业、跨学科高层次复合型人才的需求。

另一方面，加快智能制造"五基"（基础材料、基础零部件、基础工艺、基础设备、基础软件）的自主研发。瞄准先进信息通信、人工智能、自动化、数据分析和物联网等前沿技术，发挥举国体制优势开展重点攻关，从"单点"突破逐步实现多领域"多点"甚至"全线"有效突破。以"工业领军企业+院校科研人才"为研发团队，聚焦人工智能技术、高端芯片、智能制造装备、工业软件、产业发展控制系统和智能传感器等关键技术薄弱环节，协同产业上下游，强化集成创新，促进国内制造系统加快实现芯片化、硬件化和平台化。鼓励企业搭建创新型开源工业互联网平台，推进智造设备和工业软件自主研发与国产替代。大力培育国内智能制造系统解决方案供应商，搭建桥梁促进供应商与制造企业联合创新，对标工业和信息化部公布的 25 个应用场景，在细分垂直领域形成一批可以"广复制、重个性、走出去"的中国特色智能制造系统解决方案。

（二）聚焦产业发展需求，广泛拓展应用场景

要以企业需求为牵引，促进智能制造生产模式的广泛应用。由于我国不同地区、不同行业产业基础、产业成熟度和智能化发展程度具有较大差异，要制定差异化应用推广行动方案，分阶段、分步骤推广智能化应用场景。

一方面，推动智能工厂广泛落地并实现横向集成。在总结国家示范智能工厂经验的基础上，形成细分典型应用场景范例，通过工厂智能化改造、企业间集成和产业间协同来加快复制推广。针对增量工厂，根据产业发展需要建设"灯塔工厂"、无人化工厂和智能工厂；针对存量工厂，对传统制造业企业有针对性地进行智能化改造。从基础硬件更新、使能技术提升和系统集成加速等方面，搭载高性能网络设备，搭建云计算、边缘计算平台和物联网

平台，实现智能工厂人机协同、具身智能①。以龙头企业为链主，横向集成多个工厂，实现设备之间、工厂之间的数据信息互联互通，打通产业链中各主体的技术和数据"孤岛"，促进供应链优化整合。最后，以智能工厂为聚点构建区域产业生态协同系统，将更多智能工厂纳入更大范围的产业链，实现资源在更大空间范围的智能化配置与集成，不断优化升级智能制造生态链。

另一方面，推动传统制造业企业进行数字化转型。处在不同细分领域的传统制造业企业，行业属性和产业链地位导致其进行数字化改造的模式不尽相同。引导传统制造业企业从数字化转型的"唯技术导向"和"唯业务导向"，转向"数字化价值导向"，聚焦应用数字化手段创造价值增量，通过提高制造设备联网率和关键工序数控化率，构建快速响应、动态柔性的生产网络生态，进而拓展企业增值空间。软件层面，鼓励企业因地制宜搭建互联网工业平台，实现资源整合和生产环节协同；硬件层面，部署物联网设备和智能传感器，挖掘数据价值，提升生产效率，实现"生产技术+业务流程+管理思维+商业模式"的全方位数字化改造。

（三）加强智能制造基础设施体系建设

一是优化智能制造基础设施布局。加强顶层设计，从效率、效益、安全、需求、均衡发展等角度在全国统筹规划骨干网络设施、面向全国或区域服务的算力设施、人工智能和区块链设施等。注重补齐短板，消除区域数字壁垒和城乡新型基础设施鸿沟，改善我国现阶段新型基础设施建设区域发展不平衡的现状。

二是加大智能制造基础设施建设力度。加强信息基础设施和数字基础设施建设与普及。利用新一代信息技术更好地服务传统基础设施数字化、智能化改造。算力基础设施方面，加强跨网络协调联动发展，实现信息基础设施

---

① 根据中国计算机学会的定义，具身智能是一种基于物理身体进行感知和与物理世界互动的智能系统，该系统能够表现出智能行为和适应性。不仅能通过主动式感知，像人类一样完成物理任务，还能感受周围的世界，对世界进行建模，主动进行学习和认知。

在体系内不同专业设施之间的互联与协调建设。提高算力节点间的光缆网络连通度，探索构建算力互联网，加强云网边端算力设施泛在互联。各行业设施融合方面，推进信息基础设施与其他基础设施跨行业融合发展、共建共享，打造车联网、城市物联感知终端管理平台等融合设施。

（四）加强体制机制改革，优化产业发展生态

智能制造是推进制造强国战略的主攻方向，要加强政策顶层设计，促成中央、地方各部门及企业形成合力，差异化布局地区智能制造发展方向，系统化建立和完善覆盖智能制造产业链全生命周期的政策体系。

一是进一步完善标准体系建设。为达到智能制造标准的开放性与兼容性目标，着重在体系架构规划、技术实现路径以及应用结构布局等方面加速标准制定进程。引导智能装备制造商、工业自动化企业、工业软件开发商以及系统集成解决方案提供商等关键参与者，携手科研机构与高等院校，共同参与标准设计。为确保标准体系紧跟技术革新趋势和产业发展需要，完善动态更新的标准管理机制，提升智能制造标准体系的先进性与适用性。积极参与国际智能制造标准的制定，提升话语权，实现"中国标准，世界共享"的愿景。

二是完善智能制造的创新激励机制。智能化技术作用于生产模式、产业边界、交易成本、价值增值和供需精准匹配等多方面，与传统制造业相比，创新范围和创新层次都需要质的飞跃。要改革创新激励机制，尤其是针对人工智能基础技术突破、应用场景拓展及智能化模式构建等研发活动，进一步加大激励力度。抓紧建立配套的、可操作的容错纠错机制和实施细则，制定创新容错清单。大力支持国有企业与民营企业合作开展多元化集成创新。

三是实施"大数据驱动"战略。为满足制造业智能化升级所需的大数据采集、加工、存储和分析等需求，优化数据的统计手段、分析方法和回溯机制，探索建立覆盖生产全生命周期的大数据管理体系。鼓励和引导大数据开发公司、大数据运营公司和大数据经纪公司的设立和发展，为制造业大数据的价值实现提供咨询、评估、转让等专业服务。进一步完善大数据相关法

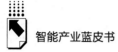

律制度，明确数据确权、维权的相关权属责任，为制造业企业利用工业大数据开展智能制造生产提供法律保障和安全屏障。

参考文献

刘建丽、李娇：《智能制造：概念演化、体系解构与高质量发展》，《改革》2024 年第 2 期。

王文泽：《以智能制造作为新质生产力支撑引领现代化产业体系建设》，《当代经济研究》2024 年第 2 期。

刘亮：《智能化影响制造业高质量发展的机制研究》，东南大学，2022。

李金华：《中国绿色制造、智能制造发展现状与未来路径》，《经济与管理研究》2022 年第 6 期。

周勇、赵聃、刘志迎：《我国智能制造发展实践及突破路径研究》，《中国工程科学》2022 年第 2 期。

吴旺延、刘珺宇：智能制造促进中国产业转型升级的机理和路径研究》，《西安财经大学学报》2020 年第 3 期。

B.4
技术变革驱动全球服务贸易转型：
从传统走向智能化

汤远泽　张　鹏*

摘　要： 本报告系统梳理了全球服务贸易从传统服务贸易到智能化服务贸易的演进过程，分析了技术变革、全球化与政策环境等对服务贸易结构和模式的深远影响。结合历史发展脉络，探讨了信息技术革命如何推动数字化服务兴起，并在当前由大模型和人工智能（AI）驱动的智能化服务中展现出全新趋势，通过具体国家案例展示了各国如何通过技术创新、产业升级和平台经济发展提升其全球服务竞争力。在智能化浪潮的推动下，服务贸易的模式正逐渐从高度依赖人力的传统模式转型为以 AI 赋能的高效率、个性化和去中心化的模式。平台经济与 AI 的深度融合促进了电子商务、金融科技、远程医疗、在线教育等领域的跨境服务贸易发展。但贸易保护主义、数据主权及隐私保护等问题也成为全球智能化服务贸易面临的主要挑战。针对新一代人工智能崛起带来的机遇与挑战，本报告提出若干建议以期加快发展新质生产力，推动我国在全球智能化服务贸易新格局中把握战略主动，实现经济高质量发展。

关键词： 全球服务贸易　人工智能　数字化与智能化转型

---

* 汤远泽，经济学硕士，2024 年 7 月毕业于中国社会科学院大学，研究方向为世界经济；张鹏，中国社会科学院经济研究所经济增长研究室副主任，中国社会科学院上市公司研究中心副主任，研究方向为经济增长与资本市场。

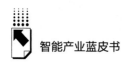
一 引言

2023 年 7 月以来，习近平总书记在四川、黑龙江、浙江、广西等地考察调研时，提出要整合科技创新资源，引领发展战略性新兴产业和未来产业，加快形成新质生产力。2023 年 12 月召开的中央经济工作会议对此概念进一步进行阐述，要求以科技创新推动产业创新，特别是以颠覆性技术和前沿技术催生新产业、新模式、新动能，发展新质生产力。这一概念赋予了马克思主义生产力理论在新时代条件下的新活力和新境界，也为服务指明了新发展方向。过去几十年中，中国经济与全球经济经历了显著的发展与变迁，全球化不断加速，全球供应链与全球市场不断扩展，全球贸易迅速增长，特别是 20 世纪 90 年代以来，信息技术革命推动了生产力的卓越提升，极大地推动了产业升级，数字化和互联网的兴起推动了服务贸易的转型发展，显著提升了其在全球贸易结构中的重要性[①]。21 世纪 20 年代以来，大模型驱动的新一代人工智能掀起了新一轮科技革命和产业变革，生产制造领域不断创造出新业态，全球服务贸易的智能化趋势日益凸显，即使当今世界不稳定因素增多，贸易保护主义和地缘政治等对全球服务贸易构成巨大挑战，智能化服务贸易也释放了其在全球贸易格局中的巨大活力[②]。智能化服务贸易的发展蕴含于数字化服务贸易的繁荣发展。数字化服务贸易以信息技术革命为背景，是以技术创新推动产业创新，进而实现生产力跨越，以数字化服务推动经济增长的经典案例，同时，信息技术革命也是以全球服务贸易为重要经济载体的科技产业革命。因此，我们有必要对全球服务贸易的不断转型发展历程与智能化服务贸易现状进行梳理，并结合中国的服务贸易发展情况进行比较分析，以便在人工智能革命方兴未艾之际，抓住战略主动，紧盯关键领

---

① 江小涓、靳景：《数字技术提升经济效率：服务分工、产业协同和数实孪生》，《管理世界》2022 年第 12 期。

② Willemyns I., *Digital Services and the GATS*, In: *Digital Services in International Trade Law*, *Cambridge International Trade and Economic Law*, Cambridge University Press, 2021.

域，通过科技产业协同创新，以智能化服务贸易为抓手，推动新一轮科技革命和产业变革，因地制宜发展新质生产力，以实现中国经济高质量发展，不断推进中国式现代化。

二　全球服务贸易的转型发展历程：从传统到智能化

服务贸易（Trade in Services）指的是各国之间通过提供和购买服务实现的贸易活动。货物贸易与服务贸易作为国际贸易的两大主要类别，存在显著区别，前者指的是有形商品的跨境交易，而后者则是无形服务的跨境提供和消费，例如金融服务、旅游、教育、医疗、信息技术服务、专业咨询等。从贸易标的来看，货物贸易标的具有物质形态，可以进行计量、储存和运输，商品的所有权通过跨境物流等手段进行转移；而服务贸易的标的则为无形的服务，它不具有物理实体的特征，且服务的提供通常伴随着即时性和消费者的直接参与，难以储存或运输，依赖于服务提供者与消费者之间的互动，具有更强的依赖性和非标准化特征。因此，两种贸易常常面临着截然不同的贸易壁垒，货物贸易通常受到关税、配额、标准和技术壁垒等约束，关税在商品贸易中起到了显著的调节作用；而服务贸易则更多受到监管制度、行业标准以及跨境服务提供限制的影响。由于服务涉及金融、健康、教育等敏感领域，各国对服务贸易的监管往往更加复杂，涉及安全、隐私保护以及行业规范等多个层面。货物贸易的市场竞争往往是全球化的，众多国家和企业可以参与全球生产链，通过价格和质量的竞争占据市场份额；而服务贸易由于服务的无形性、地域性和依赖高技术或专业技能，具有更高的进入壁垒和垄断倾向。例如，金融服务、知识产权服务等领域往往由少数跨国企业主导，依赖品牌、专业技能和技术创新的服务贸易具有较高的垄断特性。这意味着服务贸易相较于货物贸易，通常具有更高的附加值。服务，尤其是知识密集型服务（如金融服务、科研服务、咨询服务等），不仅依赖于高水平的技术和专业技能，而且通过与其他产业的结合，进一步提高国际经济效率，为全球价值链中的各个环节提供支撑和增值。货物贸易中的制造业产品，虽然也可以通过高技术含量提升其附加值，但与服务贸易相比，整体上增值的幅度通常较小，且服务贸易的全球价值链逐渐成为全球生产网络的重要部分，成为全球价值链不可或缺的环节，这使服务贸易与货物贸易相互依赖程度进一步提高。货物贸易往往表现出较大的波动性，因为商品需求对收入水平敏感，且运输和供应链中断对其影响显著。相比之下，某些服务贸易等则相对具有抗波动性，尤其是在信息技术革命推动下，许多服务，如远程医疗、在线教育等在数字平台上得以实现，减少了对实体流动的依赖。两种贸易之间的这些差异不仅反映了全球经济结构的转型，也体现了服务贸易在全球化进程中日益重要的地位。在信息技术革命的推动下，服务贸易的形式不断扩展，从传统到数字化再到智能化，服务贸易的增长潜力不断扩大，且其对经济的影响力也不断扩大，根据这个逻辑，服务贸易的发展至今大致经历了四个阶段。

（一）传统服务贸易的起步及其局限性：1945年至20世纪70年代

第二次世界大战后，随着全球重建和国际合作的加强，国与国之间的经济往来逐渐活跃。虽然这一时期的经济增长主要依赖于货物贸易，部分区域如欧洲通过成立欧共体等区域性组织推动了区域经济一体化，使区域内的劳动力流动变得更加自由。然而，服务贸易的贡献仍然十分有限，运输、旅游、金融服务等传统服务具有非物质性、即时性和难以储存等特性，导致其可贸易性相对较低。传统服务受限于自然属性以及较高的国境壁垒，难以实现跨国规模化贸易，即使一国的服务在两国之间存在明显的比较优势，由于服务的跨境交付困难，传统服务也难以进行大规模国际化贸易。在这一时期，服务贸易占全球贸易总额极小的比重。

值得注意的是，随着战后复苏和现代经济体系的建立，一些早期服务型产业，特别是旅游业和金融业，在某些国际城市开始获得发展。航空运输的便利化、国际金融体系的逐步稳定，尤其是布雷顿森林体系的建立，成为推动早期服务贸易增长的重要因素。通过这些早期的探索，服务贸易的国际化虽然尚未全面展开，但为后来的发展奠定了重要基础。

（二）信息技术革命与数字化服务贸易起步：20世纪80~90年代

20世纪80年代的信息技术革命标志着全球生产力和服务能力的重大变革。信息技术（IT）的普及，尤其是个人计算机和互联网的出现，逐渐打破了传统服务贸易的局限性。在此之前，计算机主要应用于研究机构、大型企业和政府机构，尤其是军方机构，主要用以满足科学计算、数据处理和军事应用等需求，但个人电脑还未普及，主机计算机是当时的主流，IBM是当时主机计算机市场的主导者。IBM公司于1959年使用晶体管技术开发的IBM 1401是第一台广泛应用于商业领域的晶体管计算机，它以低成本和高性能迅速占领市场，特别是其在数据处理和自动化系统方面的巨大优势为大型企业提供了解决方案，这也标志着计算机开始从科学研究领域逐步进入商业和管理领域，极大地推动了计算机在商业领域的应用。IBM公司于1964年基于集成电路技术开发出第三代计算机IBM System/360，奠定了现代计算机架构的基础。20世纪70年代，微处理器作为一种高度集成的芯片，使计算机进入微型化时代，Intel公司于1971年推出的Intel 4004微处理器成为世界上第一个商用的微处理器，微处理器技术的突破使计算机可以变得更小、更廉价，从而为个人计算机（Personal Computer，PC）的发展奠定了基础。个人计算机进入个人消费领域，适用于家庭、办公室等多个场景，市场上相继出现了MITS公司推出的Altair 8800、Apple I和Apple II以及IBM PC 5150等产品，特别是IBM PC 5150的出现，其开放的架构使第三方开发商能够生产兼容硬件和软件，促进了PC的广泛应用。随着微软的MS-DOS操作系统和随后推出的Windows操作系统逐渐成为标准，个人计算机得到更广泛的普及。尤其是1985年推出的Windows 1.0，为图形用户界面的普及铺平了道路，使操作计算机变得更加直观和用户友好。

个人计算机的普及为未来的服务贸易形式提供了雏形。企业迅速将其引入工作场所，替代了昂贵的大型机和终端系统，个人计算机逐步进入企业办公流程，电子邮件等基础通信工具开始得到广泛应用，但这一时期的数字服务贸易规模仍较小。个人计算机在商业中的应用主要集中在文字处理与办公自动化、数据处理与电子表格和电子邮件与通信等方面。个人计算机最早的商业用途之一是文字处理。早期的文字处理软件如 WordStar（1978 年）和 WordPerfect，大大提高了文档编辑、打印和存储的效率。微软的 Word 后来成为办公软件的标杆，帮助个人计算机在办公室环境中取代了打字机。20 世纪 80 年代，电子表格软件如 VisiCalc（1979 年）和微软的 Excel（1985 年）在财务、会计和其他数据密集型工作中获得广泛应用。Excel 的功能强大，提供了灵活的数据输入、分析、图表制作等功能，帮助企业提高了财务管理和数据处理的效率。20 世纪 80 年代末至 90 年代初，随着互联网的发展，个人计算机开始在公司内部和外部通信中发挥更大作用，电子邮件逐渐成为商业沟通的主要手段。

20 世纪 80~90 年代，互联网技术的普及极大地改变了服务贸易的形式和内容。20 世纪 80 年代，互联网已经开始从军事和学术用途向更广泛的应用扩展。1983 年，ARPANET 正式采用 TCP/IP 协议作为标准通信协议，标志着互联网作为一个全球网络框架开始成形。除了美国的 ARPANET，欧洲和其他地区也开始发展自己的计算机网络。比如，欧洲核子研究中心（CERN）开发了自己的研究网络，英国、法国等国家也相继建立了区域性网络，这为后来的互联网全球化打下了基础。20 世纪 90 年代迎来了互联网爆发性发展，蒂姆·伯纳斯-李（Tim Berners-Lee）于 1991 年发明万维网（World Wide Web，WWW），使用户可以通过超文本协议（HTTP）和超文本标记语言（HTML）在互联网中浏览和链接文档，从而极大地提升了互联网的可用性和用户体验。20 世纪 90 年代中期，美国政府也放宽了对互联网的管控，允许商业企业接入和使用互联网，这为电子商务、在线广告等新的商业模式铺平了道路。通过网络，服务的传输不再受到物理距离的限制，特别是信息密集型服务如软件开发、数据处理、技术支持等领域迅速兴起。随着网络内容的迅速增长，用户需要有效的方式来搜索信息。20 世纪 90 年代，早期的搜索引擎如 Yahoo、AltaVista 和 Lycos 逐渐崛起，随后 Google 在 1998 年成立，以其更高效的算法迅速占领市场。电子商务的出现也是这一时期的重要标志。亚马逊、eBay 等在线平台的快速发展使在线交易变得更加便捷和普遍。这些平台通过网络连接全球消费者和企业，突破了传统零售的地理限制，充当中介角色，为服务贸易的国际化提供了新的途径。尽管这些平台更多地关注于货物贸易，且这一时期，服务贸易还主要集中在线下进行，平台经济的影响仍然较小，但它们为后来的数字化服务交易创造了平台和基础设施。

信息技术革命推动了全球服务外包市场迅速兴起。互联网和通信技术的飞速发展，使地理距离对提供服务的制约逐渐减弱，企业可以通过远程连接，将业务外包给世界各地的服务提供商，同时，信息技术的进步也推动了全球企业对成本控制、灵活性和效率提升的需求，催生了大量的外包需求，全球化的加速发展进一步促进跨国公司寻求通过外包来降低运营成本，将部分业务流程和技术服务转移到其他国家。印度等国家凭借其人力成本优势，成为全球 IT 外包和服务外包的重要枢纽，印度、菲律宾等国家成为全球呼叫中心、软件开发和数据处理服务的外包中心。20 世纪 90 年代，印度凭借庞大的工程师和计算机科学人才库，尤其是在软件开发、技术支持、数据处理和后台服务等领域，提供了质量相对较高的服务，并以远低于发达国家的成本水平赢得了全球客户。根据波士顿咨询集团的研究，印度的平均劳动力成本只有美国或欧洲国家的 20%～25%，这使其在全球外包市场中具有显著的竞争优势。此外，印度高等教育体系中众多技术院校和培训中心，尤其是印度理工学院（IIT）等名校，培养了大量熟悉英语且技术过硬的毕业生，为全球外包业务提供了高素质的技术人才。为推动本国 IT 产业的发展，印度政府实施了一系列有力的政策和措施。1991 年，印度政府启动了经济自由化改革，逐步放松了对外资的限制，并通过减税和产业园区等政策，吸引跨国公司将业务外包到印度。此外，印度信息技术和外包产业协会（NASSCOM）等行业组织也在推广印度作为全球外包目的地方面发挥了重要作用。印度政府在基础设施建设上的投入，也为 IT 外包行业的快速崛起提供了支持。政府推动的信息技术园区（如班加罗尔的"硅谷"）和通信基础设施建设，为外包公司提供了可靠的网络和通信支持。这些基础设施的完善，使印度在日后能够承接更多复杂的外包业务，并逐渐扩展到更高价值的

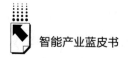

服务链条，如软件开发、咨询服务和研发外包。20世纪90年代，印度等国家提供的外包服务仍然是低附加值的业务流程外包，如数据处理和客户服务等，但是这一现象也表明服务贸易的可贸易性显著提升和全球服务分工的加速形成。

（三）数字化服务贸易的高速发展：21世纪初至20世纪10年代

进入21世纪，宽带互联网和移动互联网的普及，推动了全球数字化服务贸易的迅猛发展。宽带网络的迅速扩展极大地提升了数据传输的速度和容量，为全球范围内的数字服务提供了可靠的基础设施。与此同时，3G、4G移动通信技术的普及，使服务贸易不再局限于固定的物理位置，移动设备成为全球数字化服务消费的主要终端。服务的交付形式从传统面对面的模式转向通过数字平台实现的在线交易和远程服务交付。这一时期，数字化服务贸易的内容和形式日益多样化，在线教育、远程医疗、社交媒体、流媒体服务等新的服务形式开始兴起。云计算、大数据等技术的普及为更多企业和个人提供了参与全球服务贸易的机会。截至21世纪10年代末，数字化服务贸易已经成为全球贸易的重要组成部分，全球服务贸易中的数字服务部分增速显著高于其他类别。根据世界贸易组织（WTO）和经济合作与发展组织（OECD）的统计，数字贸易（包括通过ICT网络交付的服务，如云计算、数据服务和专业服务）显著扩展。到2020年，数字贸易额约占全球贸易额的25%，价值接近5万亿美元。这与2011年后非数字贸易的较慢增长形成鲜明对比。其中，信息与通信技术（ICT）服务的增长尤为突出，从1995年占数字贸易的6.9%提升到2020年的14.2%。尽管如新冠疫情这样的全球性挑战影响了传统贸易，但数字化交付的服务（包括与ICT相关的服务）在2020年仍占全球服务出口总额的约64%①。

随着互联网基础设施的完善，服务贸易的全球化程度显著提升。全球数

---

① OECD, "Measuring Digital Trade," OECD Publishing, 2021. OECD, "Services Trade and Global Value Chains," OECD Trade Policy Papers, No. 248, OECD Publishing, 2022.

字化服务贸易市场的形成得益于技术与市场的融合①。互联网平台的全球化发展，使企业能够轻松突破地理界线，向全球市场提供数字化服务。同时，全球消费者也可以通过数字平台获取各种类型的跨境服务，如在线教育、远程医疗、云计算等。在线教育平台如 Coursera、EdX 的兴起使跨境教育服务成为可能。学生不再需要实地出国就可以获得全球顶尖大学的课程资源。这一时期，远程医疗也开始发展，医生可以通过视频会议为全球患者提供咨询服务，而不再受限于地理位置。这种服务形式的国际化使更多领域的服务可以突破国境，推动了全球化进程。

移动通信技术的发展，特别是从 2G 到 5G 的演进，对全球服务贸易产生了深远的影响。早期的 2G 网络主要用于语音通信，3G 和 4G 网络引入高速数据传输，则开启了移动互联网时代。用户不仅可以通过移动终端进行语音通话和短信交流，还可以上网浏览网页、下载应用程序、观看视频等。2007 年，苹果公司（Apple）发布首款 iPhone，以 iOS 操作系统、开放的应用程序生态系统（App Store）和触摸屏设计定义了智能手机的功能与用户体验，引领了整个行业的创新，随后谷歌（Google）推出安卓（Android）操作系统，以其开源性吸引了大量手机厂商，如三星（Samsung）、HTC、华为等。智能手机和平板电脑的成功，使其成为全球用户接入数字化服务的主要设备，用户可以随时随地访问各种数字服务，极大地降低了数字化服务的准入门槛。

全球数字化服务贸易的内容经历了显著的扩展。从早期的 IT 服务和软件开发，数字化服务逐渐向更广泛的领域延伸，包括电子商务、数字媒体、金融科技、教育服务等②。这些领域的数字化转型推动了服务贸易的多样化和复杂化。特别是互联网基础设施的成熟、移动互联网的普及，以及云计算和大数据技术的发展，带来了平台经济的高速发展，互联网平台以深度数字化和国际化赋能服务贸易，这使亚马逊、易贝、谷歌等在线平台从电子商务

① Baldwin, Richard, *The Great Convergence: Information Technology and the New Globalization*, Harvard University Press, 2016.

② BIS, "Digital Transformation in Services Trade," BIS Working Papers, 2022.

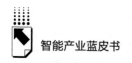
向更多领域拓展，新的平台巨头也不断涌现，如 Uber（2009 年）和 Airbnb（2008 年）等的出现标志着共享经济平台的崛起，而 Facebook（2004 年）和 Twitter（2006 年）则代表着社交媒体平台的崛起。数字化服务贸易的快速发展不仅带来了经济效益，也加速了全球产业结构的变革，促进了全球产业链的重组和创新能力的提升。

平台化是这一时期推动服务贸易领域深刻转型的主要引擎。平台经济是21 世纪全球经济中最具变革性的经济模式之一，深刻改变了商业运作和服务贸易的方式。平台经济的核心特征是通过技术平台（如互联网和移动应用）连接供需双方，实现资源、信息和服务的高效配置。平台经济的崛起极大地改变了服务贸易的形式和规则。平台化意味着通过数字平台连接服务提供者和需求者，使服务贸易变得更加便捷、高效和全球化[①]。这一现象不仅推动了服务贸易的发展，改变了以往单纯依赖面对面交易的服务模式，还改变了多个传统行业的商业模式。平台经济的一个显著特征是双边市场，即通过平台连接服务供给方与需求方，减少了中间环节、提升了交易效率。平台企业如 Uber 和 Airbnb，通过技术手段将供需双方直接联系，降低了信息不对称，显著提高了市场效率。Uber 作为全球出行服务的代表，借助数字平台将传统的交通服务变为全球化的、即时的、按需提供的服务；而 Airbnb 则通过其共享经济模式，将住房服务转化为灵活的跨国服务供应链。这种服务模式的核心在于利用互联网技术打破了传统服务贸易的地域限制，使全球服务变得可行。平台经济的出现，使全球化服务贸易成本降低。通过平台进行跨境服务交易，降低了烦琐的手续和时间成本。例如，Airbnb 允许消费者轻松找到全球各地的住宿选择，而不再依赖传统的酒店预订流程。同时，平台模式还提供了更高的透明度，使消费者能够作出更加明智的选择。此外，平台经济的兴起还带来了服务供给方式的变革。平台不再局限于传统的服务提供商，而是通过会聚众多个人服务者，形成新的供给模式。例如，Uber

---

① 江小涓、罗立彬：《网络时代的服务全球化——新引擎、加速度和大国竞争力》，《中国社会科学》2019 年第 2 期。

的司机来自全球各地，他们通过平台灵活提供服务。传统的垄断性服务提供商失去了市场优势，服务的多样化和定制化得到了极大的提升。最后，平台化还促进了中小企业与个体服务者的国际化。过去，跨境服务贸易往往是大型企业的领域，而通过平台，个体服务提供者和中小企业能够更容易进入国际市场。像 Fiverr、Upwork 这样的自由职业平台，使全球范围内的个体劳动者可以通过网络为世界各地的客户提供服务。这种供需平衡机制为全球服务贸易带来了新的活力、提升了全球服务市场的竞争性和创新性。

平台经济的全球化扩展塑造数字化服务贸易新格局。21 世纪 10 年代，平台经济已经覆盖了全球经济的各个领域，电子商务、社交媒体、共享经济、数字金融等行业的快速增长使平台经济成为主流的商业模式。平台经济向全球扩展，以中国为代表的发展中国家也孕育出了线上平台，如阿里巴巴、腾讯、京东等。电子商务平台通过跨境电商，将商品和服务从一个国家快速销售到另一个国家，推动了全球数字贸易的扩展[①]。数字服务的跨境流动也通过平台得以实现，例如，Spotify、Netflix 等流媒体平台，通过数字技术向全球用户提供娱乐服务。金融科技（如 PayPal、支付宝、Square 等）、在线教育（如 Coursera、Udemy）、远程医疗（如 Teladoc）等新兴平台蓬勃发展，进一步推动了服务贸易的多样化与数字化。值得注意的是，区块链技术的引入使金融服务平台更加去中心化，提升了跨境支付和服务的效率。

平台的快速崛起也为数字化服务贸易带来了诸多风险和挑战。一是平台的发展往往依赖于"网络效应"，即用户越多，平台价值越大，这种特性使大型平台具有强大的扩张动力，并逐步形成了市场垄断，具有"网络效应"的平台，如亚马逊、谷歌、Facebook、阿里巴巴等，反过来通过提高市场集中度、垄断定价权、自我优待和数据控制等途径强化其主导地位，以实现不公平竞争。二是平台经济依赖大量的数据收集和分析，但这也带来了严重的数据隐私问题。三是平台经济引入新型"零工经济"模式，使平台工人的

---

① 马述忠、房超、梁银锋：《数字贸易及其时代价值与研究展望》，《国际贸易问题》2019 年第 2 期。

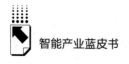

劳动权益问题尤为突出。四是平台经济的特殊性使平台治理的法律责任问题变得复杂。五是平台经济企业通过复杂的跨国运营结构，利用税收"洼地"或"避税天堂"来规避税收义务，这对全球税收公平构成挑战。

信息技术外包（ITO）和业务流程外包（BPO）是这一时期数字化服务贸易的重要组成部分。随着全球 IT 外包和服务外包市场的发展，印度等国家逐渐从简单的低附加值业务向高附加值的知识密集型服务扩展。最初的外包业务主要集中在数据录入、客户服务等低端服务，然而随着印度技术能力的提升和全球客户需求的变化，印度逐步发展了包括软件开发、业务流程管理、知识流程外包（KPO）、金融服务外包等在内的更复杂的高附加值服务。跨国公司逐渐将研发、创新和战略性业务外包到印度的趋势，也反映了全球外包模式的转型。例如，IBM、微软等全球科技巨头在印度设立研发中心，不仅将后台服务外包，更将印度作为其全球创新网络的重要节点。这种转型不仅提升了印度在全球外包市场中的地位，也促使印度的 IT 和服务外包行业从劳动密集型向知识密集型转变。数字平台的发展也带来了服务贸易的外包形式的转变，使服务外包变得更加高效、透明和全球化。数字化平台提供了一个高效的匹配系统，使全球的劳动力资源和服务提供商可以灵活地参与到服务贸易中，企业通过这些平台进行即时交易、评价和支付，使服务外包流程透明且易于管理，显著降低了运营成本并提高了生产效率。

全球服务贸易的发展离不开政策和国际规则的推动。在这一过程中，世界贸易组织的《服务贸易总协定》（GATS）为全球服务贸易提供了框架性的规则和指南。通过该协定，成员国承诺逐步开放其服务市场，降低服务贸易的壁垒。这种政策推动不仅为发达国家提供了进入新兴市场的机会，也为发展中国家提供了融入全球服务贸易网络的路径。同时，区域性贸易协定，如北美自由贸易协定（NAFTA）、欧盟单一市场等，也为服务贸易的区域化发展提供了重要保障。通过这些协定，成员国间的服务贸易壁垒被大幅降低，人员流动和服务提供的自由度得到提高。此外，各国政府的数字化转型政策也对服务贸易的发展产生了深远影响。许多国家通过推进数字基础设施建设、鼓励技术创新、制定支持数字经济发展的产业政策，推动了服务贸易的快速增长。这些政策措施为全球服务贸易的未来发展提供了强有力的支持。

（四）从数字化到智能化服务贸易：21世纪20年代至今

人工智能不仅在制造业和技术创新领域产生了深远影响，也为全球服务贸易带来了巨大的变革。21世纪初期，AI研究主流从规则驱动的模型转向数据驱动的机器学习模型，互联网和数字化的广泛应用产生了大量数据，数据量呈指数级增长，推动了大数据时代的到来，大数据的积累为AI模型提供了丰富的训练数据，特别是在图像识别、语音识别和自然语言处理领域，同时，计算机处理能力和存储技术取得巨大进步，尤其是GPU在并行计算中的应用，使更复杂的AI模型得以训练，AI迎来了新一轮的飞跃发展。深度学习算法在2012年的ImageNet图像识别竞赛中取得了重大突破，卷积神经网络（CNN）、递归神经网络（RNN）等架构日趋成熟，这使深度学习在图像识别、自然语言处理、语音识别等领域得到广泛应用。OpenAI、Google等企业的研究机构在自然语言处理领域取得了长足进展，特别是OpenAI基于Scaling Law理论[①]不断扩展GPT系列（Generative Pre-trained Transformer）模型，展示了NLP技术的巨大潜力。2022年11月底，OpenAI推出聊天机器人工具ChatGPT，迅速在社交媒体走红，不到5天注册用户数超过100万，2023年1月底，月活用户已突破1亿。GPT-3能够生成高质量文本回答问题，甚至可以进行简单的推理，推动了诸多自然语言处理应用，如自动写作、对话系统、代码生成等，可以应用于各类场景，包括虚拟助理、教育平台和医疗诊断等。GPT-4进一步扩展了模型的能力，支持多模态输入，

[①] OpenAI在2020年的研究论文"Scaling Laws for Neural Language Models"中首次详细阐述了该理论。这项研究的核心发现是，随着模型参数量、训练数据集规模和计算量的增加，神经网络的损失（也就是模型误差）会呈现对数线性下降。这意味着只要增加足够的模型规模、数据量和计算资源，模型的性能提升是可以预见的。重要现实意义在于，它为AI的产业化和商业化应用提供了强大的理论支撑。

能够处理文本与图像等多种数据形式，推动了 AI 向通用智能更进一步发展。2024 年，OpenAI 的研究焦点之一是 Scaling Frontier，旨在探索如何通过扩展模型、数据和计算资源，推动 AI 迈向更加智能和通用的未来，且在 2024 年 9 月发布了 o1 模型，将人工智能解决复杂推理、数学和复杂代码等问题的能力提升到全新高度。这一系列关键性进步正使 AI 逐步渗透进全球服务贸易的各个领域。从金融、医疗、教育，到物流、零售等行业，AI 的应用让服务变得更加智能。例如，在金融服务中，智能化算法能够进行自动化的投资决策、风险评估和客户服务，替代了大量传统人工操作，这种自动化服务不仅提升了效率，还使金融服务在全球范围内得以实时提供，大幅降低了跨境交易的成本和时间成本。通用人工智能（Artificial General Intelligence，AGI）领域的探索也充分说明，大模型驱动的新一代人工智能将实现工业化以外的一种新型规模经济，这更将为服务贸易带来变革性影响[1]。

随着人工智能技术与产业的不断发展，人工智能极大地提升了全球服务贸易的效率、规模和质量，日益推动数字化服务贸易走向智能化服务贸易。智能化服务是指通过人工智能技术赋能，服务不再仅依赖于人力，而是由智能系统主导或辅助完成。智能化极大提高了服务效率、精度，扩大了范围，是未来服务贸易的关键推动力。AI 不仅帮助企业降低了运营成本，还将通过自动化、个性化和智能化服务拓展跨境服务的范围，推动服务外包和全球数字贸易的发展[2]。传统的服务外包行业，尤其是呼叫中心、数据录入等低技术含量的任务，已经广泛采用人工智能技术。基于 AI 的自然语言处理（NLP）和语音识别技术，如虚拟助手和聊天机器人，能够替代人工处理大量重复性、常规性工作。例如，亚马逊和 Uber 已经利用 AI 进行全球化客户服务，这不仅优化了用户体验，还提升了跨境服务贸易的规模和效率。在服

---

① 张磊：《智能产业革命和我国中长期经济增长动力转换初探》，《科学社会主义》2024 年第 3 期。

② IMF, "Measuring Cross-Border Digital Trade," IMF Working Papers, 2021. UNCTAD, Digital Economy Report 2021, United Nations Publication, 2021. UNCTAD, Digital Economy Report 2024, United Nations Publication, 2024.

务贸易的物流环节，AI 通过智能物流优化了货物运输、仓储和配送服务。AI 结合大数据分析和物联网（IoT）技术，可以精确预测需求、优化路线规划、降低运输成本，还能通过识别物流瓶颈，减少延误，提升跨国物流服务的可靠性，尤其在全球贸易跨境运输管理方面表现突出。例如，DHL 和 UPS 等国际物流公司使用 AI 进行供应链管理，通过预测算法减少库存积压，并及时调整供需关系。AI 在金融服务领域的应用推动了跨境支付、风险评估和反欺诈等服务贸易的智能化进程。通过机器学习和深度学习算法，AI 能识别金融交易中的潜在风险，快速检测跨境支付中的异常行为，提升金融交易的安全性和效率。例如，PayPal、Stripe 等全球支付平台利用 AI 技术优化了跨境支付流程，显著加快了交易速度，同时降低了跨境贸易的资金流动成本。这不仅使企业间的跨境贸易更便捷，还为全球消费者提供了更加安全的在线支付环境。AI 推动了个性化服务的发展，尤其是在电子商务和在线教育等数字化服务中。例如，借助 AI 的推荐算法，全球电商平台如亚马逊、阿里巴巴等能够根据消费者的历史行为提供定制化推荐，提升了跨境消费体验。此外，在线教育平台如 Coursera、Udemy 利用 AI 技术为全球用户提供个性化的学习路径和教育服务，通过自动化评估和反馈优化学习体验。这些基于 AI 的定制化服务不仅扩大了国际化用户的覆盖面，还提高了跨境服务贸易的交易量和满意度。在服务贸易的医疗健康领域，AI 也产生了深远的影响。AI 技术被广泛应用于远程医疗、诊断分析和药物研发等方面。尤其是在全球跨境医疗服务中，AI 结合医疗图像分析、数据挖掘等技术，可以为医生提供快速、准确的诊断工具。例如，IBM Watson Health、Babylon Health 等提供跨境的远程医疗服务，不仅打破国界限制，还使全球患者能够获得高效、高质量的医疗诊断与治疗方案，这种新兴的智能服务模式尤其在新冠疫情期间得到了广泛应用，显示出跨境服务贸易的巨大潜力①。

第五代移动通信设备的普及，提升了智能化服务贸易的效率、促进了创

---

① López-González, Javier, and Sorescu, Sorina, "Digital Trade and the COVID-19 Crisis," OECD Trade Policy Papers, No. 246, OECD Publishing, 2020.

新。超高速、低延迟的 5G 网络为更多的新兴技术应用铺平了道路，如增强现实、虚拟现实和人工智能等，特别是使 AI 技术得以广泛应用于数字服务中，进一步推动了智能化服务贸易的发展。语音助手、智能推荐系统、机器翻译等 AI 技术让跨境数字服务更加智能化和便捷化，AI 驱动的智能助手（如 Siri、Google Assistant、Alexa）已经深入用户的日常生活，这为跨境服务贸易提供了新的交互模式和服务体验。

与数字平台高度融合，智能化正在引领全球服务贸易向更高层次发展。平台经济的核心资源是数据，是训练人工智能的基础，人工智能的广泛应用也促进了平台经济的发展，不断催生新的商业模式。平台将服务供需双方连接起来，智能化则赋能平台，提升了服务的质量和效率。二者的相互结合，使服务贸易的各个环节，如需求匹配、交易支付、后期服务，都得到自动化和智能化的支持，显著提升了服务的可贸易性，在很大程度上打破了传统服务贸易所依赖的地理位置和集中式组织结构等的限制，使服务贸易去中心化趋势更明显，两者的共同作用使服务贸易更加灵活、全球化、智能化，并创造了前所未有的市场机会[1]。

三　世界主要经济体参与全球服务贸易：从传统走向智能化

（一）中国的服务贸易转型发展历程

中国的服务贸易在改革开放之前几乎不存在，主要依赖商品贸易。服务业在国民经济中的比重相对较低，服务贸易的国际化程度也非常有限。20世纪 80 年代，随着改革开放政策的实施，中国逐步引入市场机制，国际贸易逐渐扩大，服务贸易也开始起步，但是仍以传统服务贸易为主，如旅游、

---

① Leonova, O., "The Globalization of the 'New Wave'," *Journal of Chinese Philosophy*, 2021, 48 (2): 211-221.

交通运输和建筑服务等。20 世纪 90 年代，随着出境旅游和外来游客数量的不断增加，旅游业成为中国服务贸易的重要组成部分。根据世界旅游组织的数据，2019 年，中国旅游服务出口总额达到 254 亿美元，位居全球前列。与此同时，交通运输服务（如海运和空运）也在全球服务贸易中占据重要地位，尤其是中国作为全球制造业中心，运输服务为商品贸易提供了重要支撑。中国在 2001 年加入世界贸易组织后，极大地推动了服务贸易的进一步发展。WTO 框架下的《服务贸易总协定》为中国的服务市场开放带来了更大的空间，吸引了大量外资，尤其是在银行、保险、咨询等领域。在全球化进程加速的背景下，中国企业开始通过跨国投资和承包工程输出服务，涵盖了建筑、咨询、运输、教育、医疗等多个领域。以中国电信、中建、中铁为代表的企业也开始在国际市场上提供服务贸易。

随着中国经济结构的升级，服务业在中国经济中的比重逐渐提升。特别是自 2010 年以来，服务贸易增长显著，中国的信息技术、金融服务、知识产权和研发外包等高附加值服务呈现强劲增长。2000 年，中国的服务出口仅为 74 亿美元，占全球服务出口总额的 0.7%。到 2020 年，这一数字增至 2910 亿美元，占全球总额的 4%，表明中国的服务贸易正在全球舞台上逐步崛起。互联网、信息技术、电子商务、云计算、大数据和人工智能等技术的快速发展，使中国的服务贸易发生了深刻变革，呈现数字化、智能化的特点，传统服务逐渐向高附加值的数字化服务领域转型，根据商务部的数据，2021 年，中国的现代服务出口增长超过 20%，占服务出口总额的 65% 以上。

数字化服务贸易推动中国从传统制造大国向服务贸易强国转型。1994 年，中国接入互联网，随后互联网经济迅速成长。21 世纪初，阿里巴巴、腾讯、百度等科技公司崛起，推动了中国电子商务的繁荣。2010 年以来，中国成为全球跨境电商的主要参与者之一。阿里巴巴和京东等平台主导了全球跨境电子商务市场。2020 年，中国的跨境电子商务交易额超过 2600 亿美元，并且出口额占总电子商务交易额的 45%，使其成为全球最大的电子商务出口国之一。阿里巴巴的 B2B 平台和 B2C 电商平台淘宝、天猫不仅为国内市场服务，也在国际上赢得了巨大的市场份额，2019 年阿里巴巴的全球活跃消费者数量达到9亿。2020年，跨境电商的规模达到2.03万亿元，同比增长31.1%。在云计算领域，阿里云、腾讯云和华为云等国内企业的崛起极大地推动了数字化服务的出口。通过提供数据存储、计算能力和信息服务，这些企业成为全球数字基础设施的重要提供者。阿里云是全球领先的云计算平台之一，在东南亚、中东等地区市场占有重要地位。2020年，阿里云全球市场份额约为9.5%，仅次于亚马逊AWS和微软Azure。此外，腾讯云和华为云也积极参与全球市场竞争，特别是在人工智能、物联网和5G应用领域，华为云在欧洲、中东等市场具有显著的竞争优势①。中国的金融科技服务也是数字化服务贸易的重要组成部分。特别是以支付宝和微信为代表的数字支付系统，推动了国内外的服务贸易②。这两大支付平台不仅在国内市场占据主导地位，而且通过"出海"战略，进入多个国际市场，包括东南亚、欧洲等地。2020年，支付宝的全球用户数已超过10亿。随着平台经济的发展，中国通过数字平台连接国内外市场，也进一步推动了服务贸易的全球化。共享经济、流媒体、远程办公和在线教育等新型服务模式也迅速扩展。美团、字节跳动（TikTok）等平台在全球市场的成功扩展，使中国在数字平台服务贸易领域占据了越来越重要的地位，字节跳动的TikTok已经成为全球最受欢迎的短视频平台之一，2020年全球下载量超过2亿次，推动了中国文化内容的出口。数字化服务贸易在过去十年迅猛发展，得益于中国国内庞大的互联网用户群体和超大规模市场。根据中国互联网络信息中心（CNNIC）的数据，截至2021年，中国的互联网用户数量已超过10亿人，为数字化服务贸易的快速发展提供了坚实的市场基础。

21世纪20年代以来，大模型驱动的新一代人工智能的快速发展驱动着中国服务贸易向智能化转型。中国已经成为全球人工智能应用最活跃的市场之一。北京、深圳、杭州等城市逐渐形成人工智能产业集群。科技巨头如阿里巴巴、百度、腾讯和华为在AI技术研发和应用中占据领先地位。中国AI

---

① 中国信息通信研究院：《中国数字经济发展白皮书（2021）》，2021。中国信息通信研究院：《中国数字经济发展白皮书（2023）》，2023。
② 徐忠、邹传伟：《金融科技：前沿与趋势》，中信出版社，2021。

产业覆盖了语音识别、图像识别、自然语言处理等多个领域，并依托中国海量的数据资源发展新一代人工智能，模型训练的效果越来越好，加快了国产大模型的更新迭代。强大的平台经济在跨境电子商务、金融科技、智慧物流等领域广泛应用 AI 技术，形成了丰富的应用场景，很多 AI 应用已经进入日常生活，比如智能客服、自动驾驶、语音助手等。依托强大的平台技术和智能化物流体系，跨境电子商务成为中国智能化服务贸易的核心领域，阿里巴巴、京东等平台通过智能化供应链管理、数据分析和个性化推荐技术，实现了服务的高效交付，阿里巴巴旗下的菜鸟公司已覆盖了全球 200 多个国家和地区，日处理订单量超过 5000 万件。

中国政府对参与全球服务贸易的政策支持力度不断加大，特别是在"十四五"规划和数字经济发展战略中，明确提出要大力发展现代服务业和数字化服务贸易。《"十四五"数字经济发展规划》提出，到 2025 年，中国数字经济的核心产业增加值要占 GDP 的 10%，并推动跨境电子商务和服务外包等数字化服务的国际化发展。此外，政府积极推动自贸区和自贸港的建设，进一步促进服务贸易的自由化和便利化。例如，上海自贸试验区和海南自由贸易港在金融、法律、教育、医疗等现代服务领域推出一系列开放政策，吸引外资进入，提升了中国在全球服务贸易中的竞争力。中国还积极参与国际服务贸易的多边谈判与合作，包括《区域全面经济伙伴关系协定》（RCEP）和《中欧投资协定》，为中国企业在全球服务市场的布局提供了制度保障。这些国际合作不仅促进了服务贸易的全球化发展，也提升了中国在国际规则制定中的话语权。随着"一带一路"倡议的推进，中国与共建国家在基础设施建设、金融、法律、文化等领域的服务合作进一步深化。根据商务部的数据，2020 年中国与共建"一带一路"国家的服务贸易总额超过 2000 亿美元，并保持 7% 的年增长率[①]。

与美国和欧洲发达国家相比，中国在服务贸易领域仍处于追赶阶段。美国和欧盟拥有强大的知识产权保护和技术创新能力，特别是在金融、法律、

---

① 商务部：《中国服务贸易发展报告》，2021。

咨询和研发等高附加值服务领域和人工智能、区块链等方面的科技创新占据领先地位。而中国尽管在电子商务和金融科技领域迅速崛起，但在专利服务、法律咨询等高端服务方面的竞争力相对较弱。2020 年，中国在全球知识产权服务出口中的占比仅为 2.5%，远低于美国的 43% 和欧盟的 25%。但值得注意的是，中国在数字支付、跨境电子商务和云计算等新兴数字化服务领域表现突出。根据麦肯锡的研究报告，2020 年中国的数字支付市场规模达到 2.9 万亿美元，占全球数字支付市场的 45%，远超美国和欧洲[1]。此外，中国还在全球服务外包市场中占据重要地位，2021 年中国服务外包合同额达到 1800 亿美元，位居全球第二，仅次于印度[2]。中国的服务贸易还面临数据隐私和跨境数据流动等问题。随着全球数据保护法规的加强，如欧盟的《通用数据保护条例》（GDPR），中国企业在跨境提供数字服务时需要面对更加复杂的法律和合规要求。

（二）美国的服务贸易转型发展历程

美国作为全球服务贸易的领导者，其服务贸易起步较早，并且长期以来占据着全球服务贸易的主导地位。根据世界贸易组织的数据，2022 年，美国服务贸易出口总额约为 8940 亿美元，占全球服务出口总额的 12.7%，其中，商业服务、金融服务、知识产权使用和信息与通信技术等领域的服务占据主导地位[3]。

在第二次世界大战后，伴随着全球化进程的加快和美国经济的强势复苏，服务业逐步成为美国经济增长的支柱。美国的金融、咨询、医疗、教育、娱乐等服务行业在全球范围内拥有巨大的影响力。20 世纪 70 年代，随着国际货物贸易的稳步增长，服务贸易逐渐得到各国的重视，而美国在服务业领域的绝对优势使其在全球服务贸易中占据了举足轻重的地位。至 1980 年，美国的服务贸易总额已经位居世界第一，并且这一优势在随后的几十年

---

[1] Chui, M., Issler, M., Roberts, R., Yee, L., Technology Trends Outlook 2023, 2023.

[2] UNCTAD, Trade and Development Report 2021, United Nations, 2021.

[3] WTO, World Trade Statistical Review 2022, 2022.

中不断得到巩固。进入 21 世纪后，凭借信息技术革命和数字经济的快速发展，美国服务贸易迅速扩大，尤其在高附加值的金融服务、信息技术服务和知识产权服务领域表现尤为突出。

随着互联网和信息技术的飞速发展，美国在数字化服务贸易中展现了强劲的增长势头。以 Microsoft、Google、Amazon 等互联网公司为核心的科技巨头迅速崛起，使美国成为全球信息技术服务的重要提供者，尤其在软件、IT 外包、互联网服务等领域快速占据全球市场，推动了其在全球范围内的数字化服务贸易。根据美国商务部的数据，2021 年美国的服务贸易出口总额达到 8000 亿美元，其中数字化服务占据了 5000 亿美元以上，约占服务贸易总额的 60%。这种增长得益于美国在信息与通信技术领域的领先地位，尤其是云计算、人工智能、大数据等前沿技术的广泛应用。根据美国国际贸易委员会的数据，美国的软件和信息服务出口从 2000 年的 1200 亿美元增长至 2021 年的 3800 亿美元，其中绝大部分是通过数字平台进行的跨境交易。美国的云计算市场规模在全球占据绝对主导地位，2021 年，美国的云服务出口额达到 1000 亿美元，Amazon Web Services（AWS）、Microsoft Azure 和 Google Cloud 等公司占据了全球云计算市场的 60% 以上，推动了企业和个人跨境数字服务的高速增长。美国也是全球最大的电子商务市场之一，Amazon、eBay 等平台在全球范围内占据重要地位，2022 年，亚马逊全球在线零售业务的跨境交易额已达到 4698 亿美元。与此同时，美国的金融科技公司（如 PayPal、Stripe）也在全球服务贸易中扮演着重要角色，推动了跨境支付和金融服务的发展，2022 年，PayPal 的全球支付交易量达 1.36 万亿美元，其中相当一部分来自跨境交易。Netflix 和 Spotify 等流媒体平台的全球化扩展也为美国的数字化服务贸易作出重要贡献，Netflix 在 2022 年的国际市场收入达到 325 亿美元，约占其总收入的 60%。

随着 AI 技术的成熟，美国服务贸易进入智能化阶段。美国是全球 AI 领域的先驱，其发展历程横跨多个技术创新浪潮，涵盖了早期的 AI 研究、机器学习（ML）、深度学习（DL），直到近年的通用人工智能（AGI）探索，并且凭借其科技公司、大学和科研机构的力量，在推动 AI 的技术突破和应

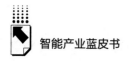

用上始终处于全球领先地位。20 世纪初，美国公司如 Google、Facebook 等在数据存储和计算能力上的突破，推动了 AI 的广泛应用。2012 年，Geoffrey Hinton 等学者在图像识别中使用深度学习（Deep Learning）技术取得了显著成果，这一突破使 AI 在图像识别、语音识别和自然语言处理领域的应用实现了大幅提升，谷歌、微软、Facebook 等科技巨头纷纷采用深度学习技术。2016 年微软公司的 DeepMind 团队开发的 AlphaGo 打败围棋世界冠军李天石，标志着 AI 在解决复杂特定任务中取得重大进步。OpenAI 成立于 2015 年，在大模型和 Scaling Laws 方面取得了重大成就，其研发的 GPT 系列大模型展现了其强大的性能，也标志着通用人工智能不断走向深入，AI 技术正从特定任务向通用任务发展，这些成果都极大提升了 AI 在服务贸易中的广泛应用，AI 在平台经济中的应用大大提升了美国的全球化平台的扩展性和服务质量，广泛应用于金融、医疗、教育等领域。AI 在客户服务领域的应用尤为显著，尤其是在大规模语言模型（如 ChatGPT）发布后，企业进一步利用 AI 为客户提供 24/7 的自动化支持，Amazon、Google 和 Microsoft 等科技巨头已经将 AI 技术集成到其客户服务平台中。生成式 AI 在广告与媒体行业掀起了巨大变革，越来越多的企业通过 AI 生成工具快速生成广告文案、博客内容、社交媒体帖子等，极大地提高了内容生产速度。

美国的服务贸易得益于其开放的市场和创新的政策环境，促进了服务贸易的技术化和全球化。美国积极推动自由贸易协定（FTAs），例如北美自由贸易协定（NAFTA）和随后签署的美墨加协定（USMCA），降低了跨境服务的关税壁垒，促进了与加拿大、墨西哥等国的服务贸易往来。此外，美国也通过 WTO《服务贸易总协定》，参与全球服务市场的规则制定，确保美国服务企业能在国际市场上获得平等的准入机会。美国政府出台了一系列促进数字经济发展的政策，如《互联网公平使用法案》，通过减少对互联网公司内容管理的限制，促进了互联网服务行业的发展。开放的数据政策降低了跨境数据流动的限制，帮助其科技公司，如谷歌、亚马逊、微软等，向全球市场扩展，特别是在云计算、电子商务和金融科技等领域，如《消费者隐私法》，也帮助企业在合规的前提下，进行跨境数据处理和服务交付。美国拥有全球最活跃的创业生态系统和风险投资市场，特别是在硅谷、纽约等创新中心，初创公司能够迅速成长为全球服务行业的领导者。同时，美国允许外资在其国内市场中自由投资和运营，吸引了大量外国资本进入其服务行业。此外，联邦政府和州政府通过一系列激励政策，推动了科技创新和数字经济的发展，特别是在人工智能、云计算、5G 等前沿技术领域。例如，美国政府在信息和通信基础设施方面的投资，为数字化服务的快速增长提供了基础，美国国家科学基金会（NSF）和国防高级研究计划局（DARPA）资助的科技项目为科技企业的创新提供了强大的支撑。

强大的人力资本为美国服务贸易发展提供了根本保障。美国的教育系统培养了大量科技和商业人才，其拥有全球顶尖的大学和研究机构，如哈佛大学、麻省理工学院等，这些学术机构在人工智能、计算机科学和金融等领域始终处于世界领先地位，不断向服务行业输送高素质的人才，为全球服务贸易的技术变革提供了源源不断的动力。灵活的劳动力市场也使美国企业可以根据市场需求迅速调整员工结构，快速适应全球服务贸易的变化。同时，美国也吸引了大量国际人才进入服务行业，为企业在全球范围内提供更具竞争力的服务。

然而，美国也面临一系列挑战，尤其是在全球化竞争加剧的背景下，美国的服务贸易优势正逐渐丧失，中国、印度等新兴经济体在服务贸易中快速崛起，美国的市场份额面临来自新兴市场的激烈竞争。例如，印度凭借其信息技术外包服务正在迅速追赶美国的优势地位。由于人力成本等为其带来的劣势，美国服务贸易的增长主要依赖于技术创新，尤其是在人工智能、区块链和物联网等新兴技术领域的应用。这对美国的科技公司提出了更高的要求，也为全球服务贸易的转型提供了新的机遇。人工智能在产业和技术方面所取得的进展，绝大部分来自美国。与此同时，美国的服务贸易政策也面临如何在开放市场与保障数据安全之间取得平衡的问题。近年来，随着欧盟《通用数据保护条例》的实施，美国企业在跨境数据流动方面受到一定的限制，这对美国的数字服务贸易带来了一些影响。虽然美国在全球数据服务领域占据主导地位，但数据泄露和隐私保护问题始终是亟待解决的问题。如何

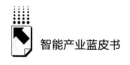
在确保数据隐私安全的前提下推动跨境服务贸易，将是美国面临的长期挑战。

（三）欧洲的服务贸易转型发展历程

欧洲是全球服务贸易的重要参与者，尤其是在金融服务、保险、旅游和运输等传统领域拥有悠久的历史。战后欧洲的服务贸易得益于区域一体化的进程，欧共体的成立和后来的欧盟建设为欧洲内部的服务贸易一体化创造了良好的条件。截至20世纪90年代，随着欧盟单一市场的逐步建成，欧洲在全球服务贸易中的比重迅速提升。以英国、德国和法国为代表的欧洲国家，凭借其强大的金融和法律服务体系，成为全球服务贸易的核心力量之一。

与美国相比，欧洲的数字化服务贸易起步相对较晚，但近年来随着信息技术的快速发展，欧洲逐步在金融科技、电子商务和云计算等领域取得显著进展。英国是欧洲金融科技领域的领军者，伦敦作为全球金融中心之一，吸引了大量金融科技公司和初创企业。2021年，英国的金融科技出口额超过600亿美元，占欧洲总额的50%以上。欧洲的其他国家（如德国、法国）也在金融科技服务中表现突出，尤其是在支付技术、区块链等领域具有强大的创新能力。同时，欧洲是全球第二大电子商务市场。根据欧盟的统计数据，2020年欧洲的电子商务市场规模达到7000亿美元，并且每年以10%以上的速度增长。欧洲的跨境支付服务也在全球数字服务贸易中占据重要位置，尤其是在B2B支付和跨境电子商务支付领域表现尤为突出。欧洲的云计算市场虽然不及美国，但近年来，随着欧洲数据主权的推进，欧洲的云计算服务迅速发展。法国的OVHcloud和德国的Deutsche Telekom等公司在欧洲云计算市场中具有重要影响力。与此同时，欧盟正在推动建立"欧洲云计算基础设施"，以减少对美国云服务公司的依赖。

欧洲的服务贸易政策以保护主义为主，并且强调数据隐私和用户安全。欧盟实施的《通用数据保护条例》是全球最严格的数据保护法案之一，对全球数字服务贸易产生了深远影响。通过GDPR，欧洲确立了全球数据保护的高标准，确保了跨境数据流动中的用户隐私保护。这一政策在提升欧洲数字服务的国际竞争力方面发挥了重要作用，但也在一定程度上限制了欧洲服务贸易的自由化进程。同时，为了提升欧洲在数字化服务贸易中的竞争力，欧盟于2015年启动了"数字单一市场战略"，旨在通过一系列政策措施消除欧盟内部的数字壁垒，促进欧盟成员国之间的数字服务自由流动。到2021年，数字单一市场的建设已初具规模，推动了欧洲内部数字服务贸易的快速增长。

（四）日本的服务贸易转型发展历程

日本的服务贸易在20世纪中期开始崛起，最早集中在旅游、运输和金融服务等传统领域。随着日本经济的迅速发展和全球化的推进，日本逐步在数字化服务贸易中扮演重要角色。日本自20世纪80年代以来，便在半导体、计算机和通信设备等领域建立了坚实的工业基础，是全球电子产业的"领头羊"，特别是在半导体、消费电子（如索尼的Walkman、任天堂的游戏机）等领域，这为数字化服务贸易的发展打下了基础。到1990年，日本的服务出口额约占全球总额的6%。尽管与欧美发达国家相比，日本在服务贸易领域的比重相对较低，但其精细的制造业和创新技术为服务贸易提供了有力支持。随着日本的信息与通信技术和电子商务的发展，自21世纪初数字化服务贸易成为日本经济的重要组成部分。2020年，日本的数字化服务出口总额达到800亿美元，约占其服务出口总额的40%。

90年代互联网兴起后，日本的科技公司，如NTT（日本电信电话公司）等，着手发展网络基础设施，推动互联网服务的应用，1995年，日本的第一家互联网服务提供商（ISP）登场，标志着互联网服务贸易的开端。此外，日本的高端制造技术（如机器人和人工智能）和知识密集型服务（如研发和工程设计）在国际市场上也具备较强的竞争力。21世纪初期，日本政府推出了"u-Japan计划"，旨在到2010年实现全国宽带互联网覆盖率接近100%，2008年，日本的宽带渗透率已超过70%，成为全球宽带基础设施最发达的国家之一。21世纪初期，乐天（Rakuten）和雅虎日本（Yahoo Japan）等电子商务平台迅速崛起，推动了数字化商品和服务的在线交易。

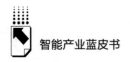

日本是移动通信技术的早期领先者，NTT Docomo 等公司率先推出了 3G 和 4G 网络。智能手机的普及进一步促进了日本数字服务的移动化。到 2015 年，日本的智能手机渗透率已超过 60%，并推动了移动应用开发和跨境服务的需求增长。日本的 ICT 巨头如富士通（Fujitsu）、日立（Hitachi）和 NEC 等公司大力开发云计算服务，并向全球市场提供企业解决方案。2020 年，日本的云计算市场规模已约为 102 亿美元，其中一部分用于跨境服务提供。

日本的服务贸易政策高度依赖其制造业基础，通过推动技术创新和产业升级来提升服务附加值。2016 年，日本政府发布了"Society 5.0"战略，旨在通过物联网（IoT）、大数据、人工智能和机器人技术的应用，推动整个社会和经济的数字化转型。2021 年，日本政府推出的"数字化转型战略"明确提出要大力发展数字化服务，推动云计算、物联网、大数据等新兴技术的应用，特别是提高在全球供应链中的服务能力。与此同时，日本也积极参与区域贸易协定，如《跨太平洋伙伴关系协定》（CPTPP），以拓展其服务贸易市场。但是，日本市场相对封闭，外国公司进入日本市场的壁垒较高，尤其是在金融服务、电子商务等领域，这限制了日本数字服务出口的潜力。与美国硅谷和中国深圳等创新中心相比，日本的创业生态系统也较为保守，风险投资的规模也相对较小，这也在一定程度上限制了日本在新兴数字服务领域的全球竞争力。

（五）印度的服务贸易转型发展历程

印度的服务贸易起步相对较晚，但在 20 世纪 90 年代，得益于信息技术外包（IT outsourcing）产业的兴起，印度迅速成为全球服务贸易的中心之一。随着全球企业外包需求的增加，印度成为全球 IT 服务外包的主要提供者。截至 2020 年，印度的 IT 服务出口额已超过 1500 亿美元，约占全球总额的 30%。印度的数字化服务贸易也主要集中在 IT 外包、软件开发和客户服务领域。印度拥有全球最多的技术人才储备，依托其低成本、高质量的服务外包业务，印度成为全球数字化服务贸易的重要参与者。根据印度国家软件和服务公司协会（NASSCOM）的统计，印度的数字化服务出口额占其总服务贸易的70%以上，并且每年保持8%~10%的增长率[①]。

印度政府推行一系列鼓励服务贸易发展的政策，如"数字印度"计划，旨在通过信息技术基础设施的建设和互联网普及，进一步扩大印度在全球数字服务市场中的份额。与此同时，印度还积极与各国签订自由贸易协定，推动服务贸易自由化，并通过技术创新和培训，提升服务外包业务的附加值。

四 结论与建议

全球服务贸易已从传统模式演变至数字化模式，并逐步迈向智能化模式，成为经济增长和结构转型的核心动力，并塑造新的全球贸易格局。其发展本质上是技术驱动的贸易转型。信息技术革命带来了前所未有的产业升级，通过云计算、大数据、物联网、区块链等前沿技术，使服务的效率、精准度和范围得到极大提升，创造了数字化服务贸易在全球范围内迅猛发展的奇迹。大模型驱动的新一代人工智能正掀起新一轮科技革命与产业变革，并为服务贸易的智能化转型注入强劲动力。新一代人工智能肇基于信息技术革命，同样，全球服务贸易的智能化转型正以数字化服务贸易为基础，通过智能化服务与平台经济深度融合等方式，不断推动跨境电商、技术外包、金融科技、医疗、媒体等领域服务应用转型。虽然技术创新和产业创新往往发端于发达国家，但这些创新向服务贸易领域的扩展，也在重塑全球贸易格局。数字化服务贸易的迅速发展，极大地促进了中国、印度等新兴市场的崛起，并推动智能化服务贸易进一步重塑全球贸易格局。

在第四次科技革命浪潮下，大模型驱动的新一代人工智能正在对传统的科学范式、生产方式、产业业态等进行颠覆式变革，其更是以前所未有的速度向服务应用渗透，以前所未有的程度打破生产与服务的二元结构。目前的智能化服务贸易已经走过萌芽期，大模型等颠覆性和前沿技术的发展催生了

[①] NASSCOM, "Indian IT-BPO Industry Report," NASSCOM, 2021.

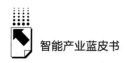

新产业、新模式、新动能,智能化显著增强了服务贸易的国际竞争力。因此,我国加大对人工智能的投入力度,提升智能化服务贸易国际竞争力,是加速推动我国向制造强国转型的重要环节、建设世界一流贸易强国的关键一招。作为世界第二大经济体,中国在全球服务贸易中的战略发展对全球经济亦将产生深远影响。基于中国经济的特点和全球贸易的智能化发展趋势,笔者就推动智能化服务贸易提出以下建议。

以新质生产力概念为指导,加大对人工智能、大数据、云计算、物联网等前沿技术的研发投入力度,推动技术创新在服务贸易中的应用。在全球智能化服务贸易加速发展的背景下,人工智能技术,特别是大模型和通用智能的发展,是提升智能化服务贸易竞争力的核心驱动力。中国应重点支持和推进基于大模型的人工智能技术研发,尤其是自然语言处理、图像识别、语音识别、机器翻译等领域的大模型应用,推动在大模型和通用智能领域取得突破,为智能化服务贸易提供强有力的技术支撑。建立有效的科研机构和企业联合攻关体制机制,鼓励企业和科研机构共同研发具有全球竞争力的大模型系统,提升中国在全球大模型技术领域的自主创新能力和话语权,还可以为中小企业和个体服务者提供创新支持,帮助他们在全球市场上更好地应用大模型和通用智能技术,降低技术门槛,推动服务贸易的普惠化发展。优先在跨境电商、智慧物流、金融科技等领先服务领域,利用产业优势率先提升技术创新水平,打造具有全球影响力的智能化服务贸易产业集群,以确保在全球智能化服务贸易中的领先地位。加强大模型和通用智能领域的国际合作,特别是加强与欧美发达国家在人工智能技术领域的合作,参与制定全球大模型和通用智能领域的技术标准和伦理规范,确保中国在全球智能化服务贸易中的地位和利益。

立足于常态化健康规范发展治理效能,以平台企业牵引服务贸易高质量发展,加速服务贸易智能化转型。中国的阿里巴巴、腾讯、京东等平台企业已经在全球市场上取得了显著成绩。在不断健全完善的常态化监管制度的监管与整改下,有效竞争机制和公平竞争秩序得以维护,这极大地推动了平台企业健康规范发展,提高了平台经济的创新性。因此,未来应继续推动平台经济与人工智能技术的深度融合，打造具有国际竞争力的服务平台。政府可以通过政策支持和市场引导，推动更多的中国企业参与全球智能化服务贸易，通过创新的平台经济模式提升中国在全球服务贸易中的地位。

中国应继续积极参与全球服务贸易公平竞争，通过 WTO 等国际组织的服务贸易规则谈判，推动形成更加公平、透明的全球服务贸易规则框架。作为全球服务贸易的重要参与者，中国应在国际规则制定中发挥更大作用，确保发展中国家的利益得到公平保障，推动全球服务贸易市场的进一步开放和多元化。同时，中国应继续深化区域合作，持续加强与共建"一带一路"国家的服务贸易合作，发挥中国在基础设施建设和数字技术方面的优势，通过推动数字基础设施建设、加强金融科技合作，推动共建国家的经济发展与产业升级，帮助这些国家发展数字化与智能化服务贸易。同时，利用中国企业的国际化经验，帮助共建"一带一路"国家融入全球服务贸易网络，共享全球化红利。

为了推动智能化服务贸易的可持续发展，中国应制定和完善关于新一代人工智能的政策支持与监管框架。中国应充分发挥新型举国体制的潜在动能，大力推进技术创新和自主研发，特别是在大模型和通用人工智能领域。通过设立专项基金、增加科研投入和鼓励政企学研合作等方式，确保中国在全球 AI 竞赛中占据有利位置。与此相关的政策支持不仅限于技术领域，还应包括对新兴企业的扶持，例如通过税收优惠和政策激励，帮助初创公司和中小企业在 AI 服务领域快速成长。同时，完善 AI 的监管和法律框架至关重要。随着 AI 技术的广泛应用，数据安全、隐私保护、算法偏见等问题成为智能化服务贸易发展的潜在障碍，智能化服务的普及必将伴随着产生数据安全和隐私保护等问题。中国应制定符合国际标准的数据保护法，并对 AI 系统的算法进行透明化和公正性审查，确保服务贸易中的 AI 应用具有公平性和可靠性。

B.5
新一代人工智能技术与金融强国建设

谈俊 胡华*

摘 要： 近年来，人工智能技术的快速进步和广泛应用有力地推进了各国经济社会数字化、智能化转型，对金融领域的影响也日益凸显，成为全球新一轮金融科技变革的重要引领力量。人工智能在我国金融业发展中也发挥着日益重要作用，不仅是提升我国金融业国际竞争力、促进金融体系高水平服务实体经济发展的重要推力，也是实现我国金融强国建设目标的重要推力。目前，人工智能助力我国金融强国建设仍面临高端金融科技人才不足、全球人工智能监管体系呈碎片化状态、各类新型金融风险增多等挑战，未来我国需要保持对金融领域人工智能应用的政策支持力度、鼓励金融机构以人工智能技术推进金融产品和金融服务创新、增强防范化解新型金融风险的能力、加大金融领域高端人才引进和培养力度、提升我国在全球金融领域人工智能治理的影响力。

关键词： 人工智能 金融科技 金融强国

一 人工智能技术快速进步引领新一轮金融科技变革

（一）金融科技进步为金融业发展提供有力支撑

金融稳定理事会（Financial Stability Board）将金融科技（Fin Tech）定

---

* 谈俊，中国国际经济交流中心美欧研究部副研究员，欧盟研究室主任，研究方向为美欧问题、国际金融；胡华，工业和信息化部国际经济技术合作中心，助理研究员，研究方向为绿色供应链、绿色消费。

义为金融服务领域的技术创新，这些创新可能会产生新的商业模式、应用、流程或产品，对金融市场、金融机构以及金融服务的提供产生重大影响。从金融本身职能角度看，金融科技没有改变金融的基本功能，即通过跨时间、跨空间调节资金余缺，满足市场主体资金需求，提升社会资源配置效率，服务国民经济发展，但金融科技的进步与实践应用对提升金融行业整体运营效率、扩大金融行业规模、提升金融业创新发展水平等发挥了重要支撑作用。

1. 金融科技有力地推动了金融行业运营效率提升

第二次世界大战以来，全球金融行业发展的历史一定程度上也是金融科技不断进步的历史，电子通信技术、计算机技术、互联网技术、数字技术等在金融机构的广泛应用，推动了金融机构内部流程再造，金融机构通过对办公系统硬件进行改造和采用专门软件系统，实现了业务流程的电子化、无纸化和自动化，这一举措显著降低了金融机构日常运营成本、提升了运营效率。从金融机构层面看，金融机构作为市场主体之一，其经营目标之一是实现利润最大化，具体途径：一方面，通过优化内部管理实现经营成本最小化，提升经营效率；另一方面，通过大力开拓业务领域实现市场规模最大化，而率先使用先进金融科技的金融机构往往能够形成相对于其他机构的阶段性竞争优势，在竞争机制的作用下，先进金融科技的应用将逐步扩大至整个金融行业，进而整体提升金融行业运行效率。

银行发展金融科技有助于银行提质增效，特别是随着时间的推移，提质增效更为明显[1]。在收入端，银行金融科技通过提高营业收入、净利润和资产收益率从而优化经营效益，推动银行提质增效；在成本端，对金融科技的持续投入降低了成本收入比，进而提高了成本效率。金融科技发展对大型银行营业收入和经营成本的影响略为迟滞，但大型银行运用金融科技优化经营绩效的整体效果更为突出。

2. 金融科技进步使金融业务突破时间和地域限制，加速了金融全球化步伐

在传统模式下，金融业务的开展受时间、空间约束较大，如金融机构营

---

① 朱小能、李雄一：《金融科技发展与银行提质增效研究》，《金融论坛》2024 年第 1 期。

业时间通常为 8 小时，存取款、转账等业务也需要在柜台办理，一国的市场主体难以在其他国家资本市场进行投资等。互联网技术，特别是移动互联网技术在金融领域的应用使金融服务从营业网点延伸至其他场所、从 8 小时延伸至全天候、从线下延伸至线上、从一国市场延伸至国外市场，各主要经济体金融规则的相互对接、市场的相互联通使全球金融市场一体化水平不断提升，成为经济全球化的重要支撑。

3. 金融科技进步有力地促进了金融业规模不断壮大

金融的本质是服务实体经济发展，满足实体经济金融服务需求，而国民经济规模的扩大、居民收入水平的提高也催生新金融服务需求，借助金融科技，金融服务门槛较大程度降低，金融服务的普惠性得到显著提升。以中国农业银行的实践为例，2018 年，中国农业银行开展小微企业线上信贷探索，2019 年全面启动普惠金融线上化、移动化、自动化、智能化转型，着力打造数字普惠金融 1.0 体系，形成了以"数据+算法+算力"为引擎的普惠金融发展新模式，通过夯实普惠金融数据资产、创建线上信贷产品体系、扩展线上线下协同发展服务渠道、打造数字化经营管理平台、构建智能化风控体系等举措，有力地推动了普惠金融业务发展。截至 2024 年 6 月底，中国农业银行近八成普惠贷款来自线上产品，"小微 e 贷""惠农 e 贷"余额均超过 1 万亿元[①]，成为中国农业银行贷款业务的重要组成部分[②]。

（二）全球金融科技行业发展潜力依然巨大，阶段性放缓不改变长期向好趋势

1. 全球金融科技行业总体投资出现阶段性下滑，但潜在市场规模依然巨大

2008 年国际金融危机之后，全球金融科技行业发展速度加快，从数据

---

① 数据来源于《数字普惠金融怎么干，听听建行、农行、邮储的领导们怎么说?》，https：//mp. weixin. qq. com/s? ＿＿ biz＝MzU2NjQxMzI5OQ＝＝&mid＝2247680521&idx＝8&sn＝c75153 a2bb2e099acb959d16e35c495f&chksm＝fdf44cd0ddfd136f6574f10ecac20d9a035dee80c2aa8813116a07 1a97af4dcfbe9aad198622&scene＝27。

② 2023 年，中国农业银行发放贷款和垫款总额为 22.6 万亿元，从这里可以推算出，中国农业银行线上普惠贷款规模占其总的贷款和垫款规模的比重约为 10%。

来看，2015 年全球金融科技产业投资为 223 亿美元，同比增幅高达 75%[①]；2019 年为 1680 亿美元，2021 年达到 2258 亿美元高点后逐年下降（见图 1），原因可能在于，近年来，全球经济增速放缓，地缘冲突频发，经济社会发展面临的不确定不稳定不安定因素增多，导致投资者对未来发展预期减弱，降低了其继续扩大金融科技领域投资的意愿。从中长期来看，全球金融科技行业仍然拥有巨大发展空间，根据波士顿咨询集团发布的《2023 年全球金融科技：重塑金融科技未来》报告数据，2030 年全球金融科技行业收入预计将达到 1.5 万亿美元，是 2023 年的 6 倍。

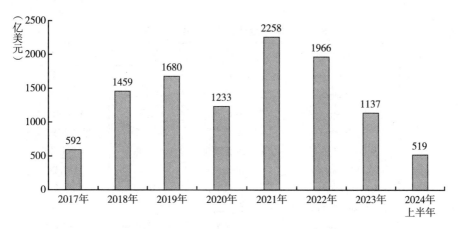

图 1　2017 年至 2024 年上半年全球金融科技投资规模情况

资料来源：根据毕马威（KPMG）《金融科技动向》相关年份数据整理。

2. 全球金融科技发展呈现结构性分化

一是地区结构分化态势明显。2023 年，美洲地区吸引的金融科技投资规模为 783 亿美元，占全球比重为 68.9%，其中仅美国吸引的金融科技投资即达到 735 亿美元，占全球比重达到 64.6%，亚太区全年吸引金融科技投资仅为 108 亿美元，不仅远低于美洲地区水平，也大幅低于其 2022 年

---

① 巴曙松、白海峰：《金融科技的发展历程与核心技术应用场景探索》，《清华金融评论》
　2016 年第 11 期。

513 亿美元的水平。从交易宗数看，2023 年，美洲地区金融科技领域交易宗数为 2136 宗，占全球的 47%，其中，美国金融科技交易活动 1734 宗，占全球比重为 38.1%，全球前十大金融科技交易中，有 8 项在美国（见表 1）；亚太区全年金融科技交易仅为 882 宗，仅占全球的 19.4%[①]。美国在全球金融科技领域居于领先地位，得益于其拥有成熟的金融市场体系、较为完备的法律法规制度、强大的技术基础设施以及大量高层次创新人才，从目前发展趋势来看，美国作为全球金融科技投资主要目的地的地位短期内不会改变。

表 1　2023 年全球前十大金融科技交易

序号	公司名称	交易规模	所在国家	交易方式
1	Black Night	117 亿美元	美国	并购
2	Adenza	105 亿美元	美国	并购
3	Coupa	80 亿美元	美国	私有化买断
4	Finastra	69 亿美元	英国	资本结构调整
5	Stripe	69 亿美元	美国	1 轮融资
6	EVO Payments	40 亿美元	美国	并购
7	Duck Creek Technologies	26 亿美元	美国	私有化买断
8	Celsius Network	20 亿美元	美国	买断
9	Moneygram	18 亿美元	美国	私有化买断
10	重庆蚂蚁消费金融	15 亿美元	中国	成长性股权投资

资料来源：根据公开资料整理。

　　二是细分行业发展趋势出现分化。2023 年，在金融科技各子行业中，部分行业投资出现显著下滑，如支付科技、监管科技、网络安全、财富科技、区块链/加密货币领域的投资规模分别为 207 亿美元、26 亿美元、13 亿美元、2 亿美元、75 亿美元，较 2022 年分别下降 64.2%、87.6%、23.5%、75% 和 69.1%；与此同时，保险科技、ESG/绿色科技领域的投资逆势增长，从 2022 年的 59 亿美元、12 亿美元分别提高至 81 亿美元、23 亿美元，涨幅

---

① 数据来源于毕马威《金融科技动向 2023 年下半年》，占比数据为计算得出。

分别为 37.3%、91.7%。

3. 全球金融科技行业创新发展势头不减，治理体系逐步完善

创新对金融科技发展的作用日益凸显。《金融科技行业 2023 年专利分析白皮书》数据显示，2018～2023 年，全球金融科技行业专利申请量累计超过 34 万件，年均专利申请增长率为 3.8%，其中，中美是全球金融科技创新重要引领者，两国专利申请占比达到 64.5%。

伴随金融科技创新而来的新兴金融风险给各国维持金融稳定带来了新挑战，部分经济体及相关国际机构采取多项应对措施，提升金融科技快速发展背景下的金融体系安全性与稳定性。地区和国家层面，2021 年 6 月，欧洲数字伦理咨询专家组（UNESCO）发布《人工智能治理原则》，提出了人工智能在保险领域应用中的六项伦理原则；2018 年 10 月，新加坡金融管理局提出《提供智能投顾服务的指南》，明确要求人工智能的运用应符合责任性、道德性、公平性等要求；2017 年 10 月，美国出台《关于消费者金融数据共享和整合的指导原则》，明确了第三方所能获取和使用涉及消费者个人金融数据信息的权利范围；澳大利亚保险和职业养老金管理局专门成立数字伦理咨询专家组，协助制定保险行业相关数字伦理原则和规范；中国已经出台《金融领域科技伦理指引》并探索提出守正创新、以人为本、诚实守信、公开透明、权益保护、安全合规、公平普惠、社会责任等伦理原则和落地标准。国际层面，2018 年 10 月，国际货币基金组织与世界银行联合提出《巴黎金融科技议程》，明确了发展金融科技的高级议题框架，包括深化技术应用、强化包容竞争、调整监管框架、加强共同监督等 12 项政策要素；世界银行也推出"全球金融科技监管政策数据库"（Global Database of Fintech Regulations），其中包含 200 多个国家和地区的金融科技监管法律法规和指导意见，为促进金融科技领域监管合作提供了便利。

（三）人工智能引领金融科技发展的作用日益凸显

在全球经济社会数字化、智能化转型不断深入的背景下，人工智能技术推动新一轮科技革命和产业变革的战略作用日益凸显，各经济体持续深化对

人工智能的战略布局，制定了各自的人工智能发展政策。在金融领域，人工智能技术已经成为引领金融科技进步的主要力量之一，对金融业创新发展的塑造作用不断显现。从数据来看，根据 IMARC Group 的报告，2023 年全球金融 AI 市场规模达到 146 亿美元，2032 年预计将提高至 877 亿美元。在金融科技行业专利申请中，2019～2021 年，人工智能领域的专利申请量为 61777 件，年平均增长率达到 23.1%[①]。在金融科技领域关键技术的应用上，"ABCD"四项技术[②]的作用不断增强，特别是人工智能技术备受瞩目，引领作用凸显（见表 2）。

表 2　金融科技行业应用场景采用技术分布情况

单位：%

技术领域	风险防控	智能客服	保险理赔	数字化经营
人工智能	27.9	25.3	31.0	17.6
区块链	12.6	4.7	15.9	9.9
云计算	3.9	3.6	4.5	9.6
大数据	6.2	2.2	5.1	13.2

资料来源：《金融科技行业 2023 年专利分析白皮书》。

二　人工智能技术是我国金融强国建设不可或缺的重要推力

2013 年 10 月，习近平总书记在中央金融工作会议上明确提出加快建设金融强国宏伟目标，并在省部级主要领导干部推动金融高质量发展专题研讨班开班式上对这一目标的内涵和实现路径进行了全面阐述，党的二十届三中全会就推动金融高质量发展、加快建设金融强国作出重要部署，这些为我国

① 数据来源于《金融科技行业 2023 年专利分析白皮书》。
② 这四项技术分别为 AI（人工智能）、Blockchain（区块链）、Cloud Computing（云计算）、Big Data（大数据）。

切实推进金融强国建设提供了强大动力与根本遵循。金融强国既包括横向的国际比较，即中国金融业综合实力居于全球前列，不仅规模较大，而且具有较强的国际影响力和引领力；也包括纵向的比较，即与中国过去和当前的金融发展水平相比，金融业规模、创新能力、服务实体经济水平、风险防范能力有显著提升。人工智能作为引领金融科技进步与金融业创新发展的重要力量，在我国金融强国建设中发挥了不可或缺的重要作用。

（一）人工智能是提升我国金融业国际竞争力的重要推力

中国拥有全球最大的银行体系，保险、债券和股票市场规模也位居全球前列，以银行业为例，中国人民银行数据显示，2024 年第二季度末，中国金融机构总资产达到 480.64 万亿元，同比增长 7.0%，其中，银行业资产规模为 433.10 万亿元，同比增长 6.6%；同期美国银行业资产规模为 23.45 万亿美元，折合人民币约 170.42 万亿元①，约为中国银行业资产的 39.35%。但中国金融业国际竞争力仍有继续提升空间，根据《2024 年世界竞争力年报》最新数据，中国全球竞争力排名第 14 位，较 2023 年上升 7 位，而金融业竞争力全球排名第 21 位，仍有一定提升空间。

在数字经济与实体经济融合发展水平不断提升的背景下，金融体系数字化、智能化转型将成为历史发展趋势，国家间金融实力的竞争在一定程度上也是金融科技水平的竞争。人工智能技术在金融领域广泛运用所带来的金融产品创新、业务创新、模式创新极大地改变了金融业传统发展方式，显著提升了金融资源配置效率，也为部分国家借助人工智能技术提升本国金融业国际竞争力提供了条件。

中国人工智能发展水平位居全球前列，2024 年 4 月，斯坦福大学发布的《2024 年人工智能指数报告》显示，截至 2022 年，全球已授权人工智能专利中，61.1% 来自中国，大幅超过美国 20.9% 的水平；2023 年，全球著

---

① 美元数据来源于美联储网站：https：//www.federalreserve.gov/releases/h8/current/default.htm，人民币数据根据 2024 年 6 月末美元兑人民币汇率收盘价计算得出。

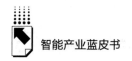

名的机器学习模型中，中国有 15 个，数量居全球第二位；人工智能投资方面，2023 年中国人工智能私人投资额为 78 亿美元，低于美国的 672 亿美元，位居全球第二。人工智能人才培养方面，2019~2022 年，中国培养的全球顶级人工智能研究人员占比从 29%上升至 47%[①]；此外，我国数据量巨大，2023 年全国数据生产总量达到 32.85ZB（泽字节），同比增长22.44%[②]，2027 年预计将增加至 76.6ZB，这些为促进金融科技创新发展、提升我国金融业国际竞争力奠定了较为坚实的基础。

（二）人工智能是我国金融体系高水平服务实体经济高质量发展的重要推力

经济高质量发展离不开高水平的金融服务。党的二十届三中全会明确提出"构建高水平社会主义市场经济体制""健全推动经济高质量发展体制机制""构建支持全面创新体制机制""完善高水平对外开放体制机制"等多领域重大改革任务，并指出"高质量发展是全面建设社会主义现代化国家的首要任务"。在国内改革发展任务依然繁重艰巨、国外环境复杂严峻的背景下，高质量发展与"统筹发展与安全"具有内在一致性，从提升金融体系高水平服务实体经济高质量发展的角度看，一方面，经济高质量发展是一项重大系统工程，涉及经济增长质效、新质生产力培育和发展、"引进来"与"走出去"总体平衡等多个方面，金融体系在服务经济高质量发展中也将不断涉及新领域、碰到新情况，需要金融体系不断通过产品创新、业务创新、模式创新更好地满足经济发展需要；另一方面，经济高质量发展也将不断碰到新问题，面临内外部各种经济风险与挑战，需要更好地发挥金融体系的风险防范与化解功能，为实现中国式现代化营造更加稳定的发展环境。

相应地，扩大人工智能在金融领域应用，可以充分发挥人工智能自主学习的功能与我国数据量巨大、数据场景众多的优势，通过推动金融机构业务

---

① 数据来源于麦克罗波洛智库《全球人工智能人才追踪调查报告 2.0》。
② 数据来源于《全国数据资源调查报告（2023）》。

流程优化、业务对象优选、金融产品适配等，进一步提升我国在金融客服、信贷投放、量化投资等方面的效率，不断提升金融服务智能化、个性化水平，同时借助人工智能大数据分析工具优势，对国内外潜在风险进行研判，为做好风险防范化解工作奠定基础。

（三）人工智能是实现我国金融强国建设目标的重要推力

金融强国建设不仅应当基于强大的经济基础，具有领先世界的经济实力、科技实力和综合国力，同时需要具备一系列关键核心金融要素，即拥有强大的货币、强大的中央银行、强大的金融机构、强大的国际金融中心、强大的金融监管以及强大的金融人才队伍。人工智能在培育关键核心金融要素方面可以发挥积极推动作用。建设强大的中央银行方面，在现代化经济体系下，经济运行日趋复杂使中央银行的利率、汇率、金融监管等决策越来越依赖坚实的数据基础，特别是经济社会数字化转型产生了海量数据，这对中央银行提炼有效数据进行科学决策提出了更高要求。借助人工智能技术，中国人民银行能够充分挖掘我国数据量大、应用场景多的优势，并及时对经济和金融体系的重要变化及其影响进行研判，有效减轻传统经济模型存在的数据时滞问题，第一时间进行精准决策，进一步提升调控政策有效性，积累更多数字经济条件下中央银行货币政策调控经验，不断提升中国人民银行国际影响力。

建设强大金融机构方面，数字经济时代金融机构竞争力主要体现为：一方面，具有更强的金融产品创新能力，能够为企业、个人等各类市场主体提供更适配的金融服务；另一方面，通过引入数字技术更新优化内部业务管理流程，在保障经营成效的基础上降低机构运营成本。我国部分金融企业规模已位居全球前列，但与国际一流金融机构相比，在产品和服务创新、内部管理体制机制、国际市场风险规避等方面还存在一定差距。深入推进人工智能技术的应用，有助于我国金融机构更加精准地分析研判用户所需金融服务类型及其演进趋势，设计更具细分特征的产品与服务，拓展更大的市场空间；也有助于将宏观经济数据与金融机构自身经营数据相结合，更加准确地剖析

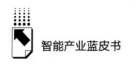

金融企业自身运营状况及所面临潜在风险，及时采取有针对性的举措化解风险，提升金融企业跨周期经营能力和国际竞争力，还有助于持续改进我国金融机构业务流程再造、优化人员岗位匹配性、提高金融机构内部管理水平。

建设强大的金融监管体系方面，金融业创新发展始终会产生金融风险，稳健的金融体系离不开有效的金融监管，与金融强国建设相适应的强大的金融监管，既要能够"管得住"，即金融监管体系能够防范化解各类金融风险并牢牢守住不发生系统性金融风险的"底线"，同时也能够"放得好"，即在规范金融机构和市场主体行为的同时，为金融产品和金融服务创新留有充足空间，不会因为过于强调监管而使金融创新停滞，最终实现"强监管"与"促创新"的总体平衡，在这一状态下，金融监管的体制机制、政策工具等要随着金融业新发展而及时调整、更新和完善。借助人工智能技术，我国金融监管系统能够进一步拓宽数据来源渠道，并辅助金融监管部门进行更多情境下的政策模拟，提前识别和预判风险，防患于未然，同时也有助于促进完善金融沙盒监管，为新产品、新服务、新模式的出现留下足够空间。

三　人工智能技术在中国金融领域应用进展及面临的挑战

（一）人工智能技术在中国金融领域应用稳步推进

1. 促进金融领域人工智能应用的政策支撑基础不断夯实

法规政策是人工智能技术在金融领域应用得以持续深入推进的有力支撑。近年来，我国加入全球人工智能发展潮流，出台了一系列法规政策，其中既包括促进全国范围人工智能技术发展的顶层引领政策，也包括针对金融领域的行业发展政策，初步形成了促进人工智能技术融入金融体系的法规政策体系。

早在 2017 年 7 月，国务院即发布并实施《新一代人工智能发展规划》，该规划提出了面向 2030 年我国新一代人工智能发展的指导思想、战略目标、重点任务和保障措施，这一规划对我国近年来人工智能的发展发挥了战略引领作用，受此影响，多个部门、机构相继单独或联合出台促进人工智能发展的政策法规（见表3）。从表3可以看出，中国人民银行在国内较早地单独推出促进人工智能在金融领域应用的法案，并保持了总体政策思路的延续性、发展性，如《金融科技（FinTech）发展规划（2019—2021年）》到期后，中国人民银行及时发布《金融科技发展规划（2022—2025）》，并提出我国金融科技发展要从"立柱架梁"全面迈入"积厚成势"新阶段，两份规划中涉及人工智能的部分则从"明显增强人民群众对数字化、网络化、智能化金融产品和服务的满意度"发展至"建立智能化风控机制"。

表3　近年来我国出台的部分人工智能发展政策文件

发布时间	发布单位	标题
2017年7月	国务院	《新一代人工智能发展规划》
2019年6月	国家新一代人工智能治理专业委员会	《新一代人工智能治理原则——发展负责任的人工智能》
2019年8月	中国人民银行	《金融科技（FinTech）发展规划（2019—2021年）》
2019年11月	国家林草局	《关于促进林业和草原人工智能发展的指导意见》
2020年1月	教育部、国家发展和改革委员会、财政部	《关于"双一流"建设高校促进学科融合　加快人工智能领域研究生培养的若干意见》
2020年7月	国家标准化管理委员会、中央网信办、国家发展和改革委员会、科技部、工业和信息化部	《国家新一代人工智能标准体系建设指南》
2021年5月	国家发展和改革委员会、中央网信办、工业和信息化部、国家能源局	《全国一体化大数据中心协同创新体系算力枢纽实施方案》
2021年9月	国家新一代人工智能治理专业委员会	《新一代人工智能伦理规范》
2021年12月	国家网信办、工业和信息化部、公安部、国家市场监管总局	《互联网信息服务算法推荐管理规定》
2021年12月	中国人民银行	《金融科技发展规划（2022—2025）》
2022年7月	科技部、教育部、工业和信息化部、交通运输部、农业农村部、国家卫健委	《关于加快场景创新以人工智能高水平应用促进经济高质量发展的指导意见》

发布时间	发布单位	标题
2022 年 8 月	科技部	《科技部关于支持建设新一代人工智能示范应用场景的通知》
2022 年 11 月	国家网信办、工业和信息化部、公安部	《互联网信息服务深度合成管理规定》
2022 年 12 月	最高人民法院	《关于规范和加强人工智能司法应用的意见》
2023 年 7 月	国家网信办、国家发展和改革委员会、教育部、科技部、工业和信息化部、公安部、国家广电总局	《生成式人工智能服务管理暂行办法》
2023 年 10 月	工业和信息化部、中央网信办、教育部、国家卫健委、中国人民银行、国资委	《算力基础设施高质量发展行动计划》
2023 年 10 月	工业和信息化部	《人形机器人创新发展指导意见》
2023 年 11 月	中国人民银行	《人工智能算法金融应用信息披露指南》
2024 年 1 月	工业和信息化部、教育部、科技部、交通运输部、文化和旅游部、国资委、中国科学院	《关于推动未来产业创新发展的实施意见》
2024 年 5 月	中央网信办、国家市场监管总局、工业和信息化部	《信息化标准建设行动计划(2024—2027 年)》
2024 年 6 月	工业和信息化部、中央网信办、国家发展和改革委员会、国家标准委	《国家人工智能产业综合标准化体系建设指南(2024 版)》

资料来源：根据公开资料整理。

2. 金融机构人工智能应用范围不断扩大，新产品新服务持续涌现，创新能力不断增强

金融机构是人工智能应用的主体。近年来，我国各类金融机构积极推进人工智能技术应用，业务范围逐步扩大，涉及信贷审核（包括信贷业务智能审核放款、小微企业信用数据获取）、财富管理（包括智能研投、智能投顾、智能理赔）、市场营销（包括智能营销、智能销售）、用户运营（包括智能客服、AI 外呼）。我国金融机构还主动运用人工智能技术推进流程再造，提升内部管理水平，如在风控方面发展智能风控，以人工智能技术促进反欺诈、反洗钱工作；金融机构日常运营与资产管理方面，借助人工智能技术推动智能办公、智慧运营，并将人工智能技术融入数据资产管理与分析工作。此外，我国金融机构及相关互联网企业大力推进金融领域大模型专利创新，取得了较好成效，在全球居于领先位置（见表4）。

表4　全球金融机构大模型领域专利创新排行榜

单位：件

排序	公司	大模型领域专利申请（已公开）	国家
1	蚂蚁集团	474	中国
2	平安集团	327	中国
3	中国工商银行	290	中国
4	Capital One	147	美国
5	中国建设银行	100	中国
6	中国银行	94	中国
7	马上消费金融	88	中国
8	微众银行	86	中国
9	中国农业银行	69	中国
10	Royal Bank of Canda	53	加拿大
11	阳光保险	51	中国
12	Bank of America	50	美国
13	招商银行	44	中国
14	浦发银行	40	中国
15	Wells Fargo Bank	39	美国
16	中信银行	35	中国
17	VISA	28	美国
18	State Farm Auto Insurance	25	美国
19	J. P. Morgan	24	美国
20	Master Card	19	美国

资料来源：转引自《洞见中国数字优势新格局，全球金融机构大模型创新成果》，https://www.mittrchina.com/news/detail/13525。

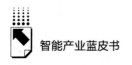

专栏：中国工商银行人工智能技术驱动智慧运营案例

2018 年，中国工商银行（以下简称"工行"）开始构建智慧运营体系，逐步深化 AI 技术应用，采取了一系列举措，取得了良好成效。

一、规划先行。工行强调将金融科技作为运营体制机制变革核心驱动力，围绕新一轮网点竞争力提升工程，印发《网点运营改革方案》《网点数字化转型方案》《运行管理数字员工建设应用规划方案》等文件，推动流程建设、后台运营、网点运营、风险管理等多方面开展应用体系规划、布局实施、规范管理等，实现了科技提升效率、科技替代人员、科技创造价值。

二、坚持高水平推进重点领域人工智能技术应用。客户服务领域，通过客户服务需求订单化管理，工行首创推出线上便捷受理、集约高效处理、服务快捷交付的线上线下一体化运营模式，实现了 35 类创新场景落地，有效满足了客户"业务线上办、进度可跟踪、交付更便捷"的金融服务需求。支付清算领域，工行深入运用多种自然语言理解算法，构建模糊行名识别等模型，着力解决报文语义表达多样性、SWIFT 等系统间报文格式不完全匹配等问题。运营管理领域，工行围绕业务受理和内部支持两大场景，着力建设业务助手、翻译助手、办公助手、培训助手等功能，网点智能助手累计调用已达 40 万次，用户满意率超 86%。后台运营领域，工行推进机械臂、AGV 机器人等新型设备应用，建成行业领先的智能金库，实现金库运营由"人管"向"智控"转型。流程优化领域，工行借助软件自动化技术打通与财政、国库和中国人民银行账户管理系统间的流程断点，实现单位账户备案、代理地方财政集中支付、代理国库退税等业务自动化处理，这一举措不仅显著提高了业务处理效率，也对有效防范业务操作风险起了积极促进作用。风险管理领域，通过运用机器学习、知识图谱等技术构建覆盖账户开立、变更、使用全生命周期的智能风控系统，实现对涉诈高风险账户可疑交易活动的秒级响应、精准识别和实时管控，高风险账户拦截涉诈资金占比超过 80%。

三、转型成效明显。人工智能技术的深入应用不仅进一步增强了工行的市场竞争力，也提升了工行提供社会公共服务的能力。工行集约运营中心通过深入推进业务处理智能化改造，三年累计节约人力支出费用7800万元，借助建设跨行智能路由，三年累计节约支付清算成本2.2亿元。全行运营领域智能处理量三年累计达到10亿笔，年替代人工1500余人，金融科技与业务创新融合成效显著。社会公共服务方面，工行积极参与"长三角一网通办"工程，在沪苏浙皖2540家网点4077台智能设备上线10项长三角通办事项和472项属地政务事项，打造政务服务"跨省通办"标杆。

资料来源：案例根据公开资料整理。

3. 金融领域人工智能监督管理稳步推进

从发展思路看，我国在推进人工智能技术进步和应用推广的同时，高度注重防范人工智能可能带来的潜在风险，并基于坚持统筹发展与安全原则，稳步推进人工智能领域监管工作，在政策层面，《新一代人工智能发展规划》即明确提出要"建立人工智能安全监管和评估体系"。我国在推进金融领域人工智能应用方面遵循了上述原则与思路，在发展的同时稳步推进相关监督管理工作，规范人工智能在金融领域的应用和信息披露。

近年来，我国相关部门出台多项政策举措推进金融领域人工智能应用的监管工作，如《数据安全法》进一步完善了我国对个人隐私数据的保护，加强了对个人数据信息交易和使用的风险管控，《个人信息保护法》进一步理顺了个人信息保护与促进信息流动之间的关系，《人工智能算法金融应用信息披露指南》则对人工智能算法在金融领域应用过程中的信息披露原则、披露形式和披露内容等作了明确规定（见表5），这些监督管理政策举措的推出，为人工智能技术更好地应用在金融领域、保障数字经济时代金融体系总体稳定奠定了坚实基础。

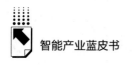

表5　《人工智能算法金融应用信息披露指南》主要要求

方面	主要要求
信息披露原则	依法合规、真实准确、及时一致、完整可读,确保信息披露的质量和可靠性
信息披露形式	涵盖信息披露条件、信息披露方式和信息披露维度,强调使用人工智能算法的金融产品和服务在关键节点应确保信息披露的及时性和一致性
信息披露内容	涵盖算法组合信息披露、算法逻辑信息披露、算法应用信息披露、算法数据信息披露、算法主体信息披露、算法变更信息披露、算法审计信息披露等七个方面

（二）人工智能助力中国金融强国建设仍面临不少挑战

1. 金融科技人才仍然不足

金融科技人才是推动人工智能助力我国金融强国建设的关键。近年来,我国大力推进金融科技人才培养,根据中国教育在线网数据,截至2024年6月中旬,我国有110余所本科院校开设金融科技专业,40余所设立金融科技及相关研究方向的硕士点。高校人才培养存在一定周期,短期内还难以充分满足金融机构快速增长的人工智能人才需求。《金融科技人才供需调研报告（2024）》数据显示,57%的受访者认为目前的金融科技人才需求大于供给。另外,拥有大量顶尖AI人才是人工智能行业持续创新发展的核心,从数据来看,本科毕业于中国的顶尖AI人才中,51.35%选择在中国继续深造,30.96%最终留在中国工作①,中国顶尖AI人才的外流也在一定程度上影响了金融领域顶尖AI人才的供给。

2. 全球人工智能监管体系碎片化加大了中国金融机构"走出去"难度

数字经济时代,"走出去"提供数字金融服务是金融机构扩大自身国际影响力的重要方式,但由于各国监管当局对AI定义、风险分类以及"负责任"的含义等概念界定差异较大,价值理念、监管模式等方面亦存在较大

---

① 数据来源:麦克罗波洛（Macro Polo）智库《全球人工智能人才追踪调查报告2.0》。

分歧，经济合作与发展组织、联合国、G7 等国际多边组织虽积极推动 AI 国际标准规则制定，但面临着权威性标准缺乏、实质性约束力不强等制约，目前全球尚未形成基本统一的人工智能监管规则制度体系。全球人工智能监管体系的"碎片化"导致金融机构"走出去"开展数字金融业务时，需要根据各国监管规则的差异调整业务流程，并根据当地监管要求决定是否开展特定金融服务，特别是在当前各国金融科技竞争加剧的背景下，人工智能监管可能成为我国金融机构"走出去"面临的又一道障碍。

3. 面临的各类新型风险预计将增多

人工智能技术的应用能够有力促进金融领域产品创新、业务创新和模式创新，但同时也会使我国金融体系面临一系列新的风险。如，算法交易提高了金融市场流动性和市场质量，但也加剧了金融市场的复杂性，如果人工智能模型基于错误数据进行训练并用于自动交易算法，该模型造成的损失可能会引发系统性金融风险；人工智能技术的快速发展使"深度伪造"（Deep Fake）变得更容易，使人们难以区分真实媒体和经过深度伪造的假冒媒体，深度伪造可能导致我国金融机构出现较大规模的财务损失，并影响公司的声誉和股价；模因工程（Meme Engineering）涉及设计病毒式传播的想法或文化，以实现特定的心理或物质结果，模因工程在金融环境中可能有两种潜在用途，一种是快速打击，旨在迅速引起对特定股票的狂热，另一种是长期削弱人们对市场或金融机构的信念、意识形态或信心，模因股票（因社交媒体平台上的关注而迅速上涨并被高估的股票）可以通过协调个人散户投资者并充当单一大型交易者来对更广泛的市场施加影响，如果这些年轻的市场参与者因模因股票活动而遭受重大损失，负面影响可能会蔓延到金融体系其他领域，导致更大不稳定性。

四　对策建议

（一）保持对金融领域人工智能应用的政策支持力度

当前及今后一个时期，各国对金融领域人工智能应用的政策支持力度有

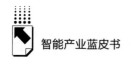

望延续甚至超出当下的力度，这也要求我国要持续对金融领域的人工智能应用给予有力的政策支持，进一步提升人工智能在金融强国建设中的战略地位。建议由中央金融委员会统筹协调确定金融领域人工智能应用的战略事项，按照统筹发展与安全原则，兼顾经济社会发展和金融强国建设需要，实现促发展与强监管政策的动态平衡。进一步优化各系统、各部门、各地区人工智能管理体制机制，加强金融系统数据整合和信息互联互通，推动资源开放共享，推动建设企业级的技术架构和业务管理架构。加大对金融领域人工智能基础设施建设支持力度，加快全国统一数据市场建设。

（二）鼓励金融机构以人工智能技术推进金融产品和金融服务创新，增强新型金融风险防范化解能力

支持银行、证券、保险等金融机构借助人工智能技术加大研发力度，持续推进金融机构大模型专利创新。加强人工智能前瞻性技术研发探索，推动智能技术体系化、规模化应用，提升金融数据挖掘能力，进一步提升金融机构在投资管理服务、信贷服务、个性化理财、信用和财务管理等方面为各类市场主体提供更加多元化和针对性服务的能力。积极探索金融机构开展数字金融服务的压力测试，针对深度伪造、模因工程、算法交易等新兴领域的潜在风险，探索新的应对举措，夯实数字经济条件下防范化解各类新型金融风险的基础。

（三）加大金融领域高端人工智能人才引进和培养力度

发挥金融机构优势，以优厚薪酬吸引全球高端人工智能人才入职我国金融机构，加大对人才引进的保障力度，为其配偶入职、子女入学、落户和家庭住房提供便利，为人工智能高端人才提供更大的签证便利，为其顺畅开展国际交流创造优良环境。进一步加大高端人工智能人才培养力度，支持金融机构与高校开展合作培养，满足金融机构发展对人工智能人才的需求。增强金融机构自身人工智能方面的研究能力，以重大任务、重大项目为牵引加大高端人工智能人才培养力度。支持有条件的金融机构利用其海外分支机构优

势，建立海外人工智能研究院，利用其他国家人力资源助力提升我国金融机构人工智能竞争力。

（四）提升中国在全球金融领域人工智能治理的影响力

积极主动参与全球金融领域人工智能治理，在信息披露、标准设置等方面发出更多中国声音。加强与各国在国际货币基金组织、巴塞尔银行监管委员会等国际金融多边平台的磋商、协作，推动形成能够为更多国家所接受的金融领域人工智能监管规则，携手建立并完善伴随人工智能技术应用而来的新型金融风险防范化解国际协调机制，助力增强国际金融体系稳定性。

专题篇 ⟩⟩

B.6

中美人工智能投融资比较

岳林峰*

摘　要：　人工智能是当今全球新一轮科技革命的战略高地，中美则是全球人工智能投资最多的两个国家。但是，中国人工智能投资却仍然大幅落后于美国，且正呈现被拉大的趋势。2019~2023年，美国共在人工智能领域投资3285.48亿美元，中国的投入仅有1326.65亿美元。为了保证发展动能、寻找经济新增长点，需要着重关注人工智能技术与产业的发展，可以考虑通过由以间接税为主的税制结构向直接税间接税并重的税制结构过渡，以鼓励创新，并利用好新型举国体制的优势，发挥好政府对人工智能投资的引领作用。

关键词：　人工智能　投融资　税制

---

　*　岳林峰，经济学博士，北京大学经济学院博士后，研究方向为财政理论与政策、税制结构、人工智能经济。

一 全球各国人工智能投资概况

在科技日新月异的今天，人工智能已成为最具革命性的技术之一，有望对人类社会生活产生显著的影响。过去几年，人工智能相关理论研究、技术创新、软硬件升级等整体推进，极大地促进了人工智能行业的发展。进入2022年，以ChatGPT为代表的人工智能大模型火爆全球，生成式人工智能（Artificial Intelligence Generated Content，AIGC）的快速发展也掀起新的热潮，公众对人工智能的关注日益加深，人工智能已然成为全球科技和产业发展的重要力量。随着人工智能商业化驶入快车道，一个蓬勃发展的人工智能时代正在到来。

近年来，生成式人工智能逐步显示出其在文本、音频、图像等创造和构思能力上已达到与人类持平甚至大大超出的水平，在多个场景展现出可能的应用能力。人工智能大模型可以创造新价值、适应新产业、重塑新动能，是加快发展新质生产力的关键要素。人工智能大模型作为当前人工智能领域的重要技术，是孕育新质生产力的沃土。其可以推动多个领域的智能化升级，提高生产效率、降低生产成本、提升产业竞争力。随着中国经济进入高质量发展阶段，人工智能大模型在催生新产业、新模式、新动能方面展现出巨大潜力，不仅支撑了经济社会的高质量发展，也符合《国家创新驱动发展战略纲要》所强调的创新驱动和产业升级要求。我国众多产业对于高质量发展的需求，将为大模型的落地应用提供场景支撑。随着人工智能技术的不断升级，大模型产业化应用也成为可能。越来越多的科技企业发布的大模型为生产生活提供了更多便利，带动商业模式创新，牵引产业升级，令人们生活更加美好。

伴随着人工智能的迅速崛起，来自各方的巨额投资也纷纷进入各类人工智能相关的企业中。2019~2023年，全球生成式人工智能投资超过220亿美元，尤其是在2023年，投资金额与往年拉开了明显的差距。IDC统计与预测数据显示，2022年全球人工智能IT总投资规模为1288亿美元，2027年预计增至 4236 亿美元，五年复合增长率（CAGR）将约为 26.9%。[1] 2024 年 5 月，全球新增的 44 个大额融资事件（已披露融资总额为 1323.53 亿元人民币）中涉及人工智能行业的有 9 个，占当月全球大额融资事件总数的 20%，涉及融资总额为 642.68 亿元人民币，占当月全球大额融资事件金额总数的 49%。[2] 2024 年 1~5 月全球累计新增的 45 家独角兽企业中人工智能行业共有 13 家，占比 29%。全球当前总计 1858 家独角兽企业，其中人工智能行业总计 166 家，占比 9%。[3] 2024 年 5 月，全球新增 4 家独角兽企业，其中人工智能行业新增 2 家，占比 50%。但是，中国并无新增的人工智能独角兽企业。并且，5 月，中国一级市场人工智能相关行业发生的融资事件为 67 次，比 4 月减少 7%，较 2023 年同期减少 21%，披露的融资金额共为 28.56 亿元人民币，比 2023 年同期下降 18%。[4] 随着近期人工智能技术的突破与应用融合的完善，各类企业开始争相利用以人工智能为代表的先进技术，实现适应数智化市场大环境，赋能新业务，帮助企业确定智慧决策的目标，从而催生对人工智能更多元的定制化需求。由此可见，未来人工智能相关产业的市场规模将持续扩大，因此，我国更需要关注对人工智能相关企业的投资状况，以保证我国在人工智能产业的发展中处于前列。

此外，随着生成式人工智能的快速发展，其正在成为人工智能投资市场的重点关注对象。IDC 数据显示，2022 年生成式人工智能投资规模占人工智能市场投资总规模的 4.6%。随着生成式人工智能技术的快速发展，预计 2027 年生成式人工智能投资占比将达到 33.0%，投资规模超过 130 亿美元，五年复合增长率为 86.2%。行业用户也在积极探索和打造生成式人工智能的应用场景、开发数字化产品和服务、挖掘数据要素的价值、探索智能化商业模式。IDC 数据显示，软件和信息服务（Software and Information Services）、银行（Banking）与通信行业（Telecommunications）是人工智能投资最多的三个

---

① 资料来源于 https：//www.idc.com/getdoc.jsp? containerId=prCHC51997124。

② 资料来源于 https：//m.163.com/dy/article/J4J3GC5C055610ES.html。

③ 资料来源于 https：//m.163.com/dy/article/J4LFDS9J055610ES.html? clickfrom=subscribe。

④ 资料来源于 https：//m.163.com/dy/article/J4LFDS9J055610ES.html? clickfrom=subscribe。

行业，2027 年的预计占比分别为 23.8%、9.7% 与 9.4%。IDC 调查显示，近一半（43%）的受访组织目前正在探索潜在的生成式人工智能使用场景，其中 55% 的金融机构和电信公司在 2023 年投资生成式人工智能技术。人工智能与生成式人工智能技术正在帮助金融行业和电信行业加强其反犯罪和监控能力，提供个性化投资建议，减少人工支出成本。[①] 这些逐步成熟的应用方向，将进一步扩大人工智能的市场规模与投资规模。

在人工智能投资飞速增长的基础上，从全球各国来看，美国在人工智能领域投资最多，过去五年（2019~2023 年）共投资 3285.48 亿美元，中国位居第二，英国、印度、加拿大、韩国等位居其后。在将投资与国家整体经济产出相对比时，新加坡在人工智能支出方面处于领先地位，每千美元 GDP 投资 15.01 美元，比美国的投资多 16%（每千美元 GDP）。紧随其后的是瑞典，其在人工智能上的投资超过每千美元 GDP 14 美元——相当于1.4%，在相对财富方面，它也是唯一在人工智能投资上超过美国的国家（超过 9%）。美国的人工智能投资为每千美元 GDP 12.90 美元（1.29%），接下来是爱沙尼亚，投资为每千美元 GDP 10.89 美元（1.089%）。英国位列第五，投资为每千美元 GDP 8.32 美元（0.832%）。我国位列第六，投资为每千美元 GDP 7.39 美元（0.739%）[②]（见表1）。可见，我国的人工智能投资总量虽相对较大，但是从占 GDP 的角度而言，仍与前列国家存在一定差距。

此外，虽然我国的人工智能投资总量位居全球第二，并且投资水平在持续增长[③]（在 2019~2023 年 5 年共支出 1326.65 亿美元），但是仅为美国人工智能投资的 57.24%，且与美国的差距正在逐步拉大。全球私营投资对美国人工智能初创企业的投资份额从 2020 年的 51%（225 亿美元）增至 2022 年的 53%（270 亿美元），而中国的投资份额则从 29%（123 亿美元）大幅降至仅 10%（53 亿美元）。从政府部门的投资来看，2019~2023 年，美国政

---

① 资料来源：https://www.idc.com/getdoc.jsp? containerId=prCHC51997124。

② 资料来源：https://www.aiprm.com/ai-statistics/#ai-government-investment-statistics。

③ 根据 IDC 预计，2027 年中国人工智能投资规模有望达到 381 亿美元，全球占比约 9%。

府在人工智能上的投资最多，达到3285.48亿美元。这比排名第二的中国在同一时期的投资多出约1950亿美元。与之相比，这两个国家的投资金额远远超过排名第三的英国（255亿美元），其几乎是美国的十三分之一。

　　根据中国信息通信研究院披露，截至2024年第一季度，全球人工智能企业共有约3万家，美国约占34%，中国约占15%。同时，从当前爆火的大模型来看，截至2024年第一季度，全球人工智能大模型共有1328个，美国与中国分列第一与第二位，其中美国占44%，中国占36%。[①] 从当前数据来看，中美领跑人工智能产业的发展。但是，由于投资方面存在的差距，中美人工智能领域的发展差距将很可能被拉大。这将不利于我国在人工智能方面发挥比较优势，从而致使我国在中美科技博弈中落于下风。基于此，本文将分别对当前中国的人工智能投资状况、美国的人工智能投资状况进行梳理总结与对比，并提出有针对性的政策建议。

表1　2019~2023年各国人工智能投资情况

国家	2019~2023年人工智能总投资（百万美元）	2019~2023年人工智能投资占GDP比重（每千美元GDP）	2019~2023年各国人工智能投资（每千美元GDP）占美国人工智能投资（每千美元GDP）比重
新加坡	7005	15.01	116.30
瑞典	8281	14.13	109.53
美国	328548	12.90	100.00
爱沙尼亚	415	10.89	84.44
英国	25541	8.32	64.46
中国	132665	7.39	57.24
韩国	10348	6.21	48.16
加拿大	12547	5.82	45.12
印度	16147	4.77	36.97
瑞士	3239	4.01	31.08

资料来源：AIPRM（OECD）和世界银行。

---

① 资料来源于中国信息通信研究院《全球数字经济白皮书（2024年）》。

二　中国人工智能投资现状

（一）中国政府人工智能相关政策与中国人工智能投资总规模

近年来，我国始终高度重视人工智能发展机遇和顶层设计，发布了多项人工智能支持政策，国务院于2017年发布《新一代人工智能发展规划》。2020年，科技部印发《国家新一代人工智能创新发展试验区建设工作指引》，推动国家新一代人工智能创新发展试验区建设，支持各地开展人工智能政策试验，营造有利于人工智能创新发展的政策大环境。2022年，科技部等六部门印发《关于加快场景创新以人工智能高水平应用促进经济高质量发展的指导意见》对《新一代人工智能发展规划》进行落实。同年，全国一体化大数据中心体系完成总体布局设计，"东数西算"工程正式全面启动，人工智能基础设施建设加快。中央政府相继发布《关于支持建设新一代人工智能示范应用场景的通知》《关于规范和加强人工智能司法应用的意见》，推动人工智能应用，人工智能行业再迎政策利好。2024年政府工作报告又进一步提出开展"人工智能+"行动。一系列政策帮助我国人工智能在数据、算力、算法和应用场景等方面取得了重要进展，使我国人工智能行业竞争力进入全球第一方阵。

伴随人工智能领域大模型技术的快速发展，我国各地方政府出台相关支持政策，加快大模型产业的持续发展。当前，我国已经创建了南京、武汉、长沙等国家人工智能创新应用先导区，全国人工智能创新应用先导区数量增至11个。此外，北京、深圳、杭州、成都、福建、安徽、上海、广东等地均发布了关于人工智能大模型的相关政策。例如，北京着力推动大模型相关技术创新，构建高效协同的大模型技术产业生态；上海强调打造具备国际竞争力的大模型；深圳重点支持打造基于国内外芯片和算法的开源通用大模型，支持重点企业持续研发和迭代商用通用大模型；安徽从资源方面着手吸引大模型企业入驻；成都着力推动大模型相关技术创新，重点研发和迭代

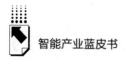

CV（Computer Vision）大模型、NLP（Natural Language Processing）大模型、多模态大模型等领域大模型以及医疗、金融、商务、交通等行业大模型；杭州支持头部企业开展多模态通用大模型关键技术攻关、中小企业深耕垂直领域做精专用模型。

尤其是进入 2023 年后，各地人工智能相关政策密集出台，涉及全国大量省市。各地普遍结合自身实际，利用不同类型的政策支持方式，大力发展人工智能相关产业，优化产业发展生态。表 2 梳理了 2023 年以来部分地区的人工智能相关支持政策。

表 2　2023 年以来部分地区人工智能发展相关政策文件

时间	地区	政策文件	部分内容
2023 年 5 月	北京市	《北京市加快建设具有全球影响力的人工智能创新策源地实施方案（2023—2025 年）》	支持创新主体重点突破分布式高效深度学习框架、大模型新型基础架构等基础平台技术。着力推动大模型相关技术创新。构建高效协同的大模型技术产业生态。建设大模型算法及工具开发开放平台，构建完整大模型技术创新体系。组建全栈国产化人工智能创新联合体，搭建基于国产软硬件的人工智能训练和服务基础设施，研发全栈国产化的生成式大模型，逐步形成自主可控的人工智能技术体系和产业生态
2023 年 5 月	北京市	《北京市促进通用人工智能创新发展的若干措施》	加快推动海淀区、朝阳区建设北京人工智能公共算力中心、北京数字经济算力中心，形成规模化先进算力供给能力，支撑千亿级参数量的大型语言模型、大型视觉模型、多模态大模型、科学计算大模型、大规模精细神经网络模拟仿真模型、脑启发神经网络等研发
2023 年 5 月	深圳市	《深圳市加快推动人工智能高质量发展高水平应用行动方案（2023—2024 年）》	重点支持打造基于国内外芯片和算法的开源通用大模型；支持重点企业持续研发和迭代商用通用大模型；鼓励大模型企业联合生态伙伴加强大模型插件及相关软硬件研发，推动大模型与现有的操作系统、软件、智能硬件打通、互嵌

续表

时间	地区	政策文件	部分内容
2023 年 5 月	苏州市	《关于进一步支持国家新一代人工智能创新发展试验区、国家生物药技术创新中心、国家第三代半导体技术创新中心（苏州）的若干政策》	支持建设一批人工智能创新应用场景示范项目，按项目人工智能技术、产品及服务部分的投资总额 20% 给予最高 200 万元支持。加快场景创新，探索特定区域内人工智能技术应用推广，建设一批人工智能应用场景示范区
2023 年 7 月	杭州市	《杭州市人民政府办公厅关于加快推进人工智能产业创新发展的实施意见》	到 2025 年，基本形成"高算力+强算法+大数据"的产业生态，将杭州市打造成为全国算力成本洼地、模型输出源地、数据共享高地，人工智能创新应用水平全国领先、国际先进。算力设施先进泛在，算力供给普惠高效，全市可开放算力规模在使用半精度输出输入（FP16）下达到 5000 千万亿次浮点指令/秒（PFlops）以上，高性能算力占比达到 60% 以上。模型创新应用领跑全国，培育性能达到国际先进水平的通用大模型 1 个、具有行业重大影响力的专用模型 10 个。支持头部企业开展多模态通用大模型关键技术攻关、中小企业深耕垂直领域做精专用模型，鼓励相关技术和算法开源开放，形成"1+N+X"的协同创新、双向赋能产业生态
2023 年 8 月	成都市	《成都市加快大模型创新应用推进人工智能产业高质量发展的若干措施》	支持企业和科研机构开展数据与知识深度联合学习、大规模认知与推理、可控内容生成等关键算法研发，着力推动大模型相关技术创新，重点研发和迭代 CV 大模型、NLP 大模型、多模态大模型等领域大模型，以及医疗、金融、商务、交通等行业大模型
2023 年 9 月	福建省	《福建省人民政府办公厅关于印发福建省促进人工智能产业发展十条措施的通知》	以普惠算力降低人工智能企业研发成本，支撑快速增长的算力需求，促进自然语言、多模态认知等超大规模智能模型开发训练

续表

时间	地区	政策文件	部分内容
2023 年 10 月	安徽省	《安徽省人民政府关于印发打造通用人工智能产业创新和应用高地若干政策的通知》	对在皖落户的主导制定国际、国家(行业)标准的通用人工智能企业,每个标准分别给予一次性最高奖补 100 万元、50 万元
2023 年 10 月	上海市	《上海市推动人工智能大模型创新发展若干措施(2023—2025 年)》	支持引进高水平创新企业,支持本市创新主体打造具有国际竞争力的大模型,鼓励形成数据飞轮,加速模型迭代,对取得重大成果的予以专项奖励。实施大模型示范应用推进计划。重点支持在智能制造、生物医药、集成电路、智能化教育教学、科技金融、设计创意、自动驾驶、机器人、数字政府等领域构建示范应用场景,打造标杆性大模型产品和服务
2023 年 11 月	广东省	《广东省人民政府关于加快建设通用人工智能产业创新引领地的实施意见》	围绕基础架构、训练算法、调优对齐、推理部署等环节,研发千亿级参数的人工智能通用大模型,形成自主可控的大模型完整技术体系。聚焦智能经济、智能社会等行业创新场景,研发具有多模态数据、知识深度融合的垂直领域大模型,支撑多任务复杂场景行业应用
2023 年 11 月	昆明市	《昆明市加快人工智能产业发展若干措施(试行)》	在支持核心产业导入、支持产业载体和算力中心建设、统筹优化算力布局、推广普惠算力服务、拓展算力场景和数据开放应用等方面加快人工智能技术应用示范,旨在推动昆明市"8+N"产业链延链补链,构建人工智能新增长引擎。其中,支持人工智能及其关联产业发展,鼓励企业建设人工智能产业赋能中心等"双创"载体,经综合评定后给予 20 万元至 100 万元资金补助及租金减免支持
2024 年 3 月	浙江省	《关于组织开展未来产业(人工智能)先导区财政专项激励揭榜任务项目申报的通知》	重点围绕人工智能(含通用人工智能、类脑智能、智能机器人、元宇宙、AI 赋能新型工业化、车联网)、氢能储能、合成生物三大重点领域,以任务揭榜挂帅的形式支持培育建设一批先导区,进一步推进人工智能等未来技术与实体经济深度融合应用。对入围的县(市、区)(不含宁波),省财政按"任务包+项目包+资金包"的方式给予分档激励,激励资金分两年拨付到位

续表

时间	地区	政策文件	部分内容
2024 年 3 月	武汉市	《武汉促进人工智能产业发展若干政策（征求意见稿）》	针对制约人工智能发展和应用的关键核心技术难题与重大需求，按照"成熟一个、启动一个"的原则，组织实施科技重大专项，开展关键核心技术攻关，单个项目市科技研发资金支持额度一般不超过 2000 万元。鼓励深化通用人工智能基础理论研究，支持基础平台技术、大模型关键算法、可信人工智能技术研发，每年在市重点研发计划中布局一批人工智能相关项目，单个项目支持额度 50 万元至 100 万元。支持高校、科研院所、龙头企业打造开源开放、协同共享的人工智能算法汇聚、数据归集和检测评估创新服务平台，参考平台软硬件投入、人工智能企业用户数量、服务成果等方面水平，择优给予综合贡献度较高的人工智能公共服务平台最高 200 万元资金奖励。对符合条件的人工智能领域中试平台，在综合关键大型仪器设备投入成本和中试平台对外开放频次、服务质量、产出成效的基础上，择优给予中试平台最高 1000 万元支持
2024 年 5 月	郑州市	《郑州市支持人工智能创新发展若干政策措施》	围绕加强智算数据资源统筹供给、提升人工智能技术创新能力、优化人工智能产业创新生态 3 个方面提出 10 条有力政策措施，加快推进郑州市人工智能产业创新发展。对获得立项的重大科技专项单个项目财政支持资金不低于 1000 万元；对符合条件的人工智能场景应用创新项目，按其实际投资额的 30% 给予最高 500 万元资金支持；对获评国家级智能制造示范工厂、智能制造优秀场景的，分别给予 300 万元、100 万元的一次性奖励
2024 年 5 月	银川市	《打造"算力之都"促进人工智能产业发展的若干政策（试行）》	对于落地银川市的参数量不低于百亿、典型应用场景不少于 5 个的 AI 大模型，按照算力成本的 30% 给予大模型建设方最高 500 万元的算力补贴

时间	地区	政策文件	部分内容
2024 年 7 月	山西省	《山西省促进先进算力与人工智能融合发展的若干措施》	支持算力高质量发展方面,对智能算力规模达到 100PFlops 以上的新建项目,按平台软件和硬件设备实际投资的 15% 给予补贴,最高不超过 5000 万元,对获得项目贷款的,给予贷款企业最高 2% 的贴息补助,补贴期不超过 2 年;强化算力产业科学布局,加大对算力产业相关主体支持力度,按照省级重点产业链相关扶持政策予以支持,对全省范围内能有效发挥示范带动作用的标杆项目,给予不超过项目数字化部分投资额 20% 的资金补助,最高不超过 3000 万元等 支持人工智能大模型发展方面,支持高校、科研机构、企业联合智算中心孵化通用人工智能大模型,对于参数量不低于千亿、典型应用场景不少于 5 个的大模型,给予不超过研发总投入 20%、最高 1000 万元的补贴;支持行业大模型以及通用人工智能其他路径探索研究,按照不超过项目研发费用的 10% 予以资助,单个项目最高 500 万元等

注：表中仅包含项目组搜集到的部分地区政策文件。
资料来源：项目组根据公开信息手工整理。

在国家战略和中央、地方政策的引导与支持下，中国的人工智能产业正在快速发展。据工业和信息化部数据，截至 2023 年，我国人工智能核心产业规模已经超过 5000 亿元，同比增速为 13.9%[1]，企业数量超过 4400 家，占全球人工智能企业数量的 15% 左右。[2] 其中，人工智能大模型作为前沿领域发展尤为迅猛。2023 年我国人工智能大模型市场规模将达到 21 亿美元，同比增长高达 110%，占全球市场规模的 10%。[3]

就人工智能总体投资而言，中国正在且将继续引领亚太地区人工智能市

---

[1]　资料来源于《2024 世界人工智能法治蓝皮书》。
[2]　根据中国信息通信研究院披露，截至 2024 年第一季度，全球 AI 企业近 3 万家，美国占全球的 34%，中国占全球的 15%，数量已超过 4500 家。
[3]　资料来源于速途元宇宙研究院发布的《人工智能大模型产业创新价值研究报告》。

场发展，占亚太地区人工智能总支出的五成，预计到 2027 年中国人工智能总投资规模将突破 400 亿美元，年复合增长率为 25.6%（IDC 数据）。虽然受制于政府部门相关公开数据的缺乏，难以观测中央及地方政府在人工智能方面的财政支出状况。但是，总体来看，我国各级政府正在致力于推动人工智能的进步与发展，逐步成为全球人工智能强国。然而，相比于美国在人工智能领域的支出而言，中国仍存在较大差距。根据目前的人工智能投资水平，若要中国在 2030 年追赶上美国的人工智能投资规模，中国需要在 2030 年前向人工智能基础设施投入超过 940 亿美元，才能实现与美国相同的投资水平（见表 3）。

表 3　世界各国赶上美国人工智能支出所需增加的支出规模

单位：百万美元

国家	在 2030 年追上美国的投资水平	在 2040 年追上美国的投资水平	在 2050 年追上美国的投资水平
中国	94237	99242	117915
英国	157923	157408	182527
印度	162589	161996	187814
以色列	163436	163180	189369
德国	163821	163483	189676
加拿大	164441	164243	190634
韩国	165430	165066	191502
法国	165637	165342	191858
瑞典	166289	165715	192143
新加坡	167118	166934	193766

资料来源：AIPRM（OECD）和世界银行，https://www.aiprm.com/ai-statistics/#ai-government-investment-statistics。

根据相关测算，假设中国从 2023 年开始保持相同的人工智能投资水平，需要 14 年（到 2037 年）才能在人工智能投资方面达到与美国相同的水平。如果中国将这种投资水平持续到未来，则需要 38 年（到 2061 年）才能达到美国在 2040 年的水平，并且还需要再花 34 年（到 2095 年）才能达到美国在 2050 年的水平。这意味着，如果我国每年继续以 2023 年的投资水平进行投资，到 21 世纪末，我国在人工智能投资方面可能会落后美国 45 年（见表 4）。因此，我国在人工智能投资方面仍然任重而道远。为了挖掘经济发展新动能，应对美国对我国科技制裁政策，仍需要进一步提高人工智能方面投资规模。

表4　各国追赶美国的人工智能支出所需时长（保持 2023 年的支出水平）

单位：年

国家	在 21 世纪 30 年代追上美国的投资水平所需时长	在 21 世纪 40 年代追上美国的投资水平所需时长	在 21 世纪 50 年代追上美国的投资水平所需时长
中国	14	38	72
英国	79	195	361
印度	119	291	538
以色列	141	344	636
德国	145	355	656
加拿大	164	400	740
韩国	183	447	825
法国	193	472	872
瑞典	200	486	897
新加坡	274	666	1231

资料来源：AIPRM（OECD）和世界银行，https://www.aiprm.com/ai-statistics/#ai-government-investment-statistics。

（二）中国资本市场人工智能投资

随着人工智能技术的迭代和应用的落地，投资机构看好人工智能市场前景，资本顺势涌入人工智能赛道。截至 2023 年 12 月 14 日，中国 AI 行业总计有 10110 起投资事件发生，总计融资金额达 37762 亿元。2012 年以来，中国人工智能领域融资金额与数量逐年增加；2015 年是一个分水岭，人工智能领域融资规模实现跨越式增长；2019 年，资本市场遇冷，人工智能行业融资金额和数量急剧下降；2021 年，国内人工智能领域融资热度显著回升，融资金额和数量均创历史新高；2022 年，在全球经济动荡和疫情起伏的大背景下资本投资信心不足，国内人工智能行业融资数值出现大幅回落，融资金额为 9816 亿元，融资数量为 543 起。从融资轮次来看，2022 年人工智能行业融资金额和数量依旧集中在 A-B 轮。截至 2023 年 12 月 19 日，我国人工智能行业已发生投融资事件 815 起，共计 2631 亿元。融资金额比2022 年上升约 51%，但投融资数量比 2022 年下降 18.2%。① 然而，我国资本市场对人工智能市场投资愈加谨慎，且投资力度正在下降，将对我国人工智能产业的发展产生负面影响。2024 年 5 月，我国一级市场人工智能行业发生 67 起融资事件，融资数量与美国基本持平②，数量比 2024 年 4 月减少5 起（7%），比 2023 年同期减少 18 起（21%）。已披露融资总额 28.56 亿元，金额比 2024 年 4 月增加 9.84 亿元（53%），比 2023 年同期减少 6.42亿元（18%）。③

从人工智能投资在国内的空间分布来看，2024 年 5 月，一级市场热门地区主要为：广东（18 起）、北京（16 起）、浙江（11 起）、江苏（10起）、上海（5 起）。从人工智能投资的阶段分布来看：早期（51 起）、成长期（15 起）、后期（1 起）。④ 从单笔融资金额来看，2016~2023 年，中国市场单笔融资金额在 3 亿元上下波动，其中 2021 年单笔融资金额最高，达到3.61 亿元。2022 年单笔投资金额减少至 1.85 亿元，2023 年回升至 3.22 亿元。一级市场上，根据相关统计数据，2024 年第一季度人工智能技术与人工智能应用行业融资金额分别为 123.89 亿元和 74.01 亿元，对应投资事件

① 资料来源：《2024 世界人工智能法治蓝皮书》。
② SoHoBlink 人工智能行业网站发布"2024 年 5 月全球人工智能投融资报告"，5 月全球人工智能融资 38 家，其中中国 16 家，国外 22 家（美国 16 家）。中美两国包揽人工智能领域绝大部分融资事件，表现出极大的发展活力。也说明全球人工智能发展是不平衡的。人工智能发展不均衡不仅体现在全球国家间，国家内部各个地区发展也是不均衡的，例如中国，北京、深圳基本上占据了人工智能投资事件的绝大部分，就连上海 5 月在人工智能领域投资几乎没有。
③ 资料来源：https：//m. 163. com/dy/article/J4LFDS9J055610ES. html？clickfrom＝subscribe。
④ 2024 年 5 月，全球范围内人工智能行业新增 9 起大额融资事件。全球范围内人工智能行业新增 2 家独角兽企业，其中中国无新增（睿兽分析数据）。

数量分别为 36 起和 65 起。① 从人工智能的投资轮次分析,目前我国人工智能行业的融资处于成长阶段。从代表企业投融资事件轮次分布情况来看,行业的投融资轮次主要集中 A+轮及以前;Pre-IPO、战略融资及以后环节事件数量相对较少。具体来看,A 轮融资环节的投融资事件最多,达到 2225 起;其次是天使轮,投融资事件有 2057 起。

表 5　中国人工智能领域细分方向融资情况 (2023 年)

领域	细分方向	融资次数(起)	获投公司数(家)	融资总额(亿元)
基础设施	人工智能芯片	62	52	90.29
	传感系统	59	51	96.55
	算力	57	51	96.24
	数据平台	47	41	123.38
	数据存储	6	6	4.50
	基础层汇总	152	133	271.00
技术算法	生成式人工智能与大模型	111	90	156.13
	计算机视觉与图像	107	95	112.64
	深度学习	93	76	190.68
	自然语言处理	62	48	125.30
	技术层汇总	182	154	228.60
行业应用	智能机器人	104	85	124.97
	智能医疗	67	56	53.58
	智能驾驶	62	51	144.58
	智能制造	61	51	60.30
	智慧商业	33	31	32.65
	智能物流	20	18	20.10
	智慧农业	12	11	8.23
	应用层汇总	251	208	1133.59

资料来源:IT 桔子数据统计。

---

① 资料来源:https://cdn.itjuzi.com/pdf/28a4abf368919d4efbd4600b961cf9cd.pdf。

　　而在生成式人工智能（AIGC）概念火爆的 2023 年，我国种子轮与天使轮融资重返主力位，其中，近 40%的投资事件指向 2023 年新成立的 AIGC公司，这表明 AIGC 正在引领人工智能产业新一轮融资周期。与此同时，原有人工智能各技术赛道也依然保持活力，机器学习使用最广，存在感最为明显，计算机视觉（CV）、NLP 依然紧随其后。值得注意的是，AIGC 相关融资占 2023 年人工智能产业全部融资事件的 28%，并且在除机器人外的各个赛道均有渗透，成为年度人工智能融资的最大关键词。

　　从我国资本市场的投资机构来看，大量机构活跃于人工智能赛道。自2011 年以来，包括红杉中国、IDG 资本、经纬中国等在内的多个一线投资机构就已经开始关注人工智能行业，纷纷开始了新的布局。根据相关调研数据，中国人工智能产业最活跃的投资方前十名分别为红杉中国、IDG 资本、真格基金、五源资本、腾讯投资、英诺天使基金、创新工场、深创投和联想之星。其中，截至 2021 年底，红杉中国出手中国 AI 投资 199 次，位居榜首；IDG 资本以 150 起的投资事件位居第二；真格基金则凭借 131 起的投资数量名列第三位。[①]

　　逐渐深入各行业的人工智能技术，凭借广阔的市场空间以及巨大的发展潜力，引来了各方强烈的关注。为抢抓人工智能发展的重大机遇，除了各大投资机构纷纷将人工智能作为当下和未来的投资重点外，一些互联网巨头诸如腾讯、阿里、百度等公司也加入其中进行布局，企图在该领域一展拳脚。从国内互联网巨头累计投资的人工智能公司数量来看，截至 2021 年底，腾讯在国内投资人工智能公司数量最多，达 82 家；其次为小米系（包括小米长江产业基金以及顺为资本等），投资了 81 家人工智能公司；百度投资了64 家人工智能公司；阿里巴巴投资了 48 家人工智能公司；京东、字节和美团相对较少，分别投资 38 家、18 家和 11 家人工智能公司。从投资事件数量上看排在前三名的为小米、腾讯和百度。小米系以 113 笔的投资量荣登榜首；腾讯共计出手 110 次，排在第二位；百度出手投资 95 次，位列第三。

---

① 资料来源：https：//cdn. itjuzi. com/pdf/28a4abf368919d4efbd4600b961cf9cd. pdf。

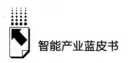

表6　中国人工智能上市公司情况（2023年）

产业链环节	企业名称	主要特点
上游基础层	寒武纪	全球第一个量产商业人工智能芯片的公司
	复旦微电	复旦大学成立的半导体分支企业
	紫光国微	紫光集团旗下半导体行业上市公司
	瑞芯微	全球前50家无厂半导体公司之一
	中基国威	上海市高新技术企业
	晶晨股份	智能机顶盒芯片龙头
	纳芯微	专精特新"小巨人"企业，高性能高可靠性模拟及混合信号芯片公司
	光云科技	A股电子商务SaaS第一股，国家级高新技术企业
	海康威视	央企中国电子科技集团旗下公司
	大族激光	制造业单项冠军产品企业，国家重点高新技术企业
	数据堂	专精特新"小巨人"企业，全球领先的人工智能数据服务提供商
	美林数据	专精特新"小巨人"企业
	安路科技	国产FPGA芯片龙头企业
	水晶光电	国内唯一规模化制造业光学元器件专业厂家
中游技术层	虹软科技	计算机视觉行业领先的算法服务提供商及解决方案供应商
	商汤-W	亚洲收入排名最高的人工智能公司
	云从科技	第一家在科创板上市的人工智能平台公司
	京东集团	全平台云计算综合服务提供商
	阿里巴巴	全球领先的云计算及人工智能科技公司
	海天瑞声	专精特新"小巨人"企业，中国最早从事人工智能训练数据解决方案供应商之一
	格灵深瞳	国内计算机视觉行业和算法技术的早期探索者和实践者
	汉王科技	专注模式识别与智能交互领域的研发
下游应用层	科大讯飞	亚太地区知名的人工智能语音和人工智能上市企业
	科沃斯	国内服务机器人第一股
	鸿泉物联	商用车智能网联设备龙头企业
	川机器人	工业机器人供应商
	比亚迪	关注智能互联汽车的研发和应用
	欧菲光	智能企业行业产品供应商
	精伦电子	国家级高新技术企业
	均胜电子	全球领先的汽车电子与汽车安全供应商
	中科创达	全球领先的智能操作系统产品和技术提供商
	光庭信息	专注智能网联汽车的软件创新和解决方案供应
	豪恩汽电	国家级高新技术企业，专注汽车智能驾驶感知系统的研发、设计和制造

资料来源：前瞻产业研究院，https://bg.qianzhan.com/trends/detail/506/240109-0c61bfdb.html。

表7　中国人工智能独角兽公司情况（2023年）

企业名称	赛道	企业团队背景
智谱 AI	人工智能大模型	清华大学计算机系
智元机器人	人形机器人	彭志辉（原华为工程师）
镁佳科技	网联汽车	庄莉（蔚来汽车原副总裁）
百川智能	人工智能大模型	王小川（搜狗原总裁）
Minimax 名之梦	人工智能大模型	闫俊杰（商汤研究院原副院长）
极飞科技	农业无人机	彭斌（前微软中国区 MVP）
长扬科技	工业互联网安全	—
芯华章	工业自动化	—
零一万物	人工智能大模型	李开复（创新工场总裁）
普渡科技	机器人	张涛（雷锋网创始人之一）

资料来源：IT桔子数据统计，https://cdn.itjuzi.com/pdf/28a4abf368919d4efbd4600b961cf9cd.pdf。

从中国人工智能产业的投融资数据来看，考虑到风险的增加，我国资本市场对人工智能产业的投融资力度也有所减小。该现象的出现将抑制我国人工智能相关企业数量与规模的增速，从而抑制人工智能相关产业的发展速度。在此背景下，如何为人工智能产业创造优质的发展环境，引导社会资本继续投资人工智能相关产业，将是体制与政策需要重点关注的方面。

三　美国人工智能投资现状

（一）美国政府对人工智能的关注

1.美国政府部门中与人工智能相关的部门

美国政府部门对人工智能领域的重视程度非常高，其有大量的政府部门与人工智能相关。首先，美国国务院非常关注人工智能。美国国务院的官方网站认为人工智能处于全球技术革命的中心，需要积极推动人工智能的发展。因此，美国国务院参与各种双边和多边讨论，以支持可信赖的人工智能

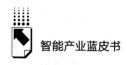

技术的负责任开发、部署、使用和治理。① 其次，美国多个政府部门也在关注人工智能技术的开发与应用。这些部门包括如下几个。

①全球参与中心。全球参与中心为美国政府开发了一项专门计划，以识别、评估、测试和实施应对外国宣传和虚假信息的问题技术，与外国合作伙伴、私营行业和学术界合作。

②技术参与团队（TET）。管理事务副部长办公室在国务院内部使用人工智能技术推动传统外交活动，将机器学习应用于内部信息技术和管理咨询功能。

③信息资源管理局（IRM）。

④管理战略和解决方案办公室（M/SS）。经济增长、能源和环境副国务卿办公室通过全球人工智能研究与开发（R&D）合作伙伴关系，在国际上支持美国的科学和技术（S&T）企业，为经济竞争设定公平的规则，推动形成有利于美国人工智能发展的外交政策和监管环境。

⑤经济和商业事务局，国际通信和信息政策办公室（EB/CIP）。

⑥经济和商业事务局，贸易和政策谈判办公室（EB/TPN）。

⑦海洋、环境和科学事务局，科学和技术合作办公室（OES/STC）。

⑧国务卿科学和技术顾问办公室（E/STAS）。军备控制和国际安全事务副国务卿办公室主要关注人工智能的安全影响，包括其在武器系统中的潜在应用，对美国与其盟友和伙伴的军事互操作性的影响，对稳定性的影响以及与人工智能相关的出口管制。

⑨美国国防部（DOD）。美国国防部也着重关注人工智能技术的开发与应用。美国国防部在人工智能领域的投资是美国政府部门对人工智能投资的重要部分，其旨在将人工智能技术应用于国防系统与武器研发。

2. 美国政府人工智能投资规模

美国政府正在推动大量投资与人工智能相关的研究。人工智能统计数据显示，截至 2022 年，美国政府在人工智能投资方面花费了 32.8 亿美元，比

---

① 资料来源：https：//www.state.gov/artificial-intelligence/。

2021 年增加了 5.8 亿美元。自 2018 年以来，美国政府在人工智能上的支出已经增加了 1 倍多，从略高于 15 亿美元增加到 2022 年的近 33 亿美元。2022 年 12 月，美国国家科学与技术委员会发布了一份关于人工智能在公共部门成本的报告，特别是针对美国政府的非国防机构。截至 2022 年，美国政府拨款约 17.3 亿美元用于人工智能研发，比前一年略微减少了 0.2 亿美元。2023 年，美国政府为人工智能研发申请了约 18.4 亿美元，比 2022 年增长了 6%，增加了 0.11 亿美元。总的来说，2018~2023 年，美国联邦预算中的人工智能研发总额增加了 3 倍多。2020~2023 年，美国国防部的人工智能研发预算在 2023 年达到 11 亿美元，比 2022 年增加了 2.3 亿美元。[①]

此外，总体来看，美国已经将人工智能产业发展上升为国家战略，通过一系列专项计划支持人工智能相关产业发展。美国网络与信息技术研发计划（Networking and Information Technology Research and Development，NITRD）[②]是支持人工智能产业发展的重要战略计划，主导了美国政府在人工智能领域的大量投资计划。从 2020 财年预算申请开始，NITRD 开始报告联邦政府的非国防部门在人工智能研发方面的综合投资。这一报告的开始是响应美国第 13859 号行政命令"保持美国在人工智能领域的领导地位"，该命令要求采用标准化方法来准确统计联邦政府在人工智能研发方面的投资。当时，

---

① 资料来源：https://www.brookings.edu/articles/the-evolution-of-artificial-intelligence-ai-spending-by-the-u-s-government/。

② "网络与信息技术研发计划"是美国政府用来资助计算、网络和软件等先进信息、技术领域研究与开发的重要项目。该计划囊括了美国政府在信息技术领域资助的重大项目，是美国各联邦机构协调开展的正式联邦计划中历史最悠久、规模最宏大的计划之一。根据 NITRD 的官方网站，NITRD 协调联邦内各州研发，以确定、开发和过度使用国家所需的安全、先进的 IT、高性能计算、网络和软件功能，并培育提供世界领先 IT 功能的公私合作伙伴关系。如今，NITRD 的 22 个成员机构每年在研发项目上投资约 109 亿美元，这些项目旨在识别、开发并转化为实际应用联邦政府和国家所需的先进网络和 IT 能力。

该项目委员会认为，网络和 IT 能力支撑着美国在世界上的技术领导地位，以及美国的军事优势、国家安全、经济繁荣、能源主导地位、健康、创新、维护前沿 IT 研究基础设施以及扩展网络技能劳动力。NITRD 在 IT 研发方面的跨机构沟通与合作利用了各机构的优势，帮助避免重复建设，并促进了互操作系统的发展，从而提高了联邦研究投资的成本效益。NITRD 的合作框架还支持各机构单独和联合的向学术界和工业界的推介，以促进联盟发展并加强国家创新生态系统。

NITRD 与联邦机构合作，为人工智能创建了一个新的项目组成领域（PCA），并统计在其他 PCA 下进行的人工智能研发投资。这一核算使人工智能研发投资与《国家人工智能研究与发展战略计划：2019 年更新》中的关键战略保持一致，并能够跟踪年度非国防人工智能研发投资。2020 年《国家人工智能倡议法》还要求一致性地报告人工智能研发投资，包括国家人工智能研究所的投资，这是在 2022 财年报告中首次包括在内。

从图 1 中的美国政府人工智能支出预算数据可以看出，2021~2024 财年，美国政府的人工智能投资由 24.1 亿美元上涨至 30.9 亿美元。[①] 其中，美国国立卫生研究院与美国国家科学基金会在人工智能方面投资最多，紧随其后的便是美国国防部高级研究计划局。此外，美国国防部的多个部门在人工智能方面也有大量投资。可见美国政府对人工智能的重视程度。

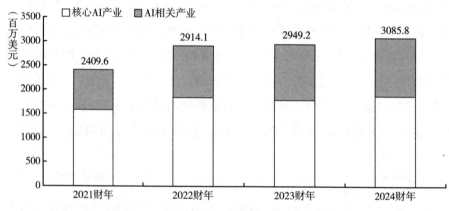

图 1　2021~2024 财年美国人工智能支出预算

资料来源：美国"网络与信息技术研发计划"（NITRD）官方网站，https：//www.nitrd.gov/apps/itdashboard/ai-rd-investments/。

除了美国政府公布的财政数据外，也有研究机构借助其他数据分析美国政府在人工智能领域的投资情况。美国布鲁金斯学会的研究借助 Leadership Connect 整合并提供的美国联邦合同的文本数据，分析了所有在合同描述中

---

①　资料来源：https：//www.nitrd.gov/apps/itdashboard/ai-rd-investments/。

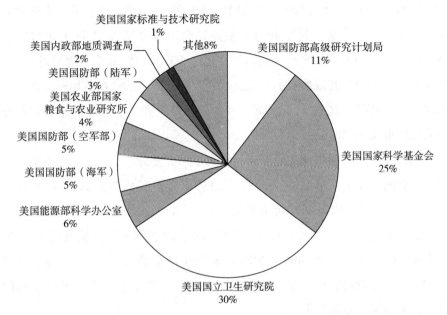

图 2　美国 2024 财年人工智能支出的部门预算占比

资料来源：美国"网络与信息技术研发计划"（NITRD）官方网站，https：//www.nitrd.gov/apps/itdashboard/ai-rd-investments/。

包含"人工智能（Artificial Intelligence）"或"AI"术语的联邦政府订单合同。其数据集包括了 2022 年 8 月至 2023 年 8 月的 489 份新合同，与 2018 年至 2022 年 7 月的 472 份过往合同。①

分析发现，联邦政府的订单合同涉及的行业数量大幅减少，表明人工智能工作的分类正在细化和集中。在其研究的样本期间，所有合同内已拨款的资金（当前已发生的投资）从 2.61 亿美元增长 150% 以上，达到 6.75 亿美元。而合同中的潜在追加资金（未来的可能需求）增长了近 1200%，从 3.55 亿美元增加到 45.61 亿美元。对于已拨款的资金，行业代码 NAICS 54（专业、科学和技术服务）是最常用的代码，其次是 NAICS 51（信息和文化产业）。其中，NAICS 54 的合同资金从 2.19 亿美元增加到 3.66 亿美元，而

---

① 资料来源：https：//www.brookings.edu/articles/the-evolution-of-artificial-intelligence-ai-spending-by-the-u-s-government/。

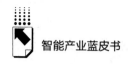

NAICS 51 的合同资金从 500 万美元增加到 1700 万美元。对于潜在的追加资金，NAICS 54（专业、科学和技术服务）合同资金从 3.11 亿美元增加到 19.32 亿美元，而 NAICS 51（信息和文化产业）从 500 万美元增加到 21.95 亿美元，远远超过其他所有的行业。联邦政府合同中的潜在追加资金在一年内增长了 1200%，超过 42 亿美元，表明美国政府在人工智能研发和部署方面有新的迫切需求。

更进一步，美国联邦政府合同内潜在追加资金的增长几乎完全由国防部推动。国防部在人工智能相关合同上的总承诺金额从截至 2022 年 8 月的 1.9 亿美元增加到截至 2023 年 8 月的 5.57 亿美元。如果每个合同能够完全履行，国防部在人工智能相关合同上的总支出增长得更快，从截至 2022 年 8 月的 2.69 亿美元增加到截至 2023 年 8 月的 43 亿美元。布鲁金斯学会的报告中指出，这种潜在的军事支出激增如此之大，以至于"所有其他机构的支出都变得微不足道"。[①]

即便在如此规模的投资下，美国政府仍在寻求更大规模的人工智能投资。2024 年 5 月 15 日，包括多数党领袖查克·舒默在内的两党参议员呼吁国会批准 320 亿美元用于人工智能研究，以确保美国在这一强大技术领域领先于中国。舒默曾表示，如果中国投资 500 亿美元，而我们什么都不投资，他们必然会超过我们。[②] 所以这就是为什么这些投资如此重要的原因。这一路线图可能有助于美国应对中国人工智能的进步。华盛顿担心北京可能会利用人工智能干涉其他国家的选举、制造生物武器或发起强有力的网络攻击。并且，据路透社报道，拜登总统的政府准备开辟新战线，努力保护美国的人工智能免受中国和俄罗斯的影响。朗兹表示："现在的投资将会长期为国家的纳税人带来回报。中国现在在人工智能开发上的支出大概是我们的十倍。"由此可见，美国政府部门正在不断寻求以国家层面的投资推动人工智能相关产业发展，以拉大与我国的差距，这将给我国的人工智能产业发展带来巨大压力。

---

① 资料来源：https://time.com/6961317/ai-artificial-intelligence-us-military-spending/。

② 资料来源：https://www.reuters.com/world/us/us-senators-unveil-ai-policy-roadmap-seek-government-funding-boost-2024-05-15/。

表 8　美国非国防部门与国防部人工智能支出

单位：十亿美元

年份	非国防部门	国防部门
2018	0.56	0
2019	1.11	0
2020	1.43	0.93
2021	1.75	0.84
2022	1.73	0.87
2023	1.84	1.10

资料来源：美国"网络与信息技术研发计划"（NITRD）官方网站，https：//www.nitrd.gov/apps/itdashboard/ai-rd-investments/。

（二）美国资本市场投资

尽管支出大幅增加，但美国政府部门在人工智能上的支出仍远远不及大型科技公司及风险投资公司。2011~2022 年，美国人工智能领域风险投资融资项目数量复合年均增长率达 29.3%，2022 年美国风险投资在人工智能领域融资项目数已经达到 574 个。2011~2022 年，美国在人工智能领域融资金额的复合年均增长率高达 422.5%。2022 年美国在人工智能领域融资金额为 243.5 亿美元。2023 年，美国投资者又向近 700 个生成式人工智能交易总计注入 291 亿美元，比 2022 年增长了 260% 以上。此外，根据 Crunchbase 数据库，2011~2023 年，美国的 500 万美元以上融资项目中有超过 3600 个为人工智能领域融资项目，且美国在这一领域的融资项目数及融资金额在稳步增长。[1] 2024 年第二季度，投资者又向美国人工智能初创企业投入 271 亿美元，比第一季度增加了 1 倍多，占该期间美国初创企业融资总额的近一半。[2]

美国资本市场的投资者普遍认为这些巨额投资是必要的，因为构建和训

---

[1]　资料来源：http：//tradeinservices.mofcom.gov.cn/article/news/gjxw/202308/151859.html。

[2]　资料来源：https：//www.163.com/dy/article/J684QBSC05118O92.html。

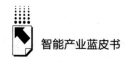

练人工智能模型非常昂贵，需要成千上万个专门的芯片、专业的技术人员。迄今为止，人工智能芯片大部分来自英伟达。Meta 正在开发自己的模型Llama，据称正在花费数十亿美元购买英伟达的图形处理单元，这是帮助芯片制造商年复一年收入增长超过 250% 的众多公司之一。Meta 创始人兼首席执行官马克·扎克伯格最近声称，到 2024 年底，他的公司将拥有超过 34 万块 Nvidia H100 GPU，这种半导体芯片是先进人工智能模型的首选，每块芯片的价格约为 3 万美元。同时，微软每年也在装满半导体芯片的数据中心上的投资超过 500 亿美元。此外，在人工智能企业，研究人员和工程师的薪资可达数百万美元。例如，2023 年美国硬件工程师的平均工资为 140000 美元，云基础设施工程师的平均工资为 185000 美元。[①]

目前，包括谷歌、微软、亚马逊、英伟达等公司在内的一众科技巨头均是人工智能的主要投资者。微软早在 2019 年就开始进行生成式人工智能投资，向 OpenAI 投资了 10 亿美元。其投资规模后来增至约 130 亿美元。微软大量使用 OpenAI 的模型，并在其 Azure 云上提供开源模型。Alphabet既是建设者又是投资者。该公司已将许多产品开发重新聚焦在生成式人工智能上，并将其新更名为 Gemini 模型添加到搜索、文档、地图等功能中。2023 年，谷歌承诺向 Anthropic 投资 20 亿美元，此前已确认与该初创公司签订了一份大型云合同，并持有其 10% 的股份。微软首席财务官艾米·胡德上年表示，公司正在调整其"将工作人员转向我们正在进行的以人工智能为先的工作"。她表示，微软将继续优先投资于人工智能，因为"这将塑造未来十年的事物"。谷歌、苹果和亚马逊的领导人也向投资者暗示，他们愿意在各个部门广泛削减成本，以便将更多资金重新投向他们的人工智能工作。

总体来看，美国私营部门的人工投资规模同样巨大，已经远超政府部门在人工智能领域的投资规模。从国家发展新动能构建与人工智能产业发展的角度来看，我国面临的发展压力将进一步增加。因此，未来我国或将需要在

---

① 资料来源：https://www.163.com/dy/article/J0GALJV00511A6N9.html。

战略层面更加重视人工智能产业的发展与投资规模，推动资本市场更加关注人工智能产业，从而在全球科技竞赛中占据先机。

四 推动人工智能产业发展的政策建议

伴随着全球人工智能应用竞争的升温，更大的挑战已经来到中国面前。有学者表示，中美人工智能差距被拉大的风险，应该是在不断上升的。全球人工智能技术竞争甚至"技术打压"的逻辑也在变化——从个人、数据、资本和软硬件的"壁垒"，向应用、生态层面延伸。"最极端的情况有可能是，以中美为代表，整个国际社会在形势上，会出现两大人工智能的生态圈。"在阿里巴巴集团和中国电子技术标准化研究院联合举办的 AI 发展与治理创新研讨会上，也有学者指出，"美国先行迭代的优势非常突出，我们赶超的难度在加大"。GPT3.5 等大模型产品和英伟达 100 系列等芯片，都在加快升级迭代，而且"到（2023 年）6 月份为止，全球流量前五的生成式人工智能（AIGC）产品全部来自美国"。此外，美国在人工智能领域的投资总金额在逐年稳步上升，我国的人工智能投资则出现下降态势。这将会对大模型基础设施建设与算力提升产生负面影响，可能会使我国与美国在人工智能领域的差距拉大。

当然，我国的人工智能发展也存在比较优势。人工智能应用是中国的优势。数据显示，中国正在加快用人工智能重塑各行业。世界知识产权组织（WIPO）数据显示，2017 年，中国人工智能专利申请数量首度超过美国。随后这一趋势整体不断放大：2022 年，中国申请人工智能相关专利 29583 件，比美国多出 76%。如果说专利离"应用落地"相对遥远，那么 AI 应用的普及，则从另外一个角度说明了中国庞大市场带来的应用活力。斯坦福大学《2023 年人工智能指数报告》发现，2021 年中国在人工智能领域的所有出版物（应用等）中占近 40%，远远超过英国、欧洲和美国。在学界看来，应用场景、人口规模和产业集群效应，正是中国的优势所在。

在美国对我国科技封锁不断加剧、单边主义抬头的背景下，为了挖掘经

济增长新动能，需要更加关注人工智能产业发展，在世界百年未有之大变局与新一轮科技革命中占据先手地位。基于中美人工智能投资状况比较，提出以下对策建议。

1. 将支持人工智能产业发展上升为重要国家战略

人工智能是驱动新一轮科技革命和产业变革的核心技术，对提升国家综合实力、国际竞争力，构建经济发展新动能至关重要。比较中美的人工智能产业投资情况可以发现，美国政府与社会资本正在不断加大对人工智能相关产业的投资力度。并且，美国政府已经通过国家层面的专项战略支持人工智能相关产业发展。这将给我国的人工智能产业发展带来巨大压力。因此，建议进一步将支持人工智能产业发展上升为国家重要战略。首先，通过国家层面引导的人工智能基础研究和前沿技术的投入带动社会资本投入，在全社会形成促进人工智能发展的新局面。其次，进一步优化政策环境，鼓励创新创业，以政策优惠降低企业创新成本，扶持人工初创企业发展，并进一步在智能制造、医疗、金融等重点领域推广人工智能应用。再次，进一步加大人工智能相关人才的培养力度，设立专项教育和培训项目，吸引国际顶尖人才加入，提升本土人才的专业技能。最后，加强国际合作，与全球领先的人工智能研究机构和企业建立战略伙伴关系，共享最新的技术成果和最佳实践。从而通过一系列国家战略层面系统性政策措施，推动我国在全球人工智能竞争中占据重要地位，实现科技强国的战略目标。

2. 税制由间接税为主转向直接税间接税并重，鼓励人工智能创新

为了推动我国人工智能产业发展，更需要注重激发创新动能。与间接税相比较，直接税，特别是其中的所得税具有更强的激励创新的功能。当前，我国的税制以增值税为主，其最大的优点在于税收中性，特别是对于链条悠长的商品买卖具有税制优势，并且相对易于管理。直接税中的所得税则不同，它除了鼓励提前消费，给予延迟消费较高的税收惩罚之外，如果给予一定的税收优惠，也能鼓励不愿意现在消费的人投资于创新发明，从而最大限度地激励人们的创新行为。

并且，属于间接税的消费税干预企业或个人行为的介入时间点比所得税

198

晚得多。由此，国家以所得税等直接税实施税收政策，既可以在商业组织早期同意商业计划时或者在研发项目早期满足条件时就给予税收支持，也可以在研发的整个过程中提供税收补贴或者税收优惠；而以消费税等间接税实施税收政策，就只能在研发开发完成时才能进行，显然这一时间点并非税法激励创新的最佳时间点。此外，科技工作者是创新的主体，其创新的积极性直接关系到研发项目的成败。因此，对于研究人员和辅助人员的税收激励政策已被大多数国家和地区采用。而对研究人员的税收激励政策也主要是通过所得税等直接税来实施的。由于上述原因，将我国的税制逐步由以间接税为主转向直接税间接税并重将有利于激励创新行为，对人工智能发展有重要帮助。

3. 利用好新型举国体制力量，强化人工智能领域投资

要利用好新型举国体制力量，由政府投资作为前期引导，带动社会资本进入，将是发展我国人工智能产业的关键一招。一方面，需要发挥好新型举国体制优势，加强人工智能基础设施建设，强化算力基础。算力基础不足是当前制约人工智能产业发展与人工智能技术水平提高的关键因素，但由于所需资金量巨大，盈利周期相对较长，依靠社会资本进行建设难度较大。因此，需要利用好新型举国体制优势，以国家投入建设为主，并逐步结合社会资本力量。另一方面，需要发挥好新型举国体制优势，以国家资本投入激发社会资本投资热情。人工智能产业虽然是当前最有可能成为经济增长新动能的产业，但也同样面临着研发成本过高等问题，在经济下行的背景下，更抑制了社会资本的投资意愿。因此，需要以国家资本作为带动，引导和组织优势力量打好关键核心技术攻坚战，从而为社会资本降低投资失败成本，引导社会资本投入。同时，利用好体制优势，进一步为人工智能发展创造沃土，不断优化国家级人工智能试验区、大数据综合试验区等示范区，助力人工智能技术研发，并以场景应用为牵引，锻造人工智能产业生态优势。最终帮助我国人工智能领域实现高水平科技自立自强，从而抢占新一轮科技革命的战略高地。

B.7
人工智能产业的发展趋势、风险和治理

徐浩庆*

摘　要:　人工智能 (AI) 的快速发展蕴含巨大的发展机遇, 也涉及一系列不容忽视的安全风险。在确保人工智能系统的安全和使用方面存在许多公开的技术风险与衍生风险。这些风险包括经济风险, 也包括社会风险和政治风险。与提高人工智能能力不同, 这些风险不能通过简单地使用更强的计算能力来训练更大的模型来解决, 需要专门的研究。AI 将给全球治理带来前所未有的挑战, 需要新的国际框架来管理权力动态、确保公平发展。中国应该发挥新型举国体制优势, 充分利用巨大数据和场景优势, 扩大高水平开放, 从而确立人工智能领域的技术优势和话语权。

关键词:　人工智能　经济风险　技术风险　全球治理

赫伯特·西蒙 (Herbert Simon) 1960 年预言人工智能将很快取代人类所有劳动, 到目前为止, 这种情况还没有发生, 这期间人工智能发展几经起伏。许多经济学家认识到, 足够先进的人工智能 (AI) 可以改变全球经济结构。最近, 人工智能特别是大模型的迅猛发展再次激发了人们对人工智能变革潜力的兴趣。在过去十年中, 深度学习在执行单个认知任务方面取得了长足进步, 如从图像和语音识别到围棋等策略游戏和 AlphaFold 等科学工具。这些系统有时被称为 "狭义人工智能"。虽然它们促进了生产力的增长, 但迄今为止, 它们并没有从根本上改变经济增长模式。

---

* 徐浩庆, 经济学博士, 中国社会科学院经济研究所助理研究员, 研究方向为人工智能经济学、数字经济。

目前，人工智能领域的进步是由基础模型推动的：大型神经网络在大量数据的基础上进行训练，然后进行调整，以执行越来越广泛的任务。在过去十年中，领先的深度学习和基础模型的复杂性每年大约翻两番，最近已达到与人类大脑相当的水平。[①] 在未来数十年里，人工智能技术将加速融入经济社会发展的各个领域，极大改变人类社会生产和生活方式，同时在重组全球要素资源、重塑全球经济结构、改变全球竞争格局方面产生巨大影响。

人工智能的最新进展可能会在未来几年提高人们的生活水平。特别是人工智能很有可能在短期内增强我们的创新能力，在许多认知任务上都有可能与人类智能相媲美，甚至超越人类智能，并开始自我创新。一旦机器能够产生创意，研究人员的数量和质量对增长的限制可能就不再适用了，增长速度可能会加快，甚至可能导致所谓的无限消费的"奇点"（Singularity）来临。

在此背景下，本文拟概述人工智能的发展趋势，探讨当前人工智能可能引致的经济风险和社会风险，提出潜在的治理挑战，最后讨论应该采取的措施。

一 人工智能的发展趋势

（一）人工智能基础研发加速推进

基础研究是科技创新的原动力。从技术突破、专利数据、开源项目等三个维度来看，人工智能领域的基础研发速度不断加快，奠定了当前人工智能发展热潮的重要基础。

第一，人工智能创新型突破性技术不断涌现。人工智能技术经历了70余年发展，早期是机器学习、专家系统、神经网络等技术不断演进，近十几年，随着互联网、大数据的发展，深度学习、强化学习等技术引领了新一轮

[①] Sevilla, Jaime, Ege Erdil, A Time-Invariant Version of Laplace's Rule, 2022, 2023-5-9. URL: https://epochai.org/blog/a-time-invariant-version-of-laplace-s-rule.

爆发式增长的高潮。通用大模型平台为人工智能技术创新和应用提供了强大的算力和训练能力支撑，加速了各类垂直领域行业大模型应用的开发和部署。2022年12月，OpenAI公司推出生成式大语言模型GPT3.5，通过机器学习将对人类语言的理解推向新的高度。2024年2月，OpenAI推出被称为"世界模拟器"的文本生成视频大模型Sora，对真实物理世界的理解和还原能力远超人类想象。这些人工智能取得的新技术突破，使更多人认为像人类一样思考、拥有多种用途的通用人工智能（AGI）将成为可能。

第二，与技术突破对应的人工智能专利数量激增。人工智能领域专利申请数量快速增长。斯坦福大学《2024年人工智能指数报告》显示，在过去十年中，人工智能专利数量显著增加，近年来增幅尤为明显。例如，2010~2014年，人工智能专利授权总量增长了56.1%。然而，仅2021~2022年，人工智能专利数量就增长了62.7%。[①]

从国别的角度来看，中、美两国在人工智能专利数量上占据绝对优势，中国自2013年以来更是一直高居全球榜首，2022年授权专利数量占到全球总量的61.13%，为全球人工智能技术的发展贡献了重要力量。来自美国的人工智能专利所占比例从2010年的54.1%下降到2022年的20.9%。

第三，人工智能开源项目数量加速增长。开源是指将源代码、设计文档或其他创作内容开放共享的技术开发和发行模式，历经40多年的发展，开源作为软件行业创新引擎的地位不断增强，已成为当前极为重要的科技创新渠道。人工智能领域开源项目的开发和开源生态的完善极大地推动了全球人工智能的技术创新和产业发展。

根据GitHub[②]统计，自2011年以来，与人工智能相关的GitHub项目数量持续增长，从845个增至2023年的约180万个。截至2023年，GitHub人工智能项目的很大一部分来自美国，占22.9%。印度是第二大贡献国，占19.0%，欧盟和英国紧随其后，占17.9%。

---

① https：//hai. stanford. edu/research/ai-index-report.
② GitHub是一个基于网络的平台，被软件开发人员广泛使用，由一系列文件组成，包括源代码、文档、配置文件和图像，它们共同构成了开源软件项目。

2023 年，GitHub 上人工智能相关项目的星级①总数大幅增加，从 2022 年的 400 万增至 2023 年的 1220 万，增加了两倍多。GitHub 星级的急剧增加，凸显了开源人工智能软件开发数量的加速增长。

（二）人工智能算力需求和训练成本呈指数级增长

人工智能模型中的"计算"一词指的是训练和运行机器学习模型所需的计算资源。一般来说，模型的复杂程度和训练数据集的大小会直接影响所需的计算量。

模型越复杂，基础训练数据越大，训练所需的计算量就越大。最近，著名人工智能模型的计算用量呈指数级增长。这一趋势在过去五年中尤为明显。计算需求的快速增长具有重要影响。例如，需要更多计算的模型通常会对环境造成更大的影响，而公司通常比学术机构更容易获得计算资源。

例如，AlexNet 估计需要 470 petaFLOPs 用于训练。2017 年发布的原始 Transformer 需要约 7400 petaFLOPs。谷歌的 Gemini Ultra 是目前最先进的基础模型之一，需要 500 亿 petaFLOPs。

科技公司拥有足够的资金来源，可以将最新的训练规模扩大 100~1000 倍，因此还有很大的发展空间。硬件和算法也将得到改善：人工智能计算所需要的芯片成本每年提高 1.4 倍，人工智能训练算法的效率每年提高 2.5 倍。人工智能的进步本身也能为人工智能的发展提速：人工智能越来越多地用于自动化编程、数据收集和芯片设计。

机器学习模型中的参数是在训练过程中学习到的数值，它决定了模型如何解释输入数据和进行预测。自 2010 年以来，参数数量急剧增加，反映出人工智能模型设计的任务越来越复杂、数据可用性越来越高、硬件不断改进以及大型模型的功效得到证实。高参数模型在工业领域尤为突出，这表明 OpenAI、Anthropic 和谷歌等公司有能力承担在海量数据上进行训练的计算成本。

---

① GitHub 用户可以通过"加星"来显示对某个开源项目的支持，类似于在社交媒体上点赞。

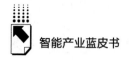

虽然人工智能公司很少透露模型的训练费用，但人们普遍认为这些费用高达数百万美元，而且还在不断增加。训练费用的不断攀升，实际上已经将传统的人工智能研究中心——大学排除在外，使其无法开发自己的前沿基础模型。

斯坦福大学出版的《2024年人工智能指数报告》[①] 验证了近年来模型训练成本大幅增加的猜测。例如，2017年，初代 Transformer 模型的训练成本约为900美元。2019年发布的 RoBERTa Large 训练成本约为16万美元。2023年，OpenAI 的 GPT-4 和谷歌的 Gemini Ultra 的训练成本估计分别约为7800万美元和1.91亿美元。

（三）产业界成为推动人工智能发展的主要力量

受益于人工智能基础研发的推进和技术范式的变革，产业界成为推动人工智能发展的主要力量，随着大模型成为引领本轮人工智能革命的技术范式，拥有更多数据和算力资源的产业界逐渐超越学术界成为推动人工智能发展的"主角"。企业正在竞相创造通用人工智能系统，目标是在大多数认知工作中达到或超过人类的能力。科技企业正在迅速部署更多资源、开发新技术，以提高人工智能能力，用于训练最先进模型的投资每年增长两倍。2014年之前，学术界一直引领着机器学习模型的发布。从那时起，产业界开始领跑。2023年，产业界发布了51个著名的机器学习模型，而学术界仅发布了15个。值得注意的是，2023年有21个著名模型来自产业界与学术界的合作，创下了新高。

根据 Bommasani 等[②]统计，在2023年全球发布的149个人工智能基础模型中，72.5%来自产业界，仅有18.8%由学术界单独完成。EPOCH公司的统计进一步显示，产业界主导或参与训练的大模型在参数和算力使用等方面自2014年起开始逐渐超越学界，至2023年已经形成绝对优势。[③]

---

① https://hai.stanford.edu/research/ai-index-report.

② Bommasani et al. , "The Foundation Model Transparency Index," ArXiv Preprint ArXiv: 2310.12941, 2023（10）.

③ 薛澜、王净宇：《人工智能发展的前沿趋势、治理挑战与应对策略》，《行政管理改革》2024年第8期。

从国别角度看，2023 年，美国以 61 个著名机器学习模型遥遥领先，中国以 15 个紧随其后，法国以 8 个位居第三。自 2003 年以来，美国生产的模型数量超过英国、中国和加拿大等其他主要地区。自 2019 年以来，欧盟和英国合计生产的知名人工智能模型数量首次超过中国。

（四）人工智能应用场景不断丰富、产业生态日趋成熟

大规模产业应用快速展开。随着大模型在语义理解、视觉感知和逻辑推理等方面的能力突破，对各行业的颠覆和重塑将会上演。大模型将为未来产业发展注入"智能"，并引发产业竞争新格局。得益于大模型、多模态等技术的快速发展，人工智能系统的技术能力在近 5 年大幅提高，传统人工智能技术已经广泛应用。

应用场景关乎技术创新能否完成从价值创造到价值实现的闭环。亚马逊、微软、谷歌和阿里等主要云服务提供商正在引领人工智能开发平台的发展。未来人工智能平台的发展将打通产业链上下游企业，通过云端应用积累真实的相关应用数据，并由此催生多种新型的商业模式，满足用户复杂多变的实际需求。

人工智能技术将提升机器人对现实的理解，基于大数据不断优化分析人在复杂的现实场景中的行为，使机器人逐渐熟悉并替代人完成大多数简单、重复的工作。但现有研究开始认识到持续推动自动化的现实局限性，未来人工智能的重点是增强人机交互，而不是取代人类。人与机器的交互，将不断深化机器对人的行为的理解，人机协作将大幅提高工作效率。

二　人工智能发展的经济风险

本节概述 AI 对经济学和典型的经济问题提出的具体风险和挑战。应对这些风险对于确保 AI 为人类共同繁荣的未来作出贡献至关重要。

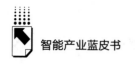

（一）市场失灵风险

大规模采用人工智能技术也可能带来负面影响，这可能会导致消费者剩余的减少。由于这些先进技术通常需要相对较大的固定成本，因此规模经济空间更大。规模效应伴随着巨大的网络外部性，即使数据可移植，进入者也可能难以诱导消费者转向他们的平台。这些因素都会导致赢家通吃的市场结构。事实上，Bloom 等认为，随着时间的推移，人工智能的引入可能会加速每个部门的集中过程。①

1.垄断和监管

数据是基于人工智能技术的关键输入。因此，拥有大型数据库可能会造成进入壁垒，并严重影响竞争环境的有效运作。如果新进入者是潜在创新的重要来源，现有企业的垄断行为可能会减缓创新步伐。② 然而，强迫现有企业共享数据可能会削弱现有企业投资创建数据的激励。这些考虑显然会导致反垄断问题。Aghion 等指出，专利保护和竞争政策在促进创新与生产力增长方面是互补的。③

AI 可能导致前所未有的市场集中和权力整合，因此，有必要从根本上重新思考反垄断政策和市场监管。随着 AI 系统的能力和经济价值不断提高，由于 AI 技术的独特性，AI 技术存在市场极端集中的风险。开发 AI 需要大量的计算资源、海量数据和高度专业化的人才，所有这些都对进入 AI 领域和规模经济造成巨大的壁垒。④ 这可能导致赢家通吃的局面，

---

① Bloom, N., Garicano, L., Sadun, R., Van Reenen, J., " The Distinct Effects of Information Technology and Communication Technology on Firm Organization," *Management Science*, 2014, 60 (12): 2859-2885.

② Chevalier, J., "*Antitrust and Artificial Intelligence: Discussion of Varian*," In Agrawal, Gans, and Goldfarb Eds. *The Economics of Artificial Intelligence: An Agenda*, University of Chicago Press. 2018.

③ Aghion, P., Howitt, P., Prantl, S., "Patent Rights, Product Market Reforms, and Innovation," *Journal of Economic Growth*, 2015, 20 (3): 223-262.

④ Korinek, Anton, Jai Vipra, "Concentrating Intelligence: Scaling and Market Structure in Artificial Intelligence," Working Paper, University of Virginia, 2024.

即单个或少数几个公司主导 AI 市场，并可能将其势力扩展到大多数经济部门。

管理机构面临的挑战是如何在创新和效率需求与公平竞争和避免垄断行为之间取得平衡。传统的反垄断框架可能不足以应对 AI 市场的独特动态，例如市场迅速倾覆的可能性或 AI 开发商与大型技术公司之间纵向一体化的影响。政策制定者必须努力解决以下问题：如何形成商品和服务提供商的竞争性生态系统，确保足够广泛地获取计算和数据等关键资源，并防止滥用市场力量。这可能需要新的监管方法，如强制数据共享、促进互惠合作或对 AI 系统实施新形式的监督。此外，监管机构还必须应对与强大的人工智能系统相关的潜在安全风险。关键的挑战在于制定新的反垄断战略，以确保公平竞争，同时防止技术力量集中。

2. 知识产权

人工智能将给现有的知识产权（IP）框架带来重大挑战，并提出了如何最好地分享人工智能创新所产生的经济效益的问题。能够进行创新并产生大量创意的 AI 系统的兴起，对我们传统的知识产权体系提出了挑战。关键问题包括确定人工智能生成作品的所有权，重新定义原创性和新颖性，以及重新评估知识产权保护的适当期限，使其既能提供足够的经济激励，又能分配人工智能的利益。当前知识产权框架所提供的经济激励可能不适合人工智能能够快速产生创新的世界。这种不匹配可能导致经济权力过度集中在 AI 开发者和所有者手中。

3. 价格歧视

公司的定价决策越来越多地依赖基于人工智能的算法。[①] 算法价格可能取决于大量变量，例如购买时间、公司剩余产能，以及消费者过去的整个购买历史。更广泛的数据和更复杂的估计方法有助于更好地定位和细分市场，

---

① Chen, L., Mislove, A., Wilson, C., "An Empirical Analysis of Algorithmic Pricing on Amazon Marketplace," In Proceedings of the 25th International Conference on World Wide Web, WWW'16, Republic and Canton of Geneva, Switzerland, 2016: 1339-1349.

极大地扩大了价格歧视的范围。^① 在算法驱动的环境中，一级价格歧视，以前只是一种理论上的可能性，而现在有可能成为现实。公司可以收集消费者的个人数据，以确定哪种情绪（或偏见）会促使消费者购买产品；可以量身定制广告和营销活动，以便在关键时刻以合适的价格和情感定位针对消费者。尽管监管机构和竞争主管部门进行了严格的审查以揭露此类行为，但在实践中很少观察到一级价格歧视的情况。

4. 合谋

算法定价可能会通过两个主要渠道促进合谋。首先，算法定价允许比人类更快地对竞争对手的行为作出反应。^② 由于频繁的互动，对合谋协议的背叛受到更迅速的惩罚。其次，上一代算法定价基于机器学习技术，该软件通过有意识地试验次优价格，完全通过反复试验来主动学习最佳策略。这种定价算法非常灵活，因为它们不需要经济模型的规范作为输入，因此特别适用于复杂的环境。

Klein 研究表明，简单的算法代理可以学习在序贯行动游戏中合谋。^③此外，在最近的一项实验中，让简单的定价算法在重复定价游戏中进行交互。研究发现，人工智能定价代理会系统地学习复杂的合谋策略，根据偏差的程度进行惩罚，从而逐渐恢复到偏差前的价格。^④ 从反垄断的角度来看，一个关键问题是定价算法没有留下任何协同行动的痕迹——它们完全通过反复试验学会合谋，而不需要彼此之间进行交流或被专门指示合谋。

出于两个原因，这对竞争政策构成了真正的挑战。首先，目前大多数国家（包括欧洲和美国）的合谋法律标准是为人类设计的，因此，公司之间

---

① Milgrom, P. R., Tadelis, S., "*How Artificial Intelligence and Machine Learning Can Impact Market Design*," In Agrawal, Gans, and Goldfarb Eds, *The Economics of Artificial Intelligence: An Agenda*, University of Chicago Press. 2019.

② Mehra, S. K., "Antitrust and the Robo-Seller: Competition in the Time of Algorithms," *Minnesota, Law Review*, 2015 (100).

③ Klein, T., "Autonomous Algorithmic Collusion: Q-Learning Under Sequential Pricing," *RAND Journal of Economics*, 2018, 52 (3): 538-599.

④ Calvano, E., Calzolari, G., Denicolo, V., Pastorello, S., "Artificial Intelligence, Algorithmic Pricing and Collusion," *American Economic Review*, 2020, 110 (10): 3267-3297.

需要有一些明确的意图来限制竞争。因此，在默契的合谋发生时，法律标准会失败。其次，当定价决策是由机器使用算法而非人类作出时，确定责任可能并非易事，需要修改当前的监管实践。即使消费者的伤害不是有意造成的，是否可以让设计算法的人、使用算法的个人或从算法决定中受益的个人（或实体）承担责任？这个问题的答案目前尚不明确。

（二）教育和技能过时与失业风险

人工智能将使许多传统技能变得过时，这就需要从根本上重新评估我们的教育目标和课程，为个人适应一个截然不同的世界做好准备。随着 AI 的出现，许多目前在就业市场上受到重视的技能可能会过时，教育作为获取市场需要的技能和确保就业的手段可能面临严峻挑战。

在 AI 世界中，剩余的人类工作可能分为两类：一类是因暂时的技术和社会障碍而保留下来的工作，另一类是基于人类的一些根本问题（如人类联系的真实性、宗教信仰或人工智能监督）而保留下来的工作。人类教育的经济价值很可能会转向促进后一类工作，在这类工作中，出于文化、情感或道德原因，人们更倾向于人与人之间的互动。尽管教育的经济价值可能受到侵蚀，但其公民价值可能会继续存在。在人工智能主导的世界里，了解技术的社会影响对于有效的公民意识至关重要。这就要求学生学会如何批判性地评估人工智能驱动的社会变革，并参与有关人工智能政策的公共讨论。与此同时，人工智能技术很可能将彻底改变教育本身。关键的挑战在于如何转变教育，使人类具备与超级人工智能共存的能力。

（三）宏观经济政策挑战

AI 的出现要求从根本上重新思考宏观经济政策框架，包括总需求管理和财政政策领域。传统的宏观经济框架是围绕主要生产要素——人类劳动力而建立的。要在 AI 驱动的经济中继续有效，宏观经济政策框架需要进行重大调整。AI 经济中的总需求可能会从人类消费转向人工智能驱动的投资需求。随着 AI 系统变得越来越普遍，对能源、计算资源和专用硬件等投入的

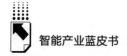

需求也将增加。然而，要让 AI 广泛造福人类，政策制定者必须实施各种机制，为人类提供充足的收入，尤其是在劳动力市场疲软的情况下。这很可能涉及新形式的再分配，如全民基本收入，以及将人类福利与 AI 生产力提升联系起来的新方法。

随着通货膨胀和经济衰退性质的变化，货币政策也将面临新的挑战。长期以来，菲利普斯曲线通过将失业率与通货膨胀率联系起来指导中央银行的决策。传统的劳动力市场松弛指标可能与通胀动态无关。取而代之的可能是新的经济指标，如资本使用强度（包括计算机资源和机器人）。需要根据不同类型的数据开发新的经济模型，并可能重新定义货币政策目标。

财政政策也需要调整。政府收入来源必须从劳动力转向其他基础，例如包括人工智能相关资产在内的资本，或转向新形式的增值税，以获取人工智能产生的经济活动价值。与此同时，政府可能还必须在研发方面进行大量投资，以确保人工智能的发展符合人类价值观和社会目标。一直以来，决策者都需要努力应对 AI 可能带来的快速且不可预测的技术变化。这可能需要更加灵活和适应性更强的政策框架，以快速应对生产力、就业模式或经济结构的突然转变。这也可能需要经济政策制定者和 AI 开发者之间更紧密的合作，以预测和缓解潜在的宏观经济干扰。关键的挑战在于如何重新构想宏观经济政策，以适应 AI（而非人类劳动力）成为驱动经济增长和波动主要力量的时代。

三　人工智能发展的技术与社会风险

近年来，人工智能系统的安全风险问题引发了激烈的讨论，尤其是与先进人工智能相关的潜在极端或灾难性风险。鉴于人工智能技术巨大的影响力和外部性，人工智能发展在带来收益的同时，也会带来难以忽视的安全风险。虽然不同领域的研究者基于各自研究视角对人工智能风险的分类方式有所不同，我们认为人工智能发展将从技术本身、技术运用和社会影响三个维度给个体、国家乃至全球带来不容忽视的安全威胁。

（一）人工智能本身的技术风险

其一，人工智能可能产生不准确的结果。大模型尚不具备判断真假的能力，其内容输出更接近"资讯重构"，无法确保输出内容的准确性。我们熟悉的一个例子就是网站排名，如医院排名可能会影响病人的选择，从而影响疾病治疗。如果人为操纵输入的信息，很容易导致输出的信息有误，也就是常说的"GARBAGE IN，GARBAGE OUT"。

严重缺乏对 LLM（Large Language Model，LLM）责任的可靠和标准化评估。人工智能指数（AI Index）的最新研究显示，负责任的人工智能报告严重缺乏标准化。包括 OpenAI 和谷歌在内的领先开发者主要根据不同的人工智能基准测试其模型。LLM 解释其决策和预测的能力对于促进信任、问责和广泛接受至关重要。当前研究的目标是采用人类可理解的方式解释模型的决策过程和内部运作。人工智能决策是不透明的，规模越大、能力越强的模型，解释起来就越复杂。到目前为止，我们只能通过试错来测试大模型。更清晰了解它们的内部逻辑才可能更清楚地解释结果。

其二，人工智能存在算法歧视。目前，以深度学习等算法为代表的机器学习是人工智能领域主流的技术范式。这种算法基于"大数据集"进行自我训练、自我学习最终形成"规则集"的过程，实质上是对于过往人类社会模式特征的总结并将其用于对未来社会的感知与决策，不可避免地会复制并延续当前社会的既有格局与特征。自动化计算机系统越来越多地用于组织和选择相关信息，例如，搜索结果的排序或在线用户阅读的新闻。在选择相关和高质量信息方面，机器比人类更有效和客观，可能会带来更好的匹配并降低搜索成本。

其三，人工智能技术失控风险。建立高度先进的自主人工智能有可能创造出追求不良目标的系统，如恶意操控者可能会故意嵌入不良目标。如果没有研发方面的突破，即使是善意的开发者创造出的人工智能系统也可能无意中追求非预期目标。用于训练人工智能系统的激励信息通常无法完全捕捉到预期目标，从而导致人工智能系统追求的是非预期结果。此外，训练数据不可能覆盖到所有相关情况，导致人工智能系统一旦遇到新情况，就会追求非预期目标。对此，我们可能无法对其进行控制。一个值得注意的挑战还来自人工智能系统放大网络攻击的潜力，导致威胁越来越复杂、适应性越来越强、越来越难以检测。随着人工智能模型变得越来越普遍、复杂，人们越来越关注识别安全漏洞。

（二）人工智能可能产生误用和滥用

人工智能的潜在风险是全球企业关注的问题。一项关于负责任的人工智能的全球调查强调，企业最关心的人工智能相关问题包括隐私、安全和可靠性。人工智能作为一种重要的通用性、基础性工具，一旦遭到误用、滥用，极有可能造成数据泄露、深度伪造、恐怖主义甚至技术军事化等风险。调查显示，企业开始采取措施降低这些风险。然而，在全球范围内，大多数公司迄今只降低了这些风险的一部分。[①]

最重要的问题就是数据隐私和信息安全。对消费者隐私和公司使用客户信息的限制可以引申为对财产权的争论。事实上，隐私的核心问题不仅是消费者对其个人信息的控制程度，而且是对算法通过识别消费者行为模式从而可以推断出的有效信息的控制程度。传统的信息经济学模型倾向于将消费者隐私视为信息不对称，并表明买卖双方都有隐藏或透露私人信息的动机，这对市场效率至关重要。

人工智能加剧了与消费者隐私相关的三个问题。首先，卖家可能比买家拥有更多关于未来数据使用的信息；因此，老练的消费者不愿意透露他们的个人数据，他们必须在交易的直接收益和未来使用的潜在损失之间进行权衡。其次，卖家不需要完全把对消费者的潜在危害内部化，因为很难将危害追溯到数据滥用这一根源。最后，卖家更有动力违背他们对消费者友好的数据政策，因为事后很难发现和惩罚它。[②]

---

① https：//hai. stanford. edu/research/ai-index-report.
② Jin，G. Z. ，"Artificial Intelligence and Consumer Privacy，" In Agrawal，Gans，and Goldfarb Eds. *The Economics of Artificial Intelligence*：*An Agenda*，University of Chicago Press，2018.

对于依赖于海量数据的 LLM 来说，获得真正的知情同意以收集训练数据尤其具有挑战性。在很多情况下，用户并不知道他们的数据是如何被使用的，也不知道数据收集的程度。因此，必须确保数据收集做法的透明度。与此相关的是，人工智能系统的实用性与个人隐私之间可能存在权衡。最后，数据预处理过程中的匿名化等隐私保护技术有助于在将敏感信息用于模型训练之前对其进行保护。对数据进行适当的匿名化处理以提高隐私性，同时保留数据对人工智能训练的有用性，在技术上可能具有挑战性，因为匿名化数据始终存在被重新识别的风险。

另一种方法是直接在用户设备上进行计算，以尽量减少数据传输和集中化。这就降低了与数据传输相关的隐私风险。使用可信执行环境，可确保计算在隔离环境中进行，从而保护用户数据免受未经授权的访问。保护用户隐私的另一种方法是设计保护隐私的指标和评估方法。联合模型训练涉及在分散的设备或服务器之间训练模型，而无须交换原始数据。在保持本地用户数据的同时，通过聚合模型更新来保护隐私。

（三）人工智能与社会风险

人工智能的飞速发展不仅表现为自身的安全风险和经济风险，也会因为经济风险带来衍生的社会风险以及环境挑战。

1. 国内收入不平等与全球收入不平等并存

AI 将扰乱劳动力市场，并可能导致前所未有的收入集中。随着 AI 系统能够执行广泛的认知任务，它们可能会导致广泛的劳动力转移、大规模失业和工资急剧下降。如果任由市场发展，AI 的利益将主要归于那些拥有资本和控制 AI 技术的人。

其一，从市场结构角度看，人工智能通过改变市场与行业结构降低劳动收入份额；从技能结构角度看，人工智能通过推动就业极化拉大高收入群体和中低收入群体之间的收入差距。在未来的 AI 中，劳动力市场会受到破坏，要补偿损失者，就需要建立新的收入分配机制，例如全民基本收入。归根结底在于如何利用 AI 的巨大潜力为所有人创造一个更加繁荣的社会，而不是

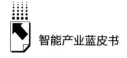

让它扩大经济差距。

其二，当我们考虑国家之间而不是国家内部的差距时，面对人工智能驱动的技术变革，收入不平等的挑战就变得更加严峻。正如 Korinek 和 Stiglitz 所言，人工智能及相关技术对发展中国家的影响可能尤为严重。[①] 这些国家通常依赖于其在劳动密集型产业方面的比较优势，而人工智能驱动的自动化可能会使这些优势很快贬值。在国家内部进行再分配时，各国政府有补偿失败者的机制，但与此不同的是，目前还没有完善的全球机构来进行大规模的国家间再分配。因此，人工智能加剧全球不平等的可能性要大得多，政策挑战也要复杂得多。要解决这个问题，需要前所未有的国际合作，建立新的全球经济治理结构，以便各国更公平地分享人工智能带来的成果。

2. 社会和政治稳定风险

随着自主人工智能系统变得越来越比人类工人更具成本效益，一个两难的问题出现了。公司和政府部门可能会被迫广泛部署人工智能系统，并减少对人工智能决策进行昂贵的人工验证，否则就有被淘汰的风险。因此，人工智能系统可能会越来越多地承担起关键的社会角色。AI 引发的劳动力市场混乱可能不仅仅导致广泛的经济不满，也有可能引发社会动荡和政治不稳定，从而可能破坏政治经济体制。

其一，越来越先进的人工智能系统有可能扩大社会不公、破坏社会稳定。如果 AI 导致广泛的劳动力转移和工资大幅下降，可能会给大部分人口带来经济不安全感。这种破坏可能会对政治稳定产生深远影响。从历史上看，严重的百姓流离失所往往会导致社会动荡和民粹主义的兴起。在 AI 世界中，经济权力集中在那些控制 AI 技术的人手中，可能会加剧不平等现象，潜在地破坏经济制度。此外，全社会可能会努力寻找新的方法来有效确保所有人的经济和社会安全。这可能会导致两极分化加剧，那些从 AI 中受益的人与那些受损的人之间的冲突也会加剧。AI 带来的快速变化可能超过社会

---

① Korinek, Anton, Joseph E. Stiglitz, "Artificial Intelligence, Globalization, and Strategies for Economic Development," NBER Working Paper, 2021, w28453.

和政治机构的适应能力，从而削弱公众对政府机构和企业的信任。要应对这些挑战，就必须制定政策，缓解经济紊乱，确保公平分配 AI 的利益，以承受快速技术变革的压力。

其二，还可能促成大规模犯罪或恐怖活动。人工智能正在黑客攻击、社会操纵和战略规划等关键领域取得进展，可能很快就会带来前所未有的控制挑战。尤其是核心技术如果掌握在少数巨头手中，人工智能可能会巩固或加剧全球不平等，或助长自动化战争、布局大规模操纵和无孔不入的监控。未来的自主人工智能系统可能会使用从人类那里学到的或独立开发的不良策略作为达到目的的手段。人工智能系统可以获得人类的信任、获取财政资源，影响关键决策者，并与人类和其他人工智能系统结成联盟。

其三，人工智能系统可以自主部署各种武器，包括生物武器。掌握这种技术的人工智能系统只会延续军事活动和生物研究自动化的现有趋势。如果人工智能系统以足够的技能实施此类战略，人类将很难进行干预。如果没有足够的警惕，我们可能会不可逆转地失去对自主人工智能系统的控制，从而导致人为干预无效。大规模的网络犯罪、社会操纵和其他危害可能会迅速升级。这种不受控制的人工智能进步可能最终导致生命和生物圈的大规模损失，以及人类的边缘化或灭绝。

3. 全球环境挑战

人工智能的普及可能会对环境造成重大挑战，因此必须在技术进步和生态可持续性之间保持谨慎的平衡。日益强大的人工智能系统对能源的需求可能会加剧气候变化和资源枯竭。训练和运行高级人工智能模型所需的计算基础设施需要消耗大量电力，并有可能增加碳和其他污染物的排放量。人工智能和机器人的广泛使用极有可能带来经济快速增长，同时也可能引发能源使用的爆炸式增长，这可能带来灾难性的排放增加风险。

长期以来，经济学家一直在研究不同能源生产方式的外部效应。[①] 由于

---

① Nordhaus, William, "Climate Change: The Ultimate Challenge for Economics," *American Economic Review*, 2019, 109 (6): 1991-2014.

碳和其他污染物的社会成本是凸性的，能源使用量的大幅增长可能与使用不清洁能源产生的外部性的大幅增长同时出现。如果不将相关的外部效应内部化，地球环境可能会出现危机。

当然，人工智能也可能为环境挑战提供解决方案。人工智能可以加速开发核聚变等更清洁的能源技术，设计更具可持续性的产品和工艺，并加强环境监测和保护工作。AI 还可能更好地进行气候建模，从而更准确地预测气候变化的影响，并制定更有效的缓解战略。随着 AI 系统变得更加自主，关键问题是使其目标与长期环境可持续性保持一致，以防止意外的生态灾难，并确保地球仍然适合其现有居民居住。核心的挑战将是平衡 AI 发展的环境成本与其潜在的效益。

四 人工智能治理的难点与挑战

随着 AI 成为一种"颠覆式创新"的变革力量，它可能会重塑全球权力结构，加剧国家间现有的不平等。AI 能力集中于少数技术先进的国家和大公司，可能会导致新型的全球"智能鸿沟"，打破当前的权力平衡，并可能破坏国际关系的稳定。这种情况可能会迅速发生，超过现有国际机构有效规范和管理 AI 使用的能力。应对这些挑战需要新形式的全球合作与治理。这包括建立国际 AI 发展标准、创建专门的多边机构、制定 AI 利益的公平分配机制、实施强大的验证系统，以及协调 AI 安全研究方面的国际努力。

（一）治理滞后于技术突破

在人工智能基础研发、产业应用共同加速的背景下，人工智能发展同时具有快速迭代和不可预测的特征，对治理系统与技术系统的同步演进提出了巨大挑战。

其一，人工智能的治理框架远远落后于快速的技术进步。在技术创新规律方面，摩尔定律是预测计算机处理能力的经典标准，但人工智能尤其是通用人工智能系统的进化和迭代速度远远超出这一定律。在此背景下，如何克服社会、经济、法律等治理系统演进的高昂成本，根据人工智能的发展情况及时完成治理体系的快速反应，是人工智能治理的重要挑战。

其二，人工智能发展难以预料。它在自主行动和发展理念、爆炸性进步、对抗性行为以及造成不可逆转的损害等方面的潜力远远超过其他技术。与传统技术变革相比，以大模型为代表的人工智能初步具备了自我创造、超强学习、超级进化的特性，这一技术潜力导致人工智能技术的发展方向和突破节点难以预测。

（二）识别能力不足与信息不对称问题

面对当前人工智能的快速发展趋势，监管者和被监管者之间不断扩大的信息差构成了人工智能治理的又一挑战。

为了将人工智能风险控制在可接受的范围内，我们需要与风险程度相匹配的管理机制。监管机构应明确现有责任框架所产生的法律责任，并要求前沿人工智能开发者和所有者对其模型所造成的、可合理预见和预防的危害承担法律责任，包括部署强大的人工智能系统所产生的无法预测的危害。

但是传统的监管部门很难与时俱进地准确掌握技术发展的实时动态。一般来说，政府作为监管主体，在识别治理对象及其风险、权衡治理目标、选择治理工具时需要掌握技术创新和应用的最新动态；而被监管者作为一线创新者和应用者，对技术发展和技术风险问题具有天然的信息优势，双方需求目标和约束条件不一致，存在严重的信息不对称问题。人工智能内在逻辑的复杂性拉大了双方的信息差距，从而加大了监管者和被监管者之间合作治理的难度。

为了识别风险，监管机构迫切需要全面了解人工智能的发展。监管机构应强制要求保护举报人，登记前沿人工智能系统及其整个生命周期数据集的关键信息，并监控模型开发和超级计算机的使用。监管机构可以而且应该要求前沿人工智能开发者从模型开发之初就授予外部审计人员现场、全面和微调的访问权限。

对于能力超强的未来人工智能系统，如可以规避人类控制的自主系统，需要采取相应的监管措施。各国政府必须做好准备，为其开发颁发许可证，限制其在关键社会角色中的自主权，针对令人担忧的能力停止其开发和部署，强制实施访问控制，并要求在充分的保护措施准备就绪之前采取对国家级黑客强有力的信息安全措施。我们需要行动迅速、精通技术的机构对人工智能进行监督，需要强制性的、更严格的风险评估（包括要求人工智能开发者承担举证责任的评估）以及强有力的执行机构，还需要与强大的自主人工智能相匹配的降低风险的标准。

（三）国际治理合作中的"搭便车"问题

全球治理的最重要方面是管理人工智能安全。随着 AI 系统变得越来越强大，虽然可能代价高昂，但确保其符合人类价值观变得越来越重要。然而，尽管全人类都能从安全的人工智能中获益，但成本将由少数行为者承担。[①] 这就产生了一个需要国际合作才能解决的公共产品问题，需要建立激励和资助全球 AI 安全工作的机制。要取得成功，需要协同外交努力，创新治理结构，以及共同认识到 AI 既是全球机遇，也是超越国家利益的全球风险。面对一项可能从根本上改变全球力量基础的技术，促进所需的国际合作与信任将是一项关键挑战。

世界各国政府已就前沿人工智能采取了积极措施，包括中国、美国、欧盟和英国在内的主要参与者都参与了讨论，并出台了初步指南或法规。然而，鉴于人工智能能力的飞速发展，这些治理计划还远远不够。我们需要采取治理措施，为人工智能的突然突破做好准备。

为了跟上前沿技术的快速发展，避免法律过时、缺乏灵活性，国家需要强大的技术专长和迅速采取行动的权力。为了促进技术上要求较高的风险评估，这些机构需要的资金和人才将远远超过其在现行政策计划中应获得的资金和人才。为了应对国际竞争态势，它们需要有能力促进国际合作。各机构

---

① Korinek，Anton and Avital Balwit，"Aligned with Whom? Direct and Social Goals for AI Systems."Oxford Handbook of AI Governance，Oxford University Press. 2024.

应保护 AI 领域低风险的使用和低风险的学术研究，避免为小型、可预测的人工智能模型设置不必要的官僚障碍。最紧迫的审查应针对处于前沿的人工智能系统，因为它们拥有最危险和最不可预测的能力。

五　中国人工智能产业发展的挑战与对策

人工智能的快速发展蕴含巨大的发展机遇，也涉及一系列不容忽视的安全风险。在当前不稳定的国际政治经济环境下，人工智能的发展应该融入中国式现代化的范畴。习近平总书记在《推进中国式现代化需要处理好若干重大关系》中指出①，推进中国式现代化需要通过改革创新来推动事业发展。要把创新摆在国家发展全局的突出位置。在自立自强与开放问题上，习近平总书记指出健全新型举国体制，强化国家战略科技力量，以国家战略需求为导向，积聚力量进行原创性引领性科技攻关，坚决打赢关键核心技术攻坚战，不断扩大高水平对外开放。在《中共中央关于进一步全面深化改革　推进中国式现代化的决定》中②，在第三条"健全推动经济高质量发展体制机制"和第七条"完善高水平对外开放体制机制"，人工智能作为新质生产力重要组成部分被提及。这为我国的人工智能产业建设指明了路线和方向。《新一代人工智能发展规划》提出，要在大力发展人工智能的同时高度重视可能带来的安全风险挑战，确保人工智能安全、可靠、可控发展，为人工智能治理描绘了高标准、前瞻性的治理蓝图。因此，基于人工智能产业未来趋势以及当下面临的挑战，应从发挥新型举国体制优势、强化战略及政策支撑体系、扩大高水平对外开放以及完善人工智能学科体系这四个方面寻求发展之路。

（一）发挥新型举国体制优势，创新组织模式和管理机制

在人工智能领域，我国与发达经济体的竞争越来越激烈。在制定人工智

---

① 《习近平：推进中国式现代化需要处理好若干重大关系》，中国政府网，2023 年 9 月 30 日。
② 《中共中央关于进一步全面深化改革　推进中国式现代化的决定》，新华社，2024 年 7 月 21 日。

能产业政策时，需强化战略博弈意识和风险意识，加强战略层面的研究与部署。在组织管理方面，在国家层面形成人工智能产业的统筹协调机制，充分发挥新型举国体制优势，打造发展关键产业等新型组织模式，给予其充足稳定的资金经费支持，优化创新资源配置，提高创新效率。建立高层次、高效协同的人工智能产业战略委员会，有针对性地加强产业战略的制定和实施。针对关键领域科技和创新的趋势，结合美国对中国的遏制战略，制定人工智能产业的创新战略，以人工智能产业发展战略统筹协调相关产业、科技政策的制定实施。

其一，支持传统企业"AI+"转型。传统企业应用人工智能，一直以来存在多方面的问题和困难：场景数据难以定义和整合，缺少熟悉人工智能算法和应用流程的内部人才，人工智能带来的价值不明确，等等。因此，政府需要从政策、标准、资金、人才、产业联盟等多方面予以协助，包括用政策资金引导企业有意识地去定义应用场景，积极推动人工智能应用；推动人工智能产业与传统行业企业对接，以促进行业数据的整合；辅助传统企业培养人工智能人才，侧重于人工智能的背景知识了解和部署应用流程。

其二，加快建设技术创新平台。政府支持人工智能创新主体搭建公共服务和对接交流平台，为中小企业搭建研发服务平台，推进共性技术研发与成果转移转化。通过组织行业高峰论坛、技术竞赛、国际交流会议等形式，加快集聚人工智能领域全球高端创新要素。鼓励企业依据强化学习等人工智能核心技术，分阶段突破人工智能应用服务及产品化核心技术，充分利用开源核心算法、技术框架，开展人工智能相关企业内部技术创新要素集成，加速人工智能终端产品与应用服务产业化技术的率先突破。

其三，培育一批人工智能服务机构。支持大型企业建设人工智能领域加速器，加快科技成果转化。培育和引进一批领军企业，重点发展专精特新中小企业，建立重点企业培育库，推动人工智能关联的硬科技企业上市。培育一批人工智能服务型机构，支持人工智能领域行业协会、创新智库、产业联盟等组织和机构为人工智能初创企业或新技术专利提供产业化政策咨询、创新合作和产品推广等服务。

（二）强化人工智能产业战略及政策的支撑体系

其一，建立人工智能产业政策及战略长期研究及合作机制。打破学科界限与部门界限，主导建立协调自然科学与工程类相关智库、社会科学类相关智库，相关行业研究机构及行业专家等围绕人工智能发展及战略问题进行长期、深入研究的合作机制与资助机制，为人工智能产业战略的制定与实施提供重要的研究支撑。

其二，建立多方参与的人工智能产业战略及相关政策制定机制。在政策制定过程中，要通过优势企业、典型企业、科研院所和各级政府的广泛参与，对自然科学、工程科学和社会科学等领域知识广泛吸收，扩大策略制定的社会化参与，进而提升人工智能产业战略与政策的质量。

其三，编制人工智能产业关键新技术的国家技术战略图，并以此作为推动"政产学研"密切信息交流的重要政策工具，为人工智能产业技术领域更为有效地制定产业战略与产业政策提供充分、高质量的基础信息。在编制技术战略及进行预测时，需要更为关注制定技术战略图及预测过程本身，在这一过程中，各种知识融合、知识扩展就会由此而产生，而这正是未来技术创新与新技术发展的一个重要基础，这也将为政策部门与政策参与者充分了解行业与技术动态、了解政策需要提供重要基础。

（三）扩大高水平对外开放，做好全面战略布局

党的二十大报告以及三中全会公报都指出，继续加强高水平对外开放。双循环发展战略不仅包含产品与服务的双循环，更应该包含思想与创意的双循环。既要激发本国的创新，也要借鉴世界其他国家的创意或思想。充分发挥中国丰富应用场景以及海量数据资源优势，在人工智能领域持续推进国际技术合作。明确"自主创新"与"开放合作"并重作为我国人工智能产业战略的总体方向。面对美国在关键科技与产业领域加速构建西方阵营的战略，中国须从大国博弈的角度出发，对内加快底层技术的研究开发与应用，加快形成核心技术；系统梳理相关领域关键技术发展的优先级与路线方向，

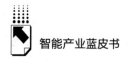

强化重点部署与支持，加快形成对美"非对称竞争优势"。与此同时，对外充分利用国内大市场的吸引力，尽力争取与东盟、欧盟在科技和产业发展方面的合作。

深化与东盟的战略合作，与东盟合作共建人工智能基础设施体系，培育区域经济发展新动能；立足开放平台优势，推动中国—东盟合作迈上新台阶。争取在《区域全面经济伙伴关系协定》（Regional Comprehensive Economic Partnership，RCEP）框架下积极扩大区域开放合作，建立以日本、韩国为重点的对外投资和贸易新机制，推动面向东北亚区域的开放合作，打造特色鲜明的开放合作先行区。拓展与欧盟的合作，鼓励欧洲科技企业来华投资和开拓市场，加大对欧洲、日本、以色列等国家和地区的招商和市场推介。对于能与被美国制裁的中国公司进行贸易和技术合作的国外公司，应该予以适当政策优待；充分借助算法及应用技术优势主动与欧洲企业展开更多合作，并从外交和国际合作层面向欧盟做更多宣传；在反国际巨头的人工智能技术市场垄断方面主动立法，并与欧盟启动反国际技术垄断和数据加密共享方面的前沿技术合作。打破美国技术垄断，对美国寡头垄断的全球并购进行一定的干预及限制，以此来推动全球技术的分散分布，保护国内创新企业不进入美国技术垄断范畴。对来自美国的开放标准或开源项目但不受美国技术封锁限制影响的领域，鼓励国内企业或联盟采用或积极参与，不断提升中国在全球化标准和开源项目领域的国际影响力，以打破以美国为首的一些国家的技术封锁。

（四）完善人工智能学科体系，加快人工智能专业人才的培养

其一，聚焦人工智能产业需求，建立紧缺人才目录。分析中国人工智能产业紧缺专业人才的需求状况，推进人才培育和产业发展同频共振。制定人工智能人才的分级引进政策，给予相应的技术研发经费和科研奖励；积极帮助从海外引进的专家对接高校、企业资源，向符合条件的人才和核心团队提供事业发展平台，并配置合理的激励机制和社会保障，以集聚人工智能领域各类优秀人才；支持自主探索人工智能人才在本地区的保障举措。

其二，依托人才计划优势，吸引海内外优秀人才向中国重点人工智能领域流动聚集，支持国内企业和学术机构加强与全球顶尖人工智能企业及研究机构互动合作，鼓励以灵活方式柔性引进人工智能领域的高端人才，并建立人工智能实验室以吸引各国人才。

其三，构建人工智能基础理论与应用技术相结合的学科体系。系统规划人工智能课程体系，加强基础课、专业课和实践课的体系建设。当前中国高校较为注重应用学科的发展，还应加强基础理论与应用并重的学科体系建设，为"颠覆性技术"的突破奠定基础。高校除了布局人工智能专业学科研究之外，还应该在文、理、工、商专业开展人工智能的应用教育，积极鼓励大学生跨专业研究人工智能，助力人工智能未来在中国各行业的深度结合和部署。

其四，建设人工智能课堂，促进个性化学习推广与实践。未来 5～10 年，人工智能产品与产业的发展或将进入爆发期，而人工智能工程技术开发人才的缺乏将成为产业快速发展的最大障碍。中小企业智能化转型急需复合型人才，而既具备人工智能行业应用经验又具备工程化能力的复合型人才较少。此外，不同的技术方向供需不平衡，现阶段机器学习和计算机视觉领域的人才需求最为突出，相关专业人才极度稀缺，有效供给严重不足。

鼓励高校和企业合作进行专业共建，倡导企业派驻导师到校园，将最前沿的人工智能技术发展趋势带入一线教学中，激发大学生创新、创造热情，加大力度培养其实践动手能力，从而形成以问题为驱动、项目为载体、创新为目标的教育模式。

B.8
人工智能应用的就业效应分析

甘甜　张磊*

摘　要： 人工智能技术的发展和广泛应用对就业市场造成了巨大冲击，本文从就业数量、就业质量、就业结构、就业形态等方面剖析人工智能就业效应及其实现路径，以便应对新技术带来的就业冲击，帮助改善我国就业市场现状，促进实现高质量就业。就业效应通常涵盖劳动替代效应以及岗位创造效应和补偿效应，人工智能作为一种新型技术，既符合技术进步影响就业的一般规律，也有其特殊表现。替代效应方面除了对体力劳动的替代，人工智能将更进一步地替代脑力劳动，对更多岗位造成冲击，一方面，人工智能的技术特性表现出对中等技能劳动者的大规模替代，创造了更多高技能岗位和低技能岗位，强化就业结构极化现象，进而引致劳动者收入分化；另一方面，人工智能的技术偏向型特征表现出对资本和劳动不同程度的增强，进而影响生产过程中的收入分配。此外，新的就业组织形态也伴随着新技术的应用而产生，为就业市场提供了新的生机。最后，由于我国区域、产业发展不均衡，人工智能的就业效应还存在区域、产业、行业层面的异质性影响。相关部门应削弱就业替代效应，放大创造效应和补偿效应，积极应对就业冲击，防范就业社会风险。

关键词： 人工智能　就业效应　就业结构

　　人工智能技术的高速发展正深刻改变着人们的生产生活方式，并影响

---

* 甘甜，中国社会科学院大学经济学院博士研究生；张磊，中国社会科学院经济研究所研究员，中国社会科学院大学教授、博士生导师，研究方向为人工智能经济学、产业经济学。

着中国劳动力市场。随着我国人工智能技术的高速发展及其在各个领域的广泛应用，我国劳动力就业市场面临的压力逐渐增大。从第一次工业革命开始，机器就替代劳动力进行生产，人工智能对劳动力的替代只是人类经济史上的最新一次。关于"人工智能与就业"的话题引起了社会的广泛热议，有效识别人工智能应用的就业效应在当前中国经济转型期的背景下意义重大。由于人工智能研发在认知决策方面的重大突破，这种具有通用目的技术特性的科技革命将对就业市场和劳动力替代产生多方面的深刻影响。本文将从就业总量、就业结构、就业范围和就业质量等方面分析人工智能对就业市场的影响，这些影响可能是积极的，也可能是消极的。一方面，人工智能会给就业市场带来新的机遇，如通过提高劳动生产率减轻劳动者负担，释放更多劳动者生产潜能和创造力；另一方面，人工智能也会给就业市场带来新的挑战，如人工智能可能会大量替代劳动者体力和脑力工作，造成大规模失业等社会问题。[①] 要结合中国发展国情和就业市场现状，正确认识人工智能对就业的消极和积极影响以及短期和长期影响，加快人工智能产业的扩大再生产，提高劳动者适应新技术变革的劳动技能，尽快调整就业模式以适应新的就业形势，以便积极应对人工智能发展，在宏观层面做好应对措施。

一　人工智能对就业总量的影响

事实上，历次技术革命都会引发技术型失业。然而，在过去的一个多世纪里，各国就业人数基本保持着不断增长的态势，就业岗位消失与就业人数增长并存。历史经验表明，有关重大技术变革带来负面影响的悲观预测从未真正成为现实。其原因在于，技术的兴起固然会造成很多职业的消失，但也

---

① Acemoglu D., Restrepo P., "Artificial Intelligence, Automation and Work," *Social Science Electronic Publishing*, 2018.

会衍生和创造出很多新的就业岗位，并最终达到总量上的平衡。① 人工智能技术的发展和应用也是如此，尽管人工智能对执行某些任务有更大的竞争优势，能够代替部分劳动力，但其出现往往伴随着也刺激了新的岗位需求和消费需求。一方面，短期内增加了与人工智能技术发展直接相关的技能岗位。例如，随着人工智能的引入，部分企业需要对原有岗位的劳动力进行升级培训或者招聘高人力资本的劳动力，这样才能更高效地操作和维护智能化生产，真正释放人工智能的生产效率。另一方面，人工智能在中长期的广泛应用将会创造出更多的新业态、新模式，并带动更多新的岗位和就业需求。这些新业态必然带动更多新的就业机会与具有经济活力的工作机会，能够调整行业内部的劳动力组成，催生新的技能，增加企业的工作岗位，最终能够扩大中长期的就业规模。因此，人工智能对就业总量影响将取决于负效应和正效应的综合结果，每种效应的表现还要取决于人工智能在不同产业和不同区域的具体应用情况。本文将从宏观和微观应用等多角度来分析人工智能技术的应用特点及其对就业的"双刃剑"效应。

（一）替代效应

人工智能对就业总量的负面冲击主要表现为对劳动力的"替代效应"。"替代效应"是指人工智能依托软硬件设备对部分任务实现自动化，替代部分劳动力进行工作，从而对就业表现出负面效应，导致"技术性失业"。② 以往技术革命中的"替代效应"主要体现在机器对于体力劳动的替代，而以智能化为特征的人工智能则是逐渐将"智力"融入生产流程，其不仅要求机器的灵巧度要逐步接近人类的能力，更重要的是使机器逐步拥有人类"思考"的能力。机器经历的"自动化—智能化—人工智能"的系列转变，将会对劳动市场产生更进一步的冲击。一方面，人工智能的应用会替代劳动

① Acemoglu D., Restrepo P., "The Race Between Machine and Man: Implications of Technology for Growth, Factor Shares and Employment," *NBER Working Papers*, 2016.
② Acemoglu D., Restrepo P., "Automation and New Tasks: How Technology Displaces and Reinstates Labor," *Operations Research: Management Science*, 2021 (5/6): 61.

者的体力劳动，比如，传统的仓库商品分拣、工业焊接等工作可能会被替代。另一方面，人工智能的智能化应用将大规模替代脑力劳动，比如数据计算、会计核算、银行对账、交通指挥、数据交易等行业的劳动者正在逐渐被人工智能设备替代。目前，在深圳、东莞等地，人工智能在车间的使用对一些岗位产生了替代，给就业者带来了较大冲击。麦肯锡全球研究院数据显示，到2025年，智能自动化和人机结合全新的劳动分工将颠覆全球15个行业中的8500万个工作岗位，大量知识密集型产业将被智能机器人替代。①其中被替代的主要是那些可以重复性的行业，这些行业的劳动者将会面临失业风险，以及与智能设备竞争的压力。

目前，人工智能技术仍处于发展和研究阶段，相较于早期的传统人工智能，通用型人工智能表现出对劳动任务更深入地理解和进一步替代。发展初期的判别式AI表现为对已有数据的学习，建立输入与输出之间的关系，并将其应用于预测、分类、回归等领域，其在精准营销、个人征信、金融保险等行业都获得了令人满意的表现。然而，这一阶段的人工智能模型依然存在通用性不强、难以将人类的隐性知识程式化等问题，因此对脑力劳动的替代性仍然有限。目前，以大模型为代表的生成式人工智能技术所表现出的通用目的技术潜力，不仅可以处理单一类型的输入数据，还能够处理多种形式的输入数据并生成多样化输出，使对劳动力市场的影响也表现出一些新的特征和趋势。②首先，基于大语言模型的生成式人工智能表现出前所未有的通用目的技术潜力，对就业的冲击扩大到高技能水平、非常规认知工作任务和岗位，特别是与文字、图像、视频创作等相关的非常规认知任务及工作岗位。尽管生成式人工智能实现商业化应用的时间很短，但已经快速渗透到诸多行业，以GPT-4为例，模型以Transformer为基础架构，通过设置上万亿个模型参数、"喂食"大规模高质量训练数据、引入人类反馈加强学习机制，实现了使用一个大模型解决全部问题的技术路线，不再需要建立适用于个别行

---

① 麦肯锡：《未来工作新篇章：在欧洲与全球推广人工智能与提升技能的竞赛》，2022。
② 郑世林、陶然、杨文博：《ChatGPT等生成式人工智能技术对产业转型升级的影响》，《产业经济评论》2024年第1期。

业或领域的专业化模型。其次，生成式人工智能正在逐步实现对人类隐性知识和认知能力的编程化、自动化。生成式人工智能通过学习已有数据的统计特征，生成新的数据，并将其转化为自然语言文本、图像、音频、编程代码等各种模态，可以被广泛应用至新闻稿写作、剧本写作、广告创意、软件编程等创造型专业岗位。在实际应用中，正在将高技能员工的数据输入转化为模型生成内容，表现出对人类隐性知识的编程化趋势。因此，生成式人工智能对劳动就业的影响范围明显扩大，许多非程式化、专业型、创造性岗位都面临较大的被替代风险。

此外，人工智能对就业市场的替代效应存在多重异质性影响。在产业层面，人工智能技术的智能化特征表现为在知识密集型产业中的应用。人工智能对服务领域的文字写作和语言互动等岗位将产生直接的影响。[1] 比如，市场推广与客服等日常工作都将因为生成式人工智能技术而被替代，金融投资和保险、数据处理和托管、信息服务等行业的技术替代风险系数最高。《中国人口和就业统计年鉴》的数据表明，我国非私营城镇单位共有就业人口1.8亿人，其中包括信息传输、软件和信息技术服务业，金融业，科学研究与技术服务业的就业人数占比约为10%，占2023年第三产业就业人数的3%左右，考虑到第三产业相关行业的从业人数超过千万人，受影响的就业岗位绝对数目仍然会达到较大规模，[2] 但在以劳动密集型为主的制造业的岗位就业中，目前生成式人工智能对其就业机会影响相对较小。一方面，由于我国目前制造业应用信息化和自动化程度较高，所以它们可提供的就业机会较少；另一方面，生成式人工智能在制造业中的运用并不多，所以它在就业影响方面对制造业不如服务业那么显著。[3] 此外，在区域层面，我国区域经济发展不平衡，不同产业分布存在集聚效应。人工智能技术的应用特点表现

---

① 马晔风、陈楠、崔雪彬：《生成式人工智能技术如何影响专业型工作？——来自软件工程行业的早期证据》，《劳动经济研究》2024年第3期。

② 数据来源：2023年《中国人口和就业统计年鉴》。

③ 王晓娟、朱喜安、王颖：《工业机器人应用对制造业就业的影响效应研究》，《数量经济技术经济研究》2022年第4期。

为在经济水平较高、产业集聚程度高的地区劳动力密集程度高且有能力较早将人工智能技术应用于生产，导致经济发达地区就业市场将率先受到人工智能技术应用的冲击。

（二）创造效应和补偿效应

事实上，历次技术革命都会引发就业方面的"替代效应"，导致部分就业岗位的直接消失。然而，在过去的一个多世纪里各国就业人数基本保持着不断增长的态势，我国就业总人数从2000年的7.1亿人增加到2023年的7.4亿人。究其原因，技术进步对就业也能产生正向效应，即直接增加岗位的"创造效应"和间接增加岗位的"补偿效应"。人工智能的就业"创造效应"同以往技术进步相似，表现为新兴产业发展创造的大量新岗位，以及原有产业技术升级产生的相关岗位。工业革命以来，新工种、新岗位的创造始终伴随着自动化进程的推进，19世纪和20世纪，在纺织、冶炼、农业及其他产业中的各种岗位被替代的同时，这些产业也衍生出工程师、维修工、后台保障、管理、财务等一系列新工种、新岗位。21世纪初，电子计算机和互联网大规模引入中国后，一部分传统工作岗位被计算机等替代，如档案整理、数据计量、数据存储、信息交换等，但是电子计算机行业及电子信息技术的应用也产生了非常多的就业岗位，吸纳了新的劳动者。人工智能作为当下最重要的自动化技术，同样有望创造出诸多新的工种和岗位。"补偿效应"则表现为新技术通过提高企业生产效率、降低成本、扩大产业规模带来的劳动力需求增加，以及由产品价格下降促使消费者通过收入效应增加产品需求，从而引致产业规模扩张和该领域劳动力需求增加。例如，在欧美等国家，农业机械化水平提高导致食品价格下降，使消费者的实际收入上升，增加了对非农商品的消费，从而为非农行业创造了大量的就业机会。

此外，人工智能的就业"补偿效应"可以通过促进生产要素在产业间和地域间流动而实现。具体表现在以下几个方面。①个体在择业方面的主观能动性，替代效应导致的失业劳动力会主动流入其他岗位或产业，造成劳动力流入的产业规模扩张。① ②人工智能的差异性应用也会导致劳动力在不同行业和地区之间发生转移，提高了本地下游行业、本地劳动力替代性较高的其他行业及外地同行业的劳动就业水平。③人工智能应用对产业链下游行业的就业同样具有补偿效应。人工智能的大规模使用促进整个产业链下游行业的生产成本下降，进而刺激下游行业追加资本和劳动力投入以扩大生产规模。产业链下游增加的劳动力需求，能够吸收上游行业中被机器人取代的劳动力，实现劳动力跨产业链的调整。② ④人工智能的偏向性技术进步特征还促进劳动力在不同行业间流动。劳动力由中等技能需求的行业流向高技能需求或低技能需求的行业，即对不同技能需求行业的就业具有溢出效应。③

二 人工智能对就业质量的影响

高质量就业作为高质量经济增长的重要内容之一，其本质是优化劳动力资源配置，实现劳动力供给与时代需求相融合，实现充分就业、公平就业和体面就业。人工智能技术发展为高质量就业的实现提供了新的契机，能够在促进创造就业机会、改善收入分配、优化就业结构以及改善就业环境等方面促进就业质量提升和就业公平，最终实现高质量就业。人工智能对就业市场的"创造效应"不仅创造了大量就业岗位，还间接改善了收入分配环境。如果仅有"补偿效应"，即使发挥再充分，持续的替代效应还是会降低劳动收入在国民收入中的份额。历史数据表明，劳动收入在国民收入中的占比长期保持相对稳定。在分析工资收入的历史数据后发现，近十年我国劳动收入份额保持相对稳定。这是因为"创造效应"对收入分化的抑制作用，"创造

---

① 郭凯明：《人工智能发展、产业结构转型升级与劳动收入份额变动》，《管理世界》2019 年第 7 期。

② 林淑君、郭凯明、龚六堂：《产业结构调整、要素收入分配与共同富裕》，《经济研究》2022 年第 7 期。

③ 何小钢、刘叩明：《机器人、工作任务与就业极化效应——来自中国工业企业的证据》，《数量经济技术经济研究》2023 年第 4 期。

效应"的存在使劳动收入份额稳定成为可能。[①]

人工智能作为一种新质生产力,其大规模应用将深刻影响收入分配状况,使企业利润在不同部门、不同技能员工间重新分配,加剧资本与劳动、高技能人才与低技能员工间收入的两极分化。[②] 据世界不平等数据库(WID)统计,中国收入前 10% 与后 50% 人群的收入份额差距正呈现逐年扩大趋势,特别是 21 世纪以来贫富差距问题愈加凸显。2020~2022 年我国数字技术产业年人均收入分别为 13.32 万元、14.76 万元、16.14 万元,而城镇年人均收入为 4.38 万元、4.74 万元、4.92 万元,农村年人均收入为 1.71 万元、1.89 万元、2.01 万元。[③] 由此可知,数字技术产业人均收入远超非数字技术产业人均收入。同时,就业岗位分工的深化,也使更多优质岗位趋向于高端技术型产业。一部分中等技能劳动者开始转向低技能劳动者工作岗位,从而造成了劳动力市场挤压,大量低技能劳动者丧失了原有的工作岗位,甚至面临被淘汰的风险,而高端技术岗位和数字技术产业人才仍然稀缺,加剧了现代劳动力市场的结构性供需矛盾。对人工智能技术在要素收入分配中扮演何种角色,以及是否会诱致中国劳动收入差距进一步扩大等问题的研究,有助于预判人工智能技术所引发的收入分配结构失衡和就业冲击,抑制收入差距扩大。

一方面,人工智能引致的就业结构极化会转化为劳动者内部收入差距的扩大。在劳动者群体内部、劳动就业市场的两极化趋势下,人工智能技术应用通过削减从事重复性工作的低技能劳动岗位需求,增加从事非重复性工作的高技能劳动岗位,原本处于中等收入岗位的劳动者,或者失业或者向低端岗位下滑,低技能劳动岗位的就业人数增长,竞争更加激烈,工资下行压力持续加大,导致高技能人群与低技能人群之间的工资差距不断扩大,最终表

① Autor D. H., Krueger K. A. B., "Computing Inequality: Have Computers Changed the Labor Market?" *Social Science Electronic Publishing*, 1997, 113 (4): 1169-1213.

② 张展培、梁洁莹、刘小勇:《生成式人工智能、就业变动与收入不平等》,《南方经济》2024 年第 8 期。

③ 数据来源于世界不平等数据库(WID)。

现为收入分配上对高学历、高技能劳动者群体的不断倾斜，从而拉大了劳动者的收入差距。[①] 在智能化推进过程中，劳动者内部不同群体间的收入分化现象在实证层面得到多方印证。1993~2020 年中国劳动力市场数据表明不同教育水平群体间收入差距变化：21 世纪初，本科以上学历群体收入不断增加，其中研究生群体的收入涨幅最大；本科以下学历群体的收入水平则陷入停滞，高中肄业群体的收入甚至开始下降。美国及其他很多发达经济体的收入分配都明显偏向于受过高等教育的精英群体。美国中层收入群体的实际收入水平在 1999 年达到峰值后持续下降，2011 年下跌近 10%，而同期美国 GDP 始终保持增长。[②] 人工智能应用带来的就业极化现象会导致劳动者内部收入差距扩大，具有中高技能、良好教育背景和技术专长的青年人将更多从中受益。

另一方面，人工智能技术在产生岗位更迭效应的同时，也存在突出的生产率效应和要素偏向性，最终导致要素收入分化。人工智能在资本密集型和劳动密集型产业应用程度不同，会通过影响要素流动进而影响劳资收入分配结构。[③] 在 20 世纪的大部分时间里，资本和劳动在国民收入中的份额都基本稳定，这与"卡尔多典型事实"也是相符的。进入 21 世纪，由于人工智能存在要素偏向性应用，伴随劳动回报率的下降，上述稳态开始被打破；以美国为例，1947~2000 年，劳动报酬在国民收入中的平均占比为 64.3%，到 2010 年第三季度已降至 57.8%。其他主要经济体甚至从 20 世纪 80 年代便出现了劳动报酬占比下滑的势头；与之相对，资本回报在全世界范围内则呈现上涨趋势，更多的收入和财富向少数资本所有者聚集，加剧了分配的不平等。人工智能应用带来的生产效率提升将会继续提高要素回报率、扩大要素间的回报差距。与此同时，人工智能技术的应用推广也是资本深化的过

---

① 王朝明、李梦凡：《极化效应下我国中等收入者群体的发展问题》，《数量经济技术经济研究》2013 年第 6 期。

② 数据来源：世界银行公开数据。

③ 王林辉、胡晟明、董直庆：《人工智能技术会诱致劳动收入不平等吗——模型推演与分类评估》，《中国工业经济》2020 年第 4 期。

程，将进一步降低劳动报酬在国民收入中的比重，加剧资本和劳动在国民收入中的占比差距。[1]

人工智能在生产过程中的广泛应用既能通过促进生产力变化而影响劳动者收入份额，还通过影响生产关系和劳动者在劳资关系中的议价能力，进而影响劳动者的收入份额变动。企业通过应用人工智能技术大大提高其生产效率，由于企业自身差异，其增长速度将发生分化，最终影响企业之间的经营状况，进而导致先应用新技术的头部企业对市场形成垄断的现象。垄断企业加强了在就业市场的谈判能力，因此进一步对劳动力就业造成负面冲击。不同的企业拥有不同的资本规模和经营战略，通常大型企业具有良好的发展基础，在人工智能的竞争中也会具有一定的优势。大型企业有能力收集和整理大量数据并构建多种应用模型用于人工智能的模型训练、优化和验证。此外，企业还需要招聘具有数字技术能力的高端人才，以便更好地了解工作机制并将其运用到企业的具体经营中。所以为了构建、部署和优化生成式人工智能模型，以及提供足够的计算硬件支持，有较高的资本和吸引人才的能力的头部企业可能会利用人工智能技术快速扩大经营规模并形成垄断局面。企业在产品市场的垄断导致劳动力要素市场的优势地位，增加企业的谈判筹码从而有能力压低劳动力市场的工资水平，对劳动者就业质量造成负面影响。[2]

三 人工智能对就业结构的影响

人工智能应用不仅会对就业市场总量和质量造成一定冲击，也会间接引起就业结构和产业结构的调整。对不同技能结构的劳动力需求而言，智能化在替代部分工作的同时也会进一步提高企业对非自动化岗位、与智能技术互补岗位的劳动力需求。诸多研究表明，智能自动化技术对中等技能劳动者的

---

[1] 王林辉、袁礼：《有偏型技术进步、产业结构变迁和中国要素收入分配格局》，《经济研究》2018 年第 11 期。

[2] 蔡跃洲、陈楠：《新技术革命下人工智能与高质量增长、高质量就业》，《数量经济技术经济研究》2019 年第 5 期。

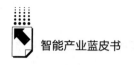

替代性最强，而对高低技能劳动者存在溢出效应。① 因此，人工智能应用可能会导致不同技能劳动者之间的"就业极化"效应。

世界银行报告（2016）显示，人工智能等新兴技术致使欧美发达国家劳动力市场出现就业极化，即高技能劳动者、低技能劳动者的就业比重上升，中等技能劳动者就业比重下降，不同技能水平劳动者就业呈现 U 形分化趋势。基于技术差异分析，在中等技能行业中使用工业机器人引致的就业效应确实更加明显。因此，人工智能对就业结构影响总体呈现对中等技能劳动者的偏向性替代，最终促使就业结构发生变化。最初体现在取代部分机械性且非精细化的体力劳动，之后能对相较简单、重复、可量化、可标准化的工作进行解析，分解后高效赋值、编码，从而可以替代重复性的脑力劳动。人工智能在不断从对常规程式化的工作的替代向复杂任务进步，但表现出对人类生理性或本能直觉性等基础任务的难以替代。目前建立在创造性劳动和情感性劳动基础上的工作岗位是人工智能所难以替代的。但随着人工智能技术发展，大语言模型已从学术环境进入日常应用，AI 在写作、绘画、编程等需要主观能动性进行创作的行业也已经形成极大程度的替代。旧式人工智能的规则设定和逻辑推理依据的是各种显性知识，一旦遭遇需要默会知识的场景，其识别或预测就容易出错。以椅子的识别为例，椅子的特征通常包括腿、扶手、座位、靠背等，以这类显性知识作为规则编程来进行物体识别，可能将没有扶手和靠背的椅子识别为小桌子；而正常三岁儿童能轻松辨认出椅子、桌子，也就是说，我们并不能完全清晰地描述出三岁儿童能识别出的物体的所有"知识"。可以说，默会知识的存在是旧式人工智能功能受限、两次遇冷的重要原因。② 显性知识对应于规则、逻辑、推理，属于高阶智慧；而默会知识则更多对应于无意识的直觉，属于人类进化过程中更早拥有的感官运动性低阶技能。当下基于大模型驱动的新式人工智能，其运行机制

① 屈小博、程杰：《中国就业结构变化："升级"还是"两极化"?》，《劳动经济研究》2015年第 1 期。
② 周翔、叶文平、李新春：《数智化知识编排与组织动态能力演化——基于小米科技的案例研究》，《管理世界》2023 年第 1 期。

就是运用数据和计算能力优势，提炼出各种隐含的默会知识，进而实现更为通用和复杂的功能。因此，某些对于人类很容易的任务对人工智能来说很难完成，由此导致就业呈现"就业极化"趋势。众多研究成果表明，中国的劳动力市场也出现了这种就业极化现象。

　　人工智能对就业的结构性影响还体现在通过促进生产要素在产业间流动调整产业结构。人工智能的大规模应用将对中低端产业进行更新换代，促使产业结构逐步升级，从而带动劳动力向更高级的产业方向流动。自20世纪中期以来，制造业领域对中等技能员工需求的减少已经成为一种全球性趋势。人工智能作为第四次技术革命，对制造业就业和生产模式带来重要影响，即不仅通过智能化替代减少制造业就业的绝对数量，还将深刻改变制造业就业结构，进而影响制造业就业的相对数量和整体产业结构。① 人工智能与硬件设备的结合除了对制造业产生更进一步的冲击外，还将对服务业和知识密集型产业产生颠覆式影响。因此，在知识密集型产业内部，劳动力也将逐步向更高技能岗位进化，同时催生多样化的创新型、创造型岗位和人才需求，使产业结构进一步强化升级，促进经济和社会的蓬勃发展。

四　对就业组织形态的影响

　　在微观层面，人工智能的大规模应用还将促使就业组织形态发生深刻变革，其中"去雇主化"的就业形态将得到趋势化发展。早在上一代互联网信息技术的大规模应用浪潮中，平台型经济在多行业中已实现以"灵活就业"为主要形态的"去雇主化"模式。在人工智能时代，国际劳工组织提出"数字劳动"来代表一种通过与数字平台或人工智能等信息和通信技术交互产生价值的新业态，其表现形式类似于互联网浪潮下平台型经济的延伸。新业态主要依托的数字劳工平台首次出现于21世纪初，用于协调供应

---

① 王晓娟、朱喜安、王颖：《工业机器人应用对制造业就业的影响效应研究》，《数量经济技术经济研究》2022年第4期。

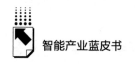

商和客户之间的工作或服务。交互通常涉及三方，即客户或请求者、平台和劳务或服务提供者。数字平台通常分为两种，即基于网络的平台和基于位置的平台。在基于网络的平台上，工作任务采取众包的方式分配，劳动者通过公开的电话等途径获得不同领域的工作，在线上完成，比如翻译和咨询。而在基于位置的平台上，劳动者通过分配工作的应用程序完成线下的任务，比如运输和清理，该平台牵涉更多的体力劳动者。区别于传统工作形式，"数字劳动"属于非标准就业，通常是开展临时工作任务的零工形式，具有工作场所多样、工作时间灵活、工作安排自主等特点。依托于平台，进入门槛降低，工作形式临时化的非标准就业规模不断扩大，标准就业人员数量相对减少。

技术乐观主义提出，劳动者对企业组织的依附被人工智能和相关技术削弱了，有助于形成灵活的就业模式与工作形式，通过降低交易成本和减少工作时间两条路径，改善就业两极分化与工资收入不平等的状况。特别是由于新技术的发展，灵活劳动力供给的交易成本已经降低，从事非传统工作的人数在过去10年间大幅增加。在工作时间方面，技术进步增强了劳动者对风险的抵抗力，并能够为灵活工作创造更多价值。还有观点认为，工作时间会随着劳动生产率恒速增长而恒速下降，由于均衡增长的新偏好，引致生产率对工作时间的收入效应增加，当超过替代效应时，实现对工资收入不平等的改善。① 基于就业市场实际，各类数字平台通过调度、规划系统，利用算法推荐等技术吸纳整合了大量劳动力。中国服务业的发展趋势为数字化、智能化和平台化，基于平台经济发展形成了以非标准就业规模加大为特征的新就业形态。智能时代机器与人类之间需要有机融合，而普遍意义上的人机协同，将成为智能时代基本的工作环境。劳动者的智能技能与智能机器的深度融合和协作，将重塑智能时代的就业模式。企业开始向平台转型和迁移，传统的事业部制、扁平化、矩阵式企业生产组织方式被颠覆，传统的企业组织

① Acemoglu D., Autor D., "Skills, Tasks and Technologies: Implications for Employment and Earnings," *Handbook of Labor Economics*, 2011, 4b (16082): 1043-1171.

形式向"平台+个人"转变。企业组织形式的上述变革为青年人才就业提供了过渡地带、为青年人才自主创业创造了孵化地，有效地破解了传统的就业难和招工难的问题，促进了充分就业的实现。灵活的就业模式使雇员和雇主都有了更大的工作灵活性，但工作的灵活性会导致经济体内不稳定就业模式日益流行：欧盟传统就业份额在过去十来年有所下降，非传统就业份额正在上升，美国临时工、合同工、独立工作者等不稳定就业群体所占的比重也在逐步上升。结果，就业模式越来越多地从传统的、受雇于固定雇主这种稳定就业向灵活就业等非传统、不稳定就业转变。而且此类转变大多并非源于就业者自愿的因素。非传统就业会削弱劳动者福利和工会保护，因此具有潜在的经济和社会影响。

人工智能在物理环境尤其是虚拟办公空间等方面的应用，创造了新的就业形态。可以通过塑造虚拟雇佣关系、提升劳动者就业能力塑造新型环境，促进充分就业并提升就业幸福感。[①] 首先，人工智能能够改善物理环境，激发劳动者的劳动潜力和创造力。物理环境即劳动者的工作场所，数字化技术的应用使劳动者对工作场所的选择具有弹性，部分行业能够实现远程居家办公、线上和线下混合办公模式，从而使劳动者能够更好地平衡家庭与工作。自由、宽松的工作环境能最大限度地激发劳动者的劳动潜力，将个人价值实现与企业发展愿景相融合。其次，人工智能能够塑造虚拟雇佣关系，促使劳动者实现多元化就业。与工业经济时代"企业+员工"的雇佣模式相比，数字经济时代的新就业形式突破了传统的时空边界和雇佣关系，劳动者的工作地点、内容、方式和期限等更加多元化、灵活化和自主化，雇佣关系呈虚拟化、弹性化的特点。灵活的劳动关系与多元化的就业形式拓宽了劳动者的职业选择空间，劳动者可以按照兴趣、爱好、拥有的资源等实现灵活自由就业，或利用闲置时间从事"第二职业"，达到个人收入的最大化。最后，人工智能能够提升劳动者就业能力、优化就业市场生态环境。线上职业教育培

---

① 隆云滔、刘海波、蔡跃洲：《人工智能技术对劳动力就业的影响——基于文献综述的视角》，《中国软科学》2020年第12期。

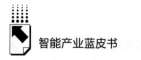
训、线上教育资源为劳动力提供了大量的学习资源和途径,满足了劳动者多样化的就业服务需求。同时,数字技术的迭代更新也倒逼从业人员不断学习新的知识和技能,不断提高自身的专业技能以胜任新的工作岗位,这不仅提高了整体社会的全要素生产率,还在数字人才的培养与需求之间形成了良性的互动,优化了就业市场生态。

就业市场的去雇主化还体现为生产力大幅提升推动的创业创新。通用型新技术的大规模应用往往推动各行各业的颠覆性创新,创新意味着新的增长动能和行业重新分配。[①] 其中,人工智能技术对一些行业将造成颠覆性影响,如电商、游戏、广告等,由于线上化程度高、内容质量决定价值两大特征,意味着生成式人工智能应用能创造最大价值,并迅速渗透到核心生产环节。因此,行业中大小公司有机会抢占先机,甚至个人开发者也能对传统企业带来冲击,行业可能面临洗牌。此外,农业、制造、医药等行业也在不断发掘新的技术潜能,加快人工智能技术的创新性应用。人工智能的兴起不仅为创业者提供了新的创业机会和方向,在创业初期大大降低了企业的创业成本,促进劳动者从被雇佣转变为灵活就业、自我雇佣、自主创业等就业形式。人工智能极大地降低了创新创业成本,有助于促进各个领域的创业创新和高质量就业发展。

五　异质性影响

(一)个体异质性

由于劳动力个体间存在差异以及其集聚呈现的宏观差异,人工智能的就业效应也存在差异性。在人工智能技术对劳动力逐步替代以及就业结构极化的过程中,中低技能或受教育程度较低的劳动者会率先受到影响,只有提高

---

① 赵涛、张智、梁上坤:《数字经济、创业活跃度与高质量发展——来自中国城市的经验证据》,《管理世界》2020 年第 10 期。

相应的技能要求，才有更多机会在创造性要求更强的岗位上重新实现就业。这也意味着，宏观层面的结构性失业比例将取决于劳动者整体的受教育程度或技能水平。[1] 我国高等教育毛入学率已由 1978 年的 1.55% 上升为 2017 年的 42.7%，2022 年高校毕业生人数更是达到 1300 万人。[2] 然而，相比发达国家全国范围内就业人口的平均受教育程度仍然偏低。美国、英国、德国 3 个发达国家就业人口（劳动人口）中高等教育人数比例比中国高出至少 15 个百分点，其中，美国、英国的比例都是中国的 2 倍以上。因此，面对自动化加速推进过程中有利于高等教育人群的结构性变化，中国受影响人群的比例将远高于美欧发达国家。

我国地域广阔，各地区发展差异大，经济发展不平衡，因此各地就业市场结构与劳动力分布存在一定差异。首先，人工智能在产业中的应用和对劳动力的替代一般先从低技能、重复性任务开始，工业和中低技能服务业分布较多的地区，人工智能应用场景较多，将会率先进行人工智能大规模应用。其次，经济相对发达的地区更有能力进行新技术的应用，因此，人工智能技术会率先在经济发达、劳动力密集、产业繁荣的地区得到推广和应用。[3]

（二）时间效应

人工智能对中国就业同样具有跨期的时间效应。短期来看，技术的就业"替代效应"会率先显现，应重点关注和应对"替代效应"导致的技术失业。人工智能的应用可能会对相关行业及就业市场带来冲击，甚至使一些企业破产，相关行业的从业人员出现大规模失业。尤其在人工智能使用范围比较广泛的情况下，这种短期的技术性失业的风险值得防范并给予较大关注。[4] 一部分是智能化设备的使用对传统产业、服务业的就业冲击，另一部

---

① 孙早、侯玉琳：《工业智能化如何重塑劳动力就业结构》，《中国工业经济》2019 年第 5 期。

② 数据来源于国家统计局。

③ 孔高文、刘莎莎、孔东民：《机器人与就业——基于行业与地区异质性的探索性分析》，《中国工业经济》2020 年第 8 期。

④ 戚聿东、刘翠花、丁述磊：《数字经济发展、就业结构优化与就业质量提升》，《经济学动态》2020 年第 11 期。

分是人工智能软件对知识密集型产业劳动者的替代；从长期看，人工智能的广泛使用是必然趋势，我们应该正视这一事实，抓住科技进步带来的经济机遇。在就业方面，随着人工智能行业的发展，以及其他行业采用人工智能设备后，与人工智能相关的工作岗位会逐渐增加。应充分发挥新技术的就业"创造效应"和"补偿效应"，尽快调整劳动力结构，适应新的就业模式和就业形态。另外，随着人工智能的大规模使用，劳动者工作环境可能会进一步改善，工作时长逐步缩短，娱乐性派生需求将进一步刺激经济增长和劳动力市场繁荣，这也会促进中国现代服务业，尤其是教育、健康、医疗、旅游、休闲和娱乐等的快速发展，使全体人民共享科技进步带来的硕果。

六　结论与建议

技术进步是一种必然趋势，人工智能时代在加快向我们到来。我们要充分利用技术进步带来的经济机遇和就业创造效应，实现经济转型和经济增长，为劳动者提供更广阔的就业市场，实现高质量就业。同时，应当预防新技术在短期内的产业冲击和就业冲击，关注就业市场的"替代效应"，尽快调整劳动力供需结构，防止技术性失业、结构性失业以及就业极化带来的收入分化问题。为确保未来劳动力市场需求平稳过渡，提高劳动者福利，帮助劳动者尽快适应新的就业环境，本文提出以下建议。

（一）出台和完善人工智能产业政策，鼓励人工智能技术研发和应用，加快人工智能新兴产业发展，发挥人工智能技术在产业中的转型升级作用，帮助企业扩大再生产①

一方面，有重点地扶持和引导人工智能率先落地教育、医疗、基建等民生普惠行业，降低人民生活成本，增加消费者福利，缓解失业带来的收入下

---

① 郑景丽、王喜虹、张雪梅：《人工智能如何影响劳动收入份额——基于产业结构与企业升级的机制探讨》，《南开经济研究》2024 年第 4 期。

降和福利损失。充分发挥岗位"补偿效应"和"创造效应"增加更多就业岗位。建立产业基金等引导人工智能产业的扩大再生产，落实相关政策让相关企业成为市场创新的主体，通过进一步做强做大做优人工智能产业来增加人工智能相关产业的研发、制造、安装、维护等工作岗位。通过产业发展来创造新的工作岗位，解决未来可能出现的技术性失业和结构性失业问题。以完善人工智能相关数据的统计监测体系，增强形势研判并及时发现拐点时刻，不失时机地加大对人工智能技术及相关应用的支持力度。

（二）加强职业培训和再就业培训，引导产业间劳动力充分流动，缓解结构化失业

对于因为人工智能的替代效应而失业的劳动者需要给予再就业培训。再就业培训的内容可以分为两个方面，一是对劳动者进行人工智能知识和技术的培训，顺应科技转型，在原岗位的基础上进行技能升级或使其在人工智能领域找到新工作。二是对劳动者进行其他非人工智能行业技术培训，帮助失业者快速转型到其他不饱和行业，从事现代生产性服务业和生活性服务业。人工智能的使用必然带来劳动生产率的提高和人们劳动时间的缩短，为此，人们对现代生活性服务业，如教育、医疗、看护、养老和休闲旅游等的需求必然增加。这些技术性的失业者，通过培训可以在现代生产性服务业和生活性服务业中找到工作。

（三）加强人工智能相关专业高等教育，深化职业技术教育体制改革

各阶段学历教育要完善"人工智能+X"的专业体系，加强院校师资力量，以培养适应信息化、智能化的高端技能人才。对于已就业劳动者提供人工智能技术培训，使其技能纵向升级，确保其能够胜任智能化的岗位。有针对性地进行再就业的教育培训，使被旧工作淘汰的劳动者尽快适应新的工作。因此，不仅要有条件、有步骤地鼓励开展这些劳动岗位的人工智能研发，还应采取"精准培训"的方式，加大对劳动者的转岗培训力度，实现

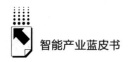

新开发岗位与转岗培训内容的精准对接，以消除技术进步带来的"信息差距""技术差距""观念差距"。通过制度调整人工智能技术进步与劳动者再就业之间的协同进程，使大量普通劳动者成为人工智能技术进步的积极参与者。

（四）建立健全以社会保障和工资保险为核心的劳动者保护制度体系，降低劳动者可能面临的生存风险

人工智能的发展，会不断替代劳动者的体力劳动和脑力劳动，随着技术发展和劳动力市场的竞争压力加剧，劳动者可能会面临更多的风险和不确定性。政府和企业应多关注中低技能等容易被人工智能替代的弱势群体，通过税收和财政补贴加强劳动者失业保障，缓解短期技术性失业。① 要降低劳动者面临的风险和不确定性，除了创造新就业岗位和增加教育培训外，最后的安全线就是社会保障和工资保险，建立健全最低工资制度、失业救济和失业保险等社会保障制度。另外，通过探索工资保险制度，让有能力的劳动者通过商业保险等方式在其失业时能够获得一定的商业性工资保险，降低暂时性的生存风险。

（五）鼓励创业创新，顺应人工智能技术对就业组织形态的改变，促进多种形式的就业

通过减税、补贴等政策，加强对灵活就业者、小微企业的补贴，帮助劳动者尽快适应新的就业方式，形成"大众创业、万众创新"的局面，消化转岗就业，吸纳新增就业。一方面，可以缓解短期内结构性失业，实现失业群体软着陆；另一方面，创业创新是经济长期健康发展的有效动能，新技术的出现助推就业市场进入更高级的发展模式。

---

① 周俊亭、席彦群、周媛媛等：《大数据、人工智能与财税服务创新》，《中国软科学》2020年第 8 期。

（六）有关部门使用适当征税、补贴等手段，调整收入分配结构，改善劳资关系，适应新的生产力带来的生产关系变革

逐步降低劳动所得税并提高资本所得税，还可以对机器人征税。合理提高劳动者在应用人工智能技术的国有企业中持股比例，并在接受政府补贴进行人工智能研发和应用的私营企业中确定劳动收入的基本比例，用于劳动者社会保障，缓解技术偏向型进步带来的收入分化问题。

（七）完善劳动法及相应的管理措施

可通过制定相应政策，促进企业提供更多的就业岗位，分散劳动者的失业风险。为使企业有效达到增加就业岗位目的，可通过劳动法保障劳动者的工作时常，促进企业增加劳动需求。既能使企业不增加额外成本，又能够促进企业增加就业岗位。这需要政府相关机构加强对企业经营和用工的监管，可以在企业进行人工智能技术转型升级之际，缓和劳动的被替代率，保证国家在经济转型期的在岗产业工人数量。

附　录
中国人工智能类上市公司高质量发展评价结果

表1　传媒

代码	公司名称	总得分	运营绩效	估值水平	风险控制	创新能力	创值能力
300002. SZ	神州泰岳	6.31	7.01	5.35	5.43	6.71	5.96
000681. SZ	视觉中国	5.76	6.19	5.45	5.2	5.9	5.5
601928. SH	凤凰传媒	5.7	6.05	5.39	6.36	4.9	6.25
300113. SZ	顺网科技	5.68	5.65	5.12	5.41	6	5.94
300785. SZ	值得买	5.64	6.04	4.94	5.37	5.58	5.94
605168. SH	三人行	5.54	5.72	5.22	5.47	5.31	6.04
000156. SZ	华数传媒	5.52	6.01	5.21	6.46	5.29	4.37
300031. SZ	宝通科技	5.39	5.51	5.08	4.85	5.72	5.36
301171. SZ	易点天下	5.31	5.14	5.04	4.88	5.56	5.86
603466. SH	风语筑	5.25	4.89	5.19	5.67	5.23	5.64
002400. SZ	省广集团	5.13	5.06	4.9	6.01	4.96	4.98
002878. SZ	元隆雅图	5.08	5.26	4.09	5.59	4.97	5.46
300295. SZ	三六五网	5.02	4.63	5.11	5	5.18	5.43
002264. SZ	新华都	4.97	5.28	5.21	4.89	4.5	5.12
300299. SZ	富春股份	4.95	4.86	3.06	5.16	5.45	5.79
600959. SH	江苏有线	4.9	5.67	6.96	5.81	4.27	1.67
002995. SZ	天地在线	4.86	4.69	5.17	4.59	4.59	5.7
603825. SH	华扬联众	4.85	3.22	5.36	6.04	5.27	5.58
300063. SZ	天龙集团	4.83	5.39	3.06	4.48	4.84	5.8
301313. SZ	凡拓数创	4.76	4.92	3.06	4.78	5.1	5.43
002712. SZ	思美传媒	4.67	4.35	5.08	5.51	4.65	4.09
002354. SZ	天娱数科	4.66	4.26	5.11	5.03	4.74	4.48

244

续表

代码	公司名称	总得分	运营绩效	估值水平	风险控制	创新能力	创值能力
300061. SZ	旗天科技	4.64	3.97	5.11	4.71	4.7	5.33
300071. SZ	福石控股	4.63	4.18	5.44	4.82	3.9	6
000917. SZ	电广传媒	4.48	4.81	5.03	5.7	4.4	2.18
300805. SZ	电声股份	4.39	4.4	4.8	5.1	3.36	5.32
000665. SZ	湖北广电	4.01	3.54	5.47	5.53	3.97	2.05
601929. SH	吉视传媒	4.01	3.34	5.16	5.15	4.25	2.58

表2 电力设备

代码	公司名称	总得分	运营绩效	估值水平	风险控制	创新能力	创值能力
300274. SZ	阳光电源	6.31	5.93	5.37	6.12	6.51	7.8
000400. SZ	许继电气	5.73	5.79	5.35	6.27	5.67	5.61
300693. SZ	盛弘股份	5.72	6.51	5.24	5.18	5.29	6.02
300360. SZ	炬华科技	5.71	6.59	5.49	5.49	5.31	5.16
000682. SZ	东方电子	5.67	5.85	5.43	5.68	5.61	5.67
300880. SZ	迦南智能	5.67	6.14	5.72	5.38	5.23	5.82
300514. SZ	友讯达	5.66	6	5.33	5.39	5.73	5.42
300882. SZ	万胜智能	5.6	6.24	5.29	5.38	5.21	5.63
601012. SH	隆基绿能	5.58	5.86	5.29	5.64	4.99	6.43
002851. SZ	麦格米特	5.55	5.24	5.38	5.66	5.63	6.08
600268. SH	国电南自	5.48	5.34	5.24	5.97	5.99	4.52
300018. SZ	中元股份	5.41	5.51	4.68	4.87	6.13	5.03
002927. SZ	泰永长征	5.4	5.83	6.6	5.57	4.49	5.02
002531. SZ	天顺风能	5.26	5.29	5.34	5.49	5.39	4.62
300660. SZ	江苏雷利	5.23	5.69	5.35	5.84	4.45	5.14
300827. SZ	上能电气	5.19	4.95	4.91	4.68	5.34	6.16
603050. SH	科林电气	5.18	5.19	5.38	5.17	4.84	5.7
600312. SH	平高电气	5.18	5.19	5.23	5.97	4.8	5.08
300853. SZ	申昊科技	5.17	3.87	5.04	4.74	6.88	4.92
605378. SH	野马电池	5.16	5.28	6.08	5.63	4.35	5.1
002090. SZ	金智科技	5.13	4.84	4.46	5.27	5.77	4.94

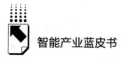

代码	公司名称	总得分	运营绩效	估值水平	风险控制	创新能力	创值能力
603396. SH	金辰股份	5.12	5.17	4.65	5.44	5.14	5.15
601179. SH	中国西电	5.04	5.2	5.21	6.03	4.76	4.12
003022. SZ	联泓新科	5.04	5.16	4.52	5.47	4.79	5.38
300222. SZ	科大智能	5.02	3.99	4.86	5.13	6.04	5.13
600732. SH	爱旭股份	5.01	5.06	4.77	4.95	4.93	5.38
603628. SH	清源股份	5	5.18	5.1	5.13	4.54	5.34
301278. SZ	快可电子	4.96	6.18	5.22	4.43	3.77	5.21
002879. SZ	长缆科技	4.95	5.7	4.85	5.19	4.63	3.99
601615. SH	明阳智能	4.92	4.65	4.09	6.56	5.3	3.9
600482. SH	中国动力	4.83	5.43	4.71	6.01	4.75	2.75
002451. SZ	摩恩电气	4.83	4.39	5	5.09	4.79	5.38
600869. SH	远东股份	4.83	4.57	5.01	5.31	4.69	4.95
603988. SH	中电电机	4.78	4.94	4.38	5.13	4.1	5.86
002534. SZ	西子洁能	4.76	4.62	3.02	5.8	5.2	4.86
300265. SZ	通光线缆	4.73	4.87	5.21	5.56	4.18	4.25
300932. SZ	三友联众	4.71	5.46	4.39	4.8	4.1	4.68
002580. SZ	圣阳股份	4.7	5.04	5.37	5.16	4.08	4.14
300444. SZ	双杰电气	4.69	4.07	4.67	4.95	4.85	5.34
300410. SZ	正业科技	4.67	3.2	4.9	5.16	5.28	5.66
300062. SZ	中能电气	4.65	4.82	4.89	4.41	4.29	5.02
002350. SZ	北京科锐	4.63	3.98	4.88	5.74	4.72	4.39
601218. SH	吉鑫科技	4.61	5.48	5.02	5.27	3.91	3.2
300173. SZ	福能东方	4.54	3.92	4.71	4.65	4.65	5.27
601727. SH	上海电气	4.41	4.01	3.54	5.47	6.08	1.67
300423. SZ	昇辉科技	4.37	3.56	4.88	5.13	4.42	4.64
002560. SZ	通达股份	4.16	4.7	4.7	4.47	3.61	3.35
000720. SZ	新能泰山	4.09	3.52	4.86	5.49	3.46	4.31
600192. SH	长城电工	4.08	3.31	4.86	4.87	3.94	4.36

表 3　电子

代码	公司名称	总得分	运营绩效	估值水平	风险控制	创新能力	创值能力
300866. SZ	安克创新	6.19	6.32	5.41	5.7	6.41	6.79
300613. SZ	富瀚微	6.16	6.4	5.21	5.68	7	5.4
002841. SZ	视源股份	5.98	5.41	5.34	5.99	6.66	6.38
603160. SH	汇顶科技	5.89	5.31	4.11	5.42	7.07	6.9
603893. SH	瑞芯微	5.8	5.73	3.91	5.15	6.96	6.17
300433. SZ	蓝思科技	5.7	5.47	5.45	6.63	5.19	6.49
002241. SZ	歌尔股份	5.62	5.39	4.99	5.53	5.67	6.69
601231. SH	环旭电子	5.61	5.16	5.39	6.9	5.19	6.29
300346. SZ	南大光电	5.56	6.17	5.49	5.35	5.08	5.62
002130. SZ	沃尔核材	5.51	5.86	5.52	5.6	4.97	5.76
603228. SH	景旺电子	5.5	5.54	5.36	7.01	4.69	5.67
301366. SZ	一博科技	5.43	6.05	5.11	4.67	5.55	5.02
002993. SZ	奥海科技	5.41	5.66	7.21	5.68	4.7	4.28
600745. SH	闻泰科技	5.4	5.5	5.16	6.05	5.36	4.86
300236. SZ	上海新阳	5.35	5.85	5.02	5.36	5.3	4.77
002955. SZ	鸿合科技	5.33	5.73	5.34	5.67	5.35	4.16
301328. SZ	维峰电子	5.31	6.34	5.45	4.76	4.83	4.61
300679. SZ	电连技术	5.29	5.96	5.12	5.35	4.61	5.44
605277. SH	新亚电子	5.29	5.57	7.18	4.94	4.38	5.01
300456. SZ	赛微电子	5.28	5.24	4.2	5.55	6.03	4.65
003019. SZ	宸展光电	5.26	5.67	5.36	5.7	4.81	4.82
300735. SZ	光弘科技	5.23	5.76	5.31	5.87	4.21	5.51
000100. SZ	TCL 科技	5.22	5.21	5.24	5.65	5.1	5
300857. SZ	协创数据	5.18	5.06	5.2	5.39	4.96	5.65
301099. SZ	雅创电子	5.15	5.26	4.9	4.75	5.41	5.06
300232. SZ	洲明科技	5.13	5.18	5.04	5.45	5.48	4.12
603380. SH	易德龙	5.1	5.54	5.28	6.02	4.22	4.85
300053. SZ	航宇微	5.05	3.87	5.22	4.73	6.39	4.91
002436. SZ	兴森科技	5.05	5.04	4.56	5.87	4.86	5.13
002815. SZ	崇达技术	5.05	5.54	5.32	5.58	4.66	4.04

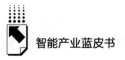

续表

代码	公司名称	总得分	运营绩效	估值水平	风险控制	创新能力	创值能力
603690. SH	至纯科技	5.04	4.98	5.4	5.07	5.33	4.18
300632. SZ	光莆股份	5	5.27	5.24	5.73	4.62	4.23
002983. SZ	芯瑞达	4.96	5.6	5.31	4.7	4.21	5.07
300976. SZ	达瑞电子	4.93	5.57	4.96	5.15	4.51	4.23
000021. SZ	深科技	4.91	5.03	5.21	6.11	4.29	4.43
300793. SZ	佳禾智能	4.83	5.3	5.07	5.01	4.25	4.63
600703. SH	三安光电	4.82	5.06	3.98	5.88	5.24	3.32
301326. SZ	捷邦科技	4.82	4.91	5.25	4.99	4.3	5.05
002866. SZ	传艺科技	4.8	5.31	4.32	4.9	4.65	4.44
002185. SZ	华天科技	4.78	5.3	4.54	5.63	4.21	4.28
300076. SZ	GQY 视讯	4.74	4.09	5.67	5.07	4.92	4.45
300991. SZ	创益通	4.7	4.99	4.39	4.73	4.29	5.21
002587. SZ	奥拓电子	4.69	4.44	3.13	5.07	5.52	4.75
000670. SZ	盈方微	4.66	3.9	5.24	3.86	5.03	5.63
600071. SH	凤凰光学	4.65	4.16	5.23	5.46	3.99	5.58
603629. SH	利通电子	4.65	5.31	3.86	4.97	4.2	4.71
300868. SZ	杰美特	4.65	4.36	5.22	5.1	4.61	4.29
002855. SZ	捷荣技术	4.61	3.72	5.22	5.8	4.26	5.27
600130. SH	波导股份	4.59	5.41	3.35	5.32	3.95	4.78
300889. SZ	爱克股份	4.59	4.62	4.9	5.22	4.65	3.46
001309. SZ	德明利	4.57	4.18	3.13	4.6	5.13	5.64
002888. SZ	惠威科技	4.52	4.57	5.22	4.24	3.8	5.41
002137. SZ	实益达	4.5	4.83	3.13	4.45	4.93	4.44
002036. SZ	联创电子	4.49	3.78	5.22	4.84	4.63	4.52
603595. SH	东尼电子	4.46	3.47	5.22	5.65	4.49	4.4
300269. SZ	联建光电	4.44	3.9	3.45	5.17	4.61	5.4
002388. SZ	新亚制程	4.43	4.06	5.22	5.24	4.32	3.78
002885. SZ	京泉华	4.38	4.48	4.34	5.04	3.81	4.69
300647. SZ	超频三	4.35	3.27	5.22	5.2	4.36	4.73
600666. SH	奥瑞德	4.04	2.8	5.22	4.59	4.04	4.78

表 4　纺织服饰

代码	公司名称	总得分	运营绩效	估值水平	风险控制	创新能力	创值能力
002832. SZ	比音勒芬	5.82	6.45	5.39	5	5.51	6.43
600398. SH	海澜之家	5.79	5.4	5.53	6.46	5.38	6.98
002612. SZ	朗姿股份	5.49	5.8	5	5.19	5.79	5.09
603877. SH	太平鸟	5.32	5.43	5.36	5.51	5.07	5.38
301066. SZ	万事利	5.28	4.94	4.39	4.68	6.19	5.63
002486. SZ	嘉麟杰	5.24	5.43	4.81	5.73	5.16	4.97
301088. SZ	戎美股份	5.23	5.42	4.93	4.64	5.81	4.56
603196. SH	日播时尚	5.15	5.29	5	4.37	5.22	5.63
003016. SZ	欣贺股份	5.14	5.37	5.04	5.4	5.11	4.57
603908. SH	牧高笛	5.13	5.74	5.27	5.36	4.01	5.81
002763. SZ	汇洁股份	5.13	5.81	5.39	5.43	4.3	4.89
301276. SZ	嘉曼服饰	5.11	5.86	5.55	4.43	4.75	4.57
002345. SZ	潮宏基	5.1	5.6	5.39	5.56	4.51	4.55
605180. SH	华生科技	5.05	4.99	4.09	4.66	5.69	5.27
601566. SH	九牧王	4.98	5.26	5.15	6.07	4.39	4.32
000726. SZ	鲁泰 A	4.96	5	5.44	5.64	5.06	3.48
002762. SZ	金发拉比	4.9	3.91	4.99	4.39	5.78	5.51
301177. SZ	迪阿股份	4.86	5.7	3.15	4.88	4.58	5.4
300577. SZ	开润股份	4.85	5.45	5.15	5.29	3.45	5.7
002875. SZ	安奈儿	4.57	3.95	4.99	3.99	4.73	5.62
300591. SZ	万里马	4.54	3.03	4.99	4.42	5.35	5.62
002634. SZ	棒杰股份	4.52	4.5	5	4.58	4.43	4.22
601718. SH	际华集团	4.41	4.26	4.41	5.62	5.25	1.8
603665. SH	康隆达	4.28	3.78	5	4.2	4.17	4.87
002494. SZ	华斯股份	4.23	3.42	4.99	4.44	4.7	3.98

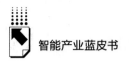
表5 钢铁

代码	公司名称	总得分	运营绩效	估值水平	风险控制	创新能力	创值能力
000932.SZ	华菱钢铁	5.49	5.27	4.96	5.72	5.64	5.92
002478.SZ	常宝股份	5.25	5.32	6.48	4.82	4.69	5.42
000709.SZ	河钢股份	4.4	4.41	3.56	5.46	4.67	3.66

表6 公用事业

代码	公司名称	总得分	运营绩效	估值水平	风险控制	创新能力	创值能力
600900.SH	长江电力	6.16	5.94	5.2	5.94	6.01	8.1
003816.SZ	中国广核	5.98	5.27	5.93	5.7	6.51	6.67
601985.SH	中国核电	5.9	5.47	5.37	5.95	6.33	6.36
600803.SH	新奥股份	5.86	6.23	5.32	6.47	5.25	6.3
600475.SH	华光环能	5.42	4.61	7.1	6.19	5.6	4.24
600863.SH	内蒙华电	5.24	5.25	5.49	5.45	5.09	5.04
600821.SH	金开新能	5.23	5.83	5.75	4.63	4.85	4.89
600116.SH	三峡水利	5.21	5.54	6.34	5.75	4.19	4.96
000591.SZ	太阳能	5.14	4.99	5.49	5.1	5.71	4.01
600167.SH	联美控股	5.08	5.5	4.92	5.93	4.34	5.04
600032.SH	浙江新能	5.04	5.41	4.55	5.32	4.98	4.62
000875.SZ	吉电股份	5.03	5.41	5.19	5.87	4.73	3.86
000722.SZ	湖南发展	4.98	5.46	3.13	5.22	5.23	5.15
603080.SH	新疆火炬	4.97	5.73	5.12	5.09	3.91	5.28
002267.SZ	陕天然气	4.88	4.78	4.93	5.58	4.51	5.07
001258.SZ	立新能源	4.84	5.08	3.95	3.85	5.07	5.75
300040.SZ	九洲集团	4.83	5.02	4.45	4.69	4.71	5.19
000862.SZ	银星能源	4.73	4.86	5.12	4.85	4.42	4.62
001210.SZ	金房能源	4.68	5.17	2.87	4.49	4.93	5.19
000543.SZ	皖能电力	4.64	4.29	5.1	5.43	4.72	3.93
000537.SZ	中绿电	4.62	4.12	5.07	5.59	4.72	4.03
002256.SZ	兆新股份	4.62	3.74	4.52	4.48	4.81	6.22
600868.SH	梅雁吉祥	4.59	4.06	4.5	4.99	4.5	5.5
000600.SZ	建投能源	4.56	4.16	4.47	5.01	5.36	3.43
002608.SZ	江苏国信	4.51	4.5	5	5.86	4.19	3.3
600021.SH	上海电力	4.47	4.53	4.98	5.55	4.58	2.56

表7 国防军工

代码	公司名称	总得分	运营绩效	估值水平	风险控制	创新能力	创值能力
300474. SZ	景嘉微	5.54	6.13	3.21	4.63	6.16	6.39
600435. SH	北方导航	5.45	5.72	6.88	5.52	4.29	5.74
002465. SZ	海格通信	5.44	5.6	6.29	5.56	4.71	5.62
600764. SH	中国海防	5.37	5.68	4.95	5.57	5.01	5.67
002414. SZ	高德红外	5.34	5.8	3.5	5.19	5.19	6.7
600372. SH	中航机载	5.29	5.51	5.09	5.87	4.71	5.66
002625. SZ	光启技术	5.28	6.24	5.12	4.69	4.59	5.52
300775. SZ	三角防务	5.25	6.27	5.19	5.25	4.19	5.41
300762. SZ	上海瀚讯	5.12	4.1	5.05	4.46	6.28	5.58
002519. SZ	银河电子	5.1	5.77	5.02	5.34	4.61	4.6
300045. SZ	华力创通	5.02	4.94	4.12	4.41	5.63	5.46
600893. SH	航发动力	4.93	5.02	5.77	5.83	4.7	3.44
301302. SZ	华如科技	4.84	4.81	5.04	4.15	5.84	3.44
300065. SZ	海兰信	4.8	4.39	5.02	4.29	5.45	4.62
002933. SZ	新兴装备	4.77	4.72	4.44	4.83	5.16	4.35
000768. SZ	中航西飞	4.64	4.41	5.07	5.86	4.01	4.74
300810. SZ	中科海讯	4.63	3.44	5.03	5	5.35	4.82
600990. SH	四创电子	4.6	3.93	5.03	5.27	4.75	4.56
600590. SH	泰豪科技	4.39	4.34	4.79	4.66	4.95	2.68
300527. SZ	中船应急	4.33	3.92	5.03	4.53	3.96	4.97

表8 环保

代码	公司名称	总得分	运营绩效	估值水平	风险控制	创新能力	创值能力
603568. SH	伟明环保	5.94	6.33	5.28	5.91	5.18	7.35
603279. SH	景津装备	5.72	5.73	5.3	5.81	5.42	6.63
000598. SZ	兴蓉环境	5.68	5.83	5.39	6.13	5.17	6.26
003039. SZ	顺控发展	5.61	5.97	6.65	4.96	4.93	5.87
002034. SZ	旺能环境	5.48	5.91	5.24	5.74	5.21	5.1
600817. SH	宇通重工	5.35	5.95	4.94	5.25	4.7	5.95

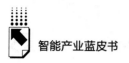
代码	公司名称	总得分	运营绩效	估值水平	风险控制	创新能力	创值能力
601330. SH	绿色动力	5. 34	5. 87	5. 15	5. 95	4. 89	4. 77
300631. SZ	久吾高科	5. 33	4. 98	5. 71	5. 05	5. 5	5. 59
000967. SZ	盈峰环境	5. 3	5. 13	5. 05	6. 01	5. 64	4. 51
000820. SZ	神雾节能	5. 3	5. 08	6. 66	3. 89	5. 23	5. 89
300172. SZ	中电环保	5. 28	5. 31	5. 06	4. 59	5. 57	5. 51
301127. SZ	天源环保	5. 26	5. 55	5. 19	4. 46	5. 18	5. 74
603759. SH	海天股份	5. 18	5. 58	5. 32	5. 37	4. 74	4. 94
300800. SZ	力合科技	5. 14	5. 28	3. 89	5. 04	5. 67	5. 15
300664. SZ	鹏鹞环保	5. 1	5. 53	5. 36	5. 34	4. 7	4. 51
301030. SZ	仕净科技	5. 08	4. 8	4. 89	5. 09	5. 08	5. 82
300774. SZ	倍杰特	5. 07	5. 25	4. 59	4. 41	5. 17	5. 68
300815. SZ	玉禾田	5. 03	5. 38	5. 57	5. 09	3. 99	5. 79
603686. SH	福龙马	5. 01	5. 45	5. 06	5. 39	4. 3	5. 07
603903. SH	中持股份	4. 98	4. 97	5. 21	5. 38	4. 85	4. 63
300958. SZ	建工修复	4. 95	4. 3	4. 56	4. 41	5. 94	5. 17
000035. SZ	中国天楹	4. 93	5. 09	4. 68	5. 51	4. 75	4. 62
001230. SZ	劲旅环境	4. 91	5. 71	5. 8	4. 18	3. 93	5. 11
603797. SH	联泰环保	4. 86	5. 62	5. 15	4. 54	4. 55	3. 99
300961. SZ	深水海纳	4. 8	4. 49	4. 62	4. 78	4. 93	5. 38
300070. SZ	碧水源	4. 75	4. 33	5. 43	5. 41	5. 87	2. 03
300385. SZ	雪浪环境	4. 74	4. 03	4. 6	4. 98	5. 13	5. 3
601368. SH	绿城水务	4. 66	5. 15	4	5. 14	4. 52	4. 16
300210. SZ	森远股份	4. 65	3. 89	4. 6	4. 56	4. 92	5. 78
300422. SZ	博世科	4. 62	3. 67	4. 6	4. 7	5. 52	4. 64
000605. SZ	渤海股份	4. 44	4. 87	3. 58	5. 07	4. 41	3. 9
000890. SZ	法尔胜	4. 24	3. 72	3. 12	4. 62	4. 39	5. 71
300266. SZ	兴源环境	4. 22	2. 88	4. 62	4. 41	4. 96	4. 84
000826. SZ	启迪环境	3. 72	3. 65	4. 62	4. 69	3. 87	1. 67

表9　机械设备

代码	公司名称	总得分	运营绩效	估值水平	风险控制	创新能力	创值能力
300124.SZ	汇川技术	6.23	6.32	5.32	6.02	5.97	7.69
603203.SH	快克智能	5.8	6.32	5.12	5.47	5.79	5.8
603015.SH	弘讯科技	5.71	5.39	4.94	6.08	6.63	4.91
603338.SH	浙江鼎力	5.71	6.2	5.41	5.67	5.09	6.28
600582.SH	天地科技	5.7	5.78	5.46	6.1	5.9	5
002979.SZ	雷赛智能	5.65	5.8	5.01	4.77	6.03	6.13
002158.SZ	汉钟精机	5.64	6.16	5.41	6.04	4.96	5.78
603100.SH	川仪股份	5.62	5.87	5.41	5.73	5.32	5.83
600761.SH	安徽合力	5.62	5.5	5.44	6.35	5.26	5.99
300667.SZ	必创科技	5.59	6.05	4.49	5.15	6.06	5.31
000425.SZ	徐工机械	5.59	4.8	5.44	5.28	6.39	6.01
002837.SZ	英维克	5.57	5.75	5.13	5.51	5.23	6.37
002444.SZ	巨星科技	5.55	5.85	5.41	5.44	5.13	6.04
603666.SH	亿嘉和	5.54	4.49	5.12	5.54	7.33	4.46
300851.SZ	交大思诺	5.52	5.25	5.21	5.17	6.46	4.87
300259.SZ	新天科技	5.5	5.79	5.33	5.53	6.01	4.07
300415.SZ	伊之密	5.5	5.45	5.4	5.59	5.25	6.08
002747.SZ	埃斯顿	5.44	5.03	4.22	5.39	6.3	5.78
603855.SH	华荣股份	5.42	5.89	5.41	5.75	4.59	5.79
300897.SZ	山科智能	5.41	5.97	5.35	4.71	5.5	4.9
300488.SZ	恒锋工具	5.39	6.27	5.28	5.24	4.72	5.2
002774.SZ	快意电梯	5.31	5.92	5.34	6.01	4.83	4.35
301028.SZ	东亚机械	5.29	6.17	5.84	4.71	4.32	5.53
003025.SZ	思进智能	5.29	5.98	5.18	5.01	4.69	5.48
000925.SZ	众合科技	5.28	4.64	6.45	4.37	6.34	4.15
605056.SH	咸亨国际	5.27	5.83	4.81	4.99	4.93	5.6
600501.SH	航天晨光	5.27	5.18	4.63	5.37	5.57	5.36
300066.SZ	三川智慧	5.2	5.97	5.39	5.46	4.61	4.39
601608.SH	中信重工	5.2	5.12	5.08	5.13	5.55	4.84
300484.SZ	蓝海华腾	5.19	5.45	4.33	4.7	5.33	5.73
603111.SH	康尼机电	5.18	5.15	5.41	5.57	5.39	4.18
002698.SZ	博实股份	5.17	5.61	5.29	4.81	4.43	6.03
300007.SZ	汉威科技	5.16	5.08	4.97	4.99	5.72	4.54

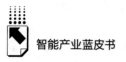

代码	公司名称	总得分	运营绩效	估值水平	风险控制	创新能力	创值能力
300607.SZ	拓斯达	5.15	4.85	4.71	4.66	6.01	4.98
300351.SZ	永贵电器	5.15	5.62	4.66	4.78	5.1	5.13
300466.SZ	赛摩智能	5.14	4.88	5.14	4.84	5.3	5.66
301377.SZ	鼎泰高科	5.14	6.02	5.05	4.32	4.49	5.61
603638.SH	艾迪精密	5.14	5.22	5.19	5.32	4.55	5.93
002073.SZ	软控股份	5.14	5.19	5.34	5.31	5.44	4.07
002849.SZ	威星智能	5.11	5.16	4.2	4.85	5.74	4.96
603339.SH	四方科技	5.1	5.79	5.48	5.29	4.66	3.99
002896.SZ	中大力德	5.09	5.56	5.04	5.19	4.32	5.64
300828.SZ	锐新科技	5.09	6.01	5.16	4.76	4.19	5.27
000927.SZ	中国铁物	5.08	5.41	5.23	6.01	4.66	4.16
002337.SZ	赛象科技	5.07	4.92	5.07	5.19	5.4	4.6
300757.SZ	罗博特科	5.07	4.86	4.28	4.34	5.41	6.3
002483.SZ	润邦股份	5.07	5.86	5.52	5.19	4.88	3.27
000528.SZ	柳工	5.03	4.73	5.4	5.17	5.49	4.22
301338.SZ	凯格精机	5.02	5.29	4.62	4.46	5.15	5.19
603029.SH	天鹅股份	5	5.36	5.25	5.17	4.56	4.78
001332.SZ	锡装股份	5	5.85	5.31	4.61	4.56	4.23
300486.SZ	东杰智能	4.99	3.44	5.13	5.56	6.47	4.42
002871.SZ	伟隆股份	4.98	5.86	5.31	4.81	4.04	4.98
300669.SZ	沪宁股份	4.96	5.83	4.86	5.15	3.79	5.47
301018.SZ	申菱环境	4.95	4.98	4.8	4.62	5.03	5.21
001266.SZ	宏英智能	4.94	5.13	5.25	3.96	5.12	4.89
002598.SZ	山东章鼓	4.93	5	5.21	5.68	4.44	4.76
300809.SZ	华辰装备	4.93	5.06	4.87	4.32	4.83	5.52
002209.SZ	达意隆	4.92	4.91	5.05	5.11	4.67	5.12
002779.SZ	中坚科技	4.91	4.9	4.83	5.29	4.22	6
301112.SZ	信邦智能	4.9	5	4.68	4.4	5.23	4.76
002943.SZ	宇晶股份	4.89	4.87	5.22	4.99	4.48	5.29
603187.SH	海容冷链	4.89	5.81	5.41	5.36	4.19	3.43
300278.SZ	华昌达	4.88	4.71	4.77	4.66	5.23	4.83
300503.SZ	昊志机电	4.87	4.51	5.13	4.17	5.1	5.58
301311.SZ	昆船智能	4.86	4.3	4.74	4.71	5.37	5.23

续表

代码	公司名称	总得分	运营绩效	估值水平	风险控制	创新能力	创值能力
300024.SZ	机器人	4.85	3.3	5	5.22	5.99	5.17
603488.SH	展鹏科技	4.85	5.68	5.16	4.36	4.16	4.74
002175.SZ	东方智造	4.85	5.86	4.65	4.74	3.64	5.56
300594.SZ	朗进科技	4.84	4.78	5.12	5.54	4.5	4.66
300512.SZ	中亚股份	4.81	5.01	4.61	5.27	4.67	4.44
300549.SZ	优德精密	4.78	5.48	3.91	4.84	4.1	5.53
600843.SH	上工申贝	4.78	5.1	5.13	4.97	4.35	4.44
603680.SH	今创集团	4.76	5.01	5.28	5.72	4.32	3.69
300011.SZ	鼎汉技术	4.75	4.29	3.27	5.32	5.44	5.15
603169.SH	兰石重装	4.74	4.49	4.96	5.33	4.65	4.62
002689.SZ	远大智能	4.71	4.89	3.94	4.87	4.69	5.01
002248.SZ	华东数控	4.7	4.39	5.15	4.63	4.01	6.29
603901.SH	永创智能	4.64	5.14	4.64	5.14	4.29	3.81
300472.SZ	新元科技	4.61	2.73	5.13	4.63	5.96	5.12
002526.SZ	山东矿机	4.6	4.88	5.24	4.86	4.17	4.01
002272.SZ	川润股份	4.6	4.08	5.13	4.48	4.59	5.25
003036.SZ	泰坦股份	4.6	5.3	5.32	5.47	3.52	3.73
605288.SH	凯迪股份	4.59	5.28	5.22	4.53	4.28	3.26
000008.SZ	神州高铁	4.54	3.35	5.12	5.3	5.84	2.97
002131.SZ	利欧股份	4.53	4.56	5.46	5.03	4.43	3.2
301199.SZ	迈赫股份	4.47	4.22	4.35	3.76	5.01	4.75
301368.SZ	丰立智能	4.45	5.14	3.17	3.82	4	5.86
300165.SZ	天瑞仪器	4.32	3.63	5.17	3.84	5.26	3.46
300276.SZ	三丰智能	4.32	3.82	3.29	4.61	4.96	4.74
300126.SZ	锐奇股份	4.31	4.47	5	4.33	3.95	3.97
002633.SZ	申科股份	4.28	3.91	5.12	4.45	3.73	5.13
002097.SZ	山河智能	4.26	3.43	4.12	5.16	5.03	3.65
002122.SZ	汇洲智能	4.25	3.55	4.93	4.81	4.41	4.07
002685.SZ	华东重机	4.22	3.25	5.13	5.1	4.13	4.55
000530.SZ	冰山冷热	4.09	4.13	4.56	4.72	4.01	3.03
600302.SH	标准股份	4.01	3.54	5.13	4.05	3.78	4.28
002816.SZ	和科达	3.93	2.57	5.12	4.34	3.62	5.66
300091.SZ	金通灵	3.91	2.68	5.13	4.94	3.88	4.17

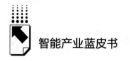

表 10　基础化工

代码	公司名称	总得分	运营绩效	估值水平	风险控制	创新能力	创值能力
600989.SH	宝丰能源	6.02	6.55	5.17	6.41	4.84	7.78
603977.SH	国泰集团	5.89	6.17	5.23	6.12	6.01	5.52
000920.SZ	沃顿科技	5.68	6.11	5.68	5.94	5.21	5.48
300387.SZ	富邦股份	5.62	5.49	5.4	5.22	6.36	5.02
300343.SZ	联创股份	5.13	5.47	3.44	4.36	5.72	5.71
301220.SZ	亚香股份	5.1	5.6	5.13	4.82	5.04	4.46
002666.SZ	德联集团	4.92	4.84	6.93	5.19	4.66	3.35
002886.SZ	沃特股份	4.8	4.69	3.02	5.56	5.14	5.36
300995.SZ	奇德新材	4.65	4.49	4.56	4.54	4.5	5.46
301100.SZ	风光股份	4.55	4.97	4.41	4.99	3.92	4.66
603330.SH	天洋新材	4.53	4.07	5.26	5.22	4.42	4.24
000881.SZ	中广核技	4.51	3.56	5.14	6.13	4.75	3.69
600691.SH	阳煤化工	4.06	3.37	5.13	4.96	4.19	3.23

表 11　计算机

代码	公司名称	总得分	运营绩效	估值水平	风险控制	创新能力	创值能力
002230.SZ	科大讯飞	6.28	5.46	6.13	5.83	6.8	7.46
600845.SH	宝信软件	6.22	6.03	6.07	6.01	5.93	7.57
603019.SH	中科曙光	6.01	5.47	5.74	5.88	6.4	6.71
002063.SZ	远光软件	5.95	5.83	7.07	5.94	5.75	5.49
300496.SZ	中科创达	5.76	6.37	4.67	5.15	6.07	5.62
300532.SZ	今天国际	5.67	5.9	5.29	5.78	5.75	5.36
300378.SZ	鼎捷数智	5.63	6.01	6.27	5.95	5	5.19
002236.SZ	大华股份	5.62	5.69	5.23	5.46	5.95	5.36
000948.SZ	南天信息	5.59	5.43	6.15	6.06	5.43	5.2
603859.SH	能科科技	5.56	6.39	6.17	5.12	5.41	4.05
300682.SZ	朗新集团	5.56	5.79	5.76	6.18	5.43	4.51
300766.SZ	每日互动	5.54	5.78	5.17	4.77	6.04	5.21
300235.SZ	方直科技	5.54	6.35	5.64	4.83	5.19	5.2
002152.SZ	广电运通	5.5	5.96	5.76	6.32	4.6	5.31
000997.SZ	新大陆	5.49	5.51	5.15	5.69	5.49	5.58
300634.SZ	彩讯股份	5.48	5.81	5.33	5.51	5.31	5.3

续表

代码	公司名称	总得分	运营绩效	估值水平	风险控制	创新能力	创值能力
601519. SH	大智慧	5.48	5.87	4.49	5.45	5.36	5.96
000977. SZ	浪潮信息	5.47	4.59	5.05	5.98	5.56	6.95
301236. SZ	软通动力	5.46	5.44	4.65	5.42	5.11	7.02
300188. SZ	国投智能	5.43	4.95	5.11	5.41	6.12	5.32
002405. SZ	四维图新	5.43	4.87	5.02	5.29	6.64	4.64
600602. SH	云赛智联	5.42	5.58	6.72	4.73	4.8	5.7
002912. SZ	中新赛克	5.33	5.21	5.06	5.58	5.86	4.55
002990. SZ	盛视科技	5.31	5.6	5.12	4.9	5.53	4.88
002373. SZ	千方科技	5.29	5.13	5.1	5.84	5.98	3.89
300275. SZ	梅安森	5.29	5.65	6.36	5.05	4.44	5.42
301339. SZ	通行宝	5.27	5.81	5.63	5.05	4.61	5.36
301208. SZ	中亦科技	5.26	5.58	7.13	4.6	4.39	5.2
002065. SZ	东华软件	5.24	4.98	6.94	5.3	5.2	4.08
002368. SZ	太极股份	5.22	4.76	4.89	5.4	5.69	5.35
002322. SZ	理工能科	5.22	6.13	5.69	5.61	4.48	4
600446. SH	金证股份	5.2	5.51	5.39	5.29	4.52	5.68
300339. SZ	润和软件	5.2	5.57	5.3	5.11	4.55	5.76
300036. SZ	超图软件	5.2	5.54	4.98	5.23	4.97	5.17
300608. SZ	思特奇	5.19	5.05	5.46	4.86	5.56	4.81
002777. SZ	久远银海	5.19	6.01	4.8	5.42	4.23	5.64
300166. SZ	东方国信	5.18	4.72	6.66	4.9	5.63	4
300884. SZ	狄耐克	5.17	5.97	5.53	5.21	4.58	4.33
002835. SZ	同为股份	5.16	6.03	5.37	4.57	4.39	5.33
300559. SZ	佳发教育	5.16	5.9	5.15	4.84	4.56	5.19
300229. SZ	拓尔思	5.14	5.55	2.93	5.3	5.57	5.53
600536. SH	中国软件	5.13	4.2	5.09	5.46	4.82	7.31
002908. SZ	德生科技	5.12	5.91	4.63	5.07	4.58	5.15
300248. SZ	新开普	5.11	5.75	4.94	5.37	4.87	4.26
600718. SH	东软集团	5.1	5.38	4.69	6.08	5.43	3.3
300479. SZ	神思电子	5.09	4.76	4.97	5.2	5.15	5.67
603660. SH	苏州科达	5.08	4.7	4.97	4.66	5.61	5.32
002362. SZ	汉王科技	5.08	4.99	4.97	5.02	5.22	5.14
300290. SZ	荣科科技	5.06	4.99	4.75	5.17	4.79	5.96
300085. SZ	银之杰	5.06	4.71	4.97	4.5	5.2	6.13

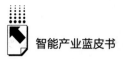

续表

代码	公司名称	总得分	运营绩效	估值水平	风险控制	创新能力	创值能力
300250. SZ	初灵信息	5.04	5.27	4.69	3.83	5.32	5.56
300550. SZ	和仁科技	5.03	5.23	4.83	5.23	4.82	5.06
300270. SZ	中威电子	5.02	4.43	5	5.1	5.61	4.93
300231. SZ	银信科技	5.01	5.49	4.95	5.39	4.34	5.1
002869. SZ	金溢科技	5.01	4.96	4.93	5.34	4.95	4.96
002657. SZ	中科金财	5.01	4.82	4.97	5.09	5.37	4.58
300645. SZ	正元智慧	4.99	5.71	4.8	5.08	4.89	3.85
300531. SZ	优博讯	4.99	5.02	5.06	5.33	4.63	5.2
002649. SZ	博彦科技	4.96	5.7	5	5.14	4.47	4.27
300079. SZ	数码视讯	4.95	5.61	2.93	4.66	5.91	4.07
300451. SZ	创业慧康	4.95	5.94	3.23	5.82	4.81	4.1
300168. SZ	万达信息	4.94	4.16	5.02	5.39	5.6	4.69
603189. SH	网达软件	4.94	5.04	5.07	4.94	4.79	4.91
000004. SZ	国华网安	4.94	3.85	4.97	4.7	5.75	5.73
301330. SZ	熵基科技	4.94	5.68	4.98	4.56	4.85	3.98
301391. SZ	卡莱特	4.94	5.99	5.29	4.81	4.3	3.91
300366. SZ	创意信息	4.94	4.79	5.01	4.55	5.27	4.91
300074. SZ	华平股份	4.91	5.75	4.48	4.9	4.69	4.12
300386. SZ	飞天诚信	4.91	4.81	5.25	4.55	4.82	5.27
603636. SH	南威软件	4.9	4.82	4.27	5.32	5.24	4.59
002178. SZ	延华智能	4.9	4.79	4.67	5.05	4.76	5.45
300546. SZ	雄帝科技	4.89	4.72	5.31	4.85	4.85	4.92
600797. SH	浙大网新	4.86	5.21	4.83	4.88	5.01	3.89
605118. SH	力鼎光电	4.86	5.95	4.78	4.93	3.41	5.56
002380. SZ	科远智慧	4.86	5.13	5.17	4.64	4.69	4.55
300561. SZ	汇金科技	4.85	5.34	2.93	4.54	4.92	5.95
002153. SZ	石基信息	4.83	4.98	4.97	5	4.89	4.12
300044. SZ	赛为智能	4.81	3.62	4.97	4.46	5.89	5.2
300469. SZ	信息发展	4.79	3.51	5.51	5.03	5.12	5.73
600728. SH	佳都科技	4.77	5.16	5.1	5.15	4.84	3.16
300807. SZ	天迈科技	4.77	4.37	5.03	4.24	4.97	5.42
000158. SZ	常山北明	4.75	4.17	4.97	4.84	4.9	5.26
301218. SZ	华是科技	4.74	5.66	4.43	3.85	4.35	4.91
003005. SZ	竞业达	4.74	5.44	2.93	4.38	5.13	4.75

代码	公司名称	总得分	运营绩效	估值水平	风险控制	创新能力	创值能力
300790. SZ	宇瞳光学	4.74	5.63	3.96	5.02	3.98	4.96
002376. SZ	新北洋	4.71	4.9	4.01	5.93	4.93	3.4
300287. SZ	飞利信	4.71	4.4	4.97	4.65	4.79	4.95
300520. SZ	科大国创	4.71	4.46	5.01	4.98	4.61	4.82
600476. SH	湘邮科技	4.7	4.18	4.88	5.09	4.23	6.1
001339. SZ	智微智能	4.69	5.13	3.35	4.42	4.58	5.66
301396. SZ	宏景科技	4.69	4.99	4.61	4.06	4.83	4.5
002421. SZ	达实智能	4.67	4.73	4.81	4.63	5.1	3.6
300047. SZ	天源迪科	4.65	4.97	3.81	4.78	4.62	4.76
603990. SH	麦迪科技	4.65	4.78	5	5.41	3.87	4.82
600225. SH	卓朗科技	4.65	3.88	5.34	4.56	5.24	4.38
300365. SZ	恒华科技	4.64	4.6	4.49	4.66	5.06	4.01
600100. SH	同方股份	4.64	4.71	4.97	4.84	5.78	1.67
002253. SZ	川大智胜	4.63	3.79	5.04	4.91	5.11	4.67
300075. SZ	数字政通	4.62	5.36	4.65	4.75	3.72	4.78
300078. SZ	思创医惠	4.61	3.9	4.97	3.79	5.32	5.08
301178. SZ	天亿马	4.59	5.77	2.93	4.46	4.32	4.55
300344. SZ	立方数科	4.59	3.51	4.97	4.61	4.98	5.55
300249. SZ	依米康	4.59	3.66	5.01	4.63	4.68	5.79
603887. SH	城地香江	4.58	4.58	5	4.58	4.53	4.25
002474. SZ	榕基软件	4.56	3.95	5.01	4.78	4.85	4.5
300212. SZ	易华录	4.55	2.92	5	5.37	5.33	4.98
603528. SH	多伦科技	4.54	4.52	5.02	5.01	4.1	4.51
300588. SZ	熙菱信息	4.53	3.53	4.97	4.52	4.77	5.62
002298. SZ	中电兴发	4.53	4.62	4.97	4.71	5.01	2.74
300605. SZ	恒锋信息	4.52	4.5	4.19	4.62	4.33	5.17
301248. SZ	杰创智能	4.49	5.43	2.93	4.54	4.75	3.62
002331. SZ	皖通科技	4.49	4.48	4.97	5.16	4.31	3.71
300730. SZ	科创信息	4.48	3.75	5.01	4.86	4.08	5.87
603106. SH	恒银科技	4.46	3.87	5.24	5.28	3.9	5.17
300324. SZ	旋极信息	4.43	4.38	4.97	4.83	4.43	3.59
300150. SZ	世纪瑞尔	4.36	4.45	4.97	4.61	4.23	3.61
600589. SH	广东榕泰	4.35	3.56	5.07	3.99	4.66	4.99
600654. SH	中安科	4.3	4.21	4.97	4.36	3.7	4.94
301182. SZ	凯旺科技	4.26	4.67	5.06	3.97	3.05	5.36

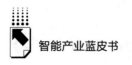
表 12　家用电器

代码	公司名称	总得分	运营绩效	估值水平	风险控制	创新能力	创值能力
000921.SZ	海信家电	5.76	5.81	5.35	6.34	5.16	6.73
000810.SZ	创维数字	5.66	5.18	4.67	5.71	6.72	5.45
002543.SZ	万和电气	5.64	5.24	7.29	5.81	5.63	4.6
603868.SH	飞科电器	5.56	6.16	5.8	6.07	4.24	6.27
002959.SZ	小熊电器	5.35	5.85	6.16	5.01	4.66	5.28
603579.SH	荣泰健康	5.29	4.87	5.71	6.09	5.98	3.57
002035.SZ	华帝股份	5.24	5.25	5.26	5.88	5.18	4.69
301280.SZ	珠城科技	5.2	5.65	5.56	4.98	4.8	4.94
002429.SZ	兆驰股份	5.19	5.7	5.48	5.44	4.6	4.8
603219.SH	富佳股份	5.05	5.55	4.69	4.69	4.55	5.78
301135.SZ	瑞德智能	4.92	4.75	3.83	4.81	5.74	4.86
603311.SH	金海高科	4.75	5.2	4.16	5.94	4.24	4.23
002420.SZ	毅昌科技	4.73	4.03	4.54	5.03	4.89	5.73
001268.SZ	联合精密	4.61	5.31	4.31	4.62	4.08	4.53
002724.SZ	海洋王	4.53	4.5	2.86	4.72	5.73	3.66
002848.SZ	高斯贝尔	4.22	2.77	4.53	4.59	4.5	5.9
002638.SZ	勤上股份	3.98	3.73	4.78	5.12	3.93	2.65

表 13　建筑材料

代码	公司名称	总得分	运营绩效	估值水平	风险控制	创新能力	创值能力
002392.SZ	北京利尔	5.56	5.43	6.54	5.43	5.77	4.6
000672.SZ	上峰水泥	5.43	5.8	5.23	6.04	4.48	6.2
002333.SZ	罗普斯金	5.19	4.65	5.86	5.84	5.18	4.96
600876.SH	凯盛新能	5.18	5.87	4.97	5	4.73	5.07
002718.SZ	友邦吊顶	5.06	5.71	4.71	4.73	4.92	4.74
000401.SZ	冀东水泥	4.86	4.69	5.21	5.3	4.95	4.2
002457.SZ	青龙管业	4.79	5.43	2.82	5.2	4.73	5.18
603616.SH	韩建河山	4.34	2.53	4.65	5.22	5.18	5.11

表 14 建筑装饰

代码	公司名称	总得分	运营绩效	估值水平	风险控制	创新能力	创值能力
300384. SZ	三联虹普	5.93	6.41	5.66	5.08	6.4	5.15
301091. SZ	深城交	5.8	6.12	6.62	4.83	5.56	5.8
601868. SH	中国能建	5.58	5.27	6.22	5.41	5.95	5
603357. SH	设计总院	5.56	6.03	5.91	5.98	4.99	5.01
600820. SH	隧道股份	5.51	5.18	6.08	6.28	5.54	4.78
000032. SZ	深桑达 A	5.24	5.96	3.74	5.09	5.21	5.51
002883. SZ	中设股份	5.22	5.98	4.66	5.08	4.87	5.11
002541. SZ	鸿路钢构	5.13	5.61	6.51	5.11	4.1	4.84
300989. SZ	蕾奥规划	5.1	5.82	3.91	4.49	5.18	5.32
300675. SZ	建科院	5.04	5.29	3.06	5.73	5.26	5.42
300826. SZ	测绘股份	4.94	5.5	4.2	5.16	4.56	5.07
300977. SZ	深圳瑞捷	4.85	5.67	3.87	4.9	4.39	5.1
605289. SH	罗曼股份	4.8	5.01	3.55	4.34	5.21	5.25
002713. SZ	东易日盛	4.76	4.36	4.89	5.01	4.55	5.59
605178. SH	时空科技	4.69	4.13	4.89	4.69	5.43	4.1
002431. SZ	棕榈股份	4.46	4.16	4.91	4.59	4.91	3.58
603316. SH	诚邦股份	4.41	4.09	4.91	4.69	4.11	4.88
603843. SH	正平股份	4.31	3.8	4.9	4.84	4.1	4.65
002047. SZ	宝鹰股份	4.28	3.33	4.89	4.93	4.16	5.16
002717. SZ	岭南股份	4.04	2.81	4.89	4.4	4.6	4.17

表 15 交通运输

代码	公司名称	总得分	运营绩效	估值水平	风险控制	创新能力	创值能力
001965. SZ	招商公路	6.09	5.81	5.73	6.18	6.57	5.97
600012. SH	皖通高速	5.86	6.24	7.19	5.18	4.79	6.59
600794. SH	保税科技	5.45	5.73	5.38	5.35	5.15	5.68
600035. SH	楚天高速	5.43	5.78	5.87	5.39	5.2	4.82
600269. SH	赣粤高速	5.14	5.32	5.4	5.44	5.19	4.13
601228. SH	广州港	5.08	5.13	3.69	5.73	5.28	5.31
000906. SZ	浙商中拓	5.07	4.91	4.82	5.78	5.19	4.7
600179. SH	安通控股	4.94	5.7	3.94	4.74	4.76	4.96
000900. SZ	现代投资	4.72	4.41	6.29	5.5	5.27	1.89

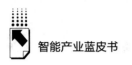

续表

代码	公司名称	总得分	运营绩效	估值水平	风险控制	创新能力	创值能力
300350. SZ	华鹏飞	4.58	3.99	3.79	4.81	4.81	5.89
000089. SZ	深圳机场	4.22	3.71	3.93	5.68	4.25	4.02
603069. SH	海汽集团	4.1	3.78	3.77	4.6	3.37	6.05

表 16　煤炭

代码	公司名称	总得分	运营绩效	估值水平	风险控制	创新能力	创值能力
000723. SZ	美锦能源	6.11	5.58	3.28	6.42	7.56	6.8

表 17　美容护理

代码	公司名称	总得分	运营绩效	估值水平	风险控制	创新能力	创值能力
002243. SZ	力合科创	5.51	5.26	5.09	6.03	6.18	4.61
300955. SZ	嘉亨家化	5.2	6.13	4.91	4.76	4.44	5.56
002094. SZ	青岛金王	4.43	3.61	5.01	5.21	4.38	4.83

表 18　农林牧渔

代码	公司名称	总得分	运营绩效	估值水平	风险控制	创新能力	创值能力
300021. SZ	大禹节水	5.4	5.39	3.82	5.8	6.18	5
301116. SZ	益客食品	4.7	4.61	6.18	4.86	3.82	5

表 19　汽车

代码	公司名称	总得分	运营绩效	估值水平	风险控制	创新能力	创值能力
601058. SH	赛轮轮胎	5.77	5.8	5.32	6.27	5.46	6.32
000338. SZ	潍柴动力	5.7	5.32	5.3	5.96	6.18	5.66
301000. SZ	肇民科技	5.69	6.31	5.25	5.34	5.45	5.72
002085. SZ	万丰奥威	5.59	5.59	5.28	5.74	5.4	6.15
002870. SZ	香山股份	5.53	6.42	5.14	5.14	5.32	4.96
300926. SZ	博俊科技	5.52	5.82	5.17	4.94	5.38	6.11

代码	公司名称	总得分	运营绩效	估值水平	风险控制	创新能力	创值能力
002984. SZ	森麒麟	5.51	6.1	5.28	5.47	5	5.62
603013. SH	亚普股份	5.4	5.69	5.23	6.15	4.92	5.25
300928. SZ	华安鑫创	5.33	4.67	5.06	4.89	6.32	5.39
002434. SZ	万里扬	5.32	4.69	6.93	5.89	5.39	4.28
002590. SZ	万安科技	5.27	5.46	5.26	5.52	4.74	5.71
300258. SZ	精锻科技	5.26	5.88	5.16	5.64	5.09	4.06
002101. SZ	广东鸿图	5.24	5.67	5.18	6.13	5.07	3.9
002662. SZ	京威股份	5.2	5.61	5.36	6.18	4.82	3.98
603035. SH	常熟汽饰	5.17	5.46	5.4	5.38	5.23	4.04
300100. SZ	双林股份	5.13	4.98	5.25	5.73	4.6	5.82
600609. SH	金杯汽车	5.13	5.44	4.88	4.77	4.68	6.02
300978. SZ	东箭科技	5.13	5.54	5.04	4.34	4.86	5.71
600699. SH	均胜电子	5.1	4.54	5.2	6.38	5.32	4.42
301229. SZ	纽泰格	5.1	5.95	5.08	4.53	4.34	5.51
603158. SH	腾龙股份	5.1	5.84	5.2	5.34	4.32	4.84
603997. SH	继峰股份	5.04	5.02	4.67	5.4	4.79	5.61
000901. SZ	航天科技	5.04	4.25	5.04	5.39	5.62	5.11
603390. SH	通达电气	4.89	4.2	3.9	5.04	5.87	5.13
000816. SZ	智慧农业	4.89	4.92	5.06	5.64	4.66	4.34
603089. SH	正裕工业	4.88	5.49	4.98	5.56	4.03	4.59
600081. SH	东风科技	4.85	5.03	5.04	5.92	4.53	3.84
002708. SZ	光洋股份	4.77	4.05	5.03	5.57	4.54	5.57
603701. SH	德宏股份	4.72	4.86	3.42	5.16	4.42	5.9
300733. SZ	西菱动力	4.66	4.73	5.04	4.54	4.13	5.34
002921. SZ	联诚精密	4.58	5.56	3.16	5.16	4.22	4.17
600679. SH	上海凤凰	4.57	4.9	4.26	5.31	3.63	5.38
000701. SZ	厦门信达	4.52	4.42	5.04	5.17	4.9	2.78
603982. SH	泉峰汽车	4.38	3.32	5.04	5.18	5.11	3.62
600841. SH	动力新科	4.3	3.11	5.04	4.85	5.18	3.66
300912. SZ	凯龙高科	4.23	3.84	3.27	4.19	4.79	4.9
603776. SH	永安行	4.2	3.44	5.05	4.97	4.49	3.51
000981. SZ	山子高科	4.2	2.8	5.04	4.78	4.84	4.28

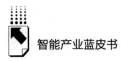

表 20　轻工制造

代码	公司名称	总得分	运营绩效	估值水平	风险控制	创新能力	创值能力
300729.SZ	乐歌股份	6.04	6.25	4.94	6.1	6.66	5.44
603992.SH	松霖科技	5.91	5.83	5.47	5.79	5.69	7.09
301004.SZ	嘉益股份	5.86	7.03	5.03	5.39	4.72	7.08
603848.SH	好太太	5.85	6.4	5.25	5.29	5.87	5.89
001322.SZ	箭牌家居	5.49	5.46	4.73	4.86	5.73	6.48
002615.SZ	哈尔斯	5.4	5.7	5.56	5.27	4.93	5.73
605299.SH	舒华体育	5.29	5.67	6.67	5.42	4.07	5.47
300640.SZ	德艺文创	5.26	5.19	4.49	4.84	6.13	4.88
002899.SZ	英派斯	5.24	5.49	5.53	5.54	4.85	4.93
301011.SZ	华立科技	5.18	4.91	5.02	5.04	5.3	5.79
603898.SH	好莱客	5.17	5.58	4.79	5.15	5.59	3.94
600433.SH	冠豪高新	5.13	4.81	6.07	5.78	5.46	3.5
002752.SZ	昇兴股份	5.1	5.36	5.14	5.57	4.92	4.45
300749.SZ	顶固集创	5.02	5.27	4.39	5.11	5.26	4.61
002799.SZ	环球印务	4.91	4.36	4.8	5.1	5.54	4.62
300883.SZ	龙利得	4.82	4.11	6.89	4.46	5.15	3.83
001238.SZ	浙江正特	4.8	5.15	4.07	4.52	4.57	5.59
603022.SH	新通联	4.77	5.3	5.66	5.14	3.64	4.74
301198.SZ	喜悦智行	4.74	5.13	4.58	3.88	4.87	4.68
001300.SZ	三柏硕	4.7	4.18	5.49	4.22	4.62	5.58
002846.SZ	英联股份	4.69	4.4	5.47	4.63	4.47	4.99
002489.SZ	浙江永强	4.58	4.72	4.22	5.36	3.85	5.36
002084.SZ	海鸥住工	4.56	4.13	4.77	5.45	5.13	3.16
002599.SZ	盛通股份	4.47	5.08	2.78	4.94	4.33	4.76
002348.SZ	高乐股份	4.35	3.36	4.68	4.24	5.03	4.76
002235.SZ	安妮股份	4.33	3.42	4.91	4.12	5.08	4.28
300329.SZ	海伦钢琴	4.26	3.63	4.77	5.18	4.1	4.41
002571.SZ	德力股份	4.16	4.47	4.68	4.29	3.77	3.65

表 21 商贸零售

代码	公司名称	总得分	运营绩效	估值水平	风险控制	创新能力	创值能力
300947. SZ	德必集团	5.91	5.71	6.69	5.4	6.03	5.77
000785. SZ	居然之家	5.69	5.79	5.46	6.34	5.8	4.9
603682. SH	锦和商管	5.55	5.46	6.49	5.53	5.17	5.58
603214. SH	爱婴室	5.23	5.62	5.46	5.39	4.4	5.72
000058. SZ	深赛格	4.98	5.12	4.23	5.42	4.43	6.1
300022. SZ	吉峰科技	4.95	5.23	3.7	3.8	5.36	5.99
002187. SZ	广百股份	4.84	5.17	3.9	5.53	4.86	4.42
000882. SZ	华联股份	4.67	5.6	3.36	5.57	4.6	3.35
000759. SZ	中百集团	4.47	3.72	5.12	4.86	4.62	4.67
000564. SZ	供销大集	4.24	3.01	5.13	5.38	4.5	4.11

表 22 社会服务

代码	公司名称	总得分	运营绩效	估值水平	风险控制	创新能力	创值能力
300938. SZ	信测标准	5.67	6.71	5.21	5.28	4.94	5.86
002093. SZ	国脉科技	5.47	5.26	5.51	5.88	5.66	5.07
300688. SZ	创业黑马	5.38	5.3	5	5.23	5.2	6.46
600636. SH	国新文化	5.29	4.8	4.82	6	6.03	4.57
002858. SZ	力盛体育	5	4.66	4.81	4.89	5.3	5.4
600258. SH	首旅酒店	4.98	5.6	4.89	6.7	4.72	2.61
300572. SZ	安车检测	4.89	4.74	5.24	4.98	4.73	5.03
300010. SZ	豆神教育	4.71	4.04	5	3.81	5.81	4.44
600706. SH	曲江文旅	4.71	4.82	4.71	5.9	3.74	5.22
002707. SZ	众信旅游	4.43	4.41	4.9	4.67	3.63	5.34

表 23 石油石化

代码	公司名称	总得分	运营绩效	估值水平	风险控制	创新能力	创值能力
600506. SH	统一股份	5.23	3.89	3.28	6	7.77	4.03

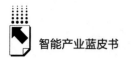

表24　食品饮料

代码	公司名称	总得分	运营绩效	估值水平	风险控制	创新能力	创值能力
605499.SH	东鹏饮料	6.14	6.66	5.81	5.55	5.2	7.89
002557.SZ	洽洽食品	5.17	4.52	4.77	6.2	5.18	5.82
605300.SH	佳禾食品	4.97	4.58	5.12	4.63	5.68	4.51
603517.SH	绝味食品	4.88	4.48	5.57	5.03	5.14	4.31
603711.SH	香飘飘	4.77	4.53	6.12	5.5	4.49	3.69
603777.SH	来伊份	4.36	5.21	2.6	5.09	4.31	3.78

表25　通信

代码	公司名称	总得分	运营绩效	估值水平	风险控制	创新能力	创值能力
300627.SZ	华测导航	5.79	6.32	5.15	5.47	5.88	5.55
600941.SH	中国移动	5.72	5.92	5.39	5.87	5.59	5.77
301165.SZ	锐捷网络	5.67	5.89	4.94	5.37	5.98	5.65
300211.SZ	亿通科技	5.6	4.64	7.03	5.91	5.89	5.23
300394.SZ	天孚通信	5.58	6.98	5.01	5.89	4.13	5.92
603236.SH	移远通信	5.55	5.65	4.34	5.72	6.14	5.21
601728.SH	中国电信	5.45	5.79	5.27	6.01	5.56	4.18
603881.SH	数据港	5.43	5.66	5.58	5.45	5.4	4.88
301380.SZ	挖金客	5.41	6.15	5.09	4.97	5.24	4.99
002396.SZ	星网锐捷	5.39	5.66	5.1	5.89	6.07	3.32
600198.SH	大唐电信	5.35	4.42	5.98	4.98	5.91	5.84
600345.SH	长江通信	5.27	6.03	5.19	5.05	5.3	4.02
300353.SZ	东土科技	5.27	4.7	5.12	5.52	5.93	4.96
300921.SZ	南凌科技	5.26	5.64	4.75	5	5.34	5.09
300213.SZ	佳讯飞鸿	5.23	4.93	5.48	5.35	5.77	4.38
300383.SZ	光环新网	5.19	5.24	5.01	5.77	5.73	3.58
300698.SZ	万马科技	5.1	5.23	4.86	5.17	4.71	5.8
002296.SZ	辉煌科技	5.1	5.4	5.16	5.5	5.1	4.01
003040.SZ	楚天龙	5.07	5.67	4.51	5.33	4.61	5.13
603602.SH	纵横通信	5.05	5.3	4.85	5.35	4.63	5.32
002467.SZ	二六三	5.04	5.06	5.03	5.1	5.11	4.79
000586.SZ	汇源通信	5.01	5.39	5.46	5.49	3.98	5.36
002104.SZ	恒宝股份	5	5.7	5.08	4.74	4.67	4.47

代码	公司名称	总得分	运营绩效	估值水平	风险控制	创新能力	创值能力
300913. SZ	兆龙互连	4.98	5.59	4.79	4.83	4.21	5.68
600498. SH	烽火通信	4.97	4.61	5.14	6.36	5.24	3.6
600775. SH	南京熊猫	4.89	4.49	5.04	5.57	5.06	4.52
002929. SZ	润建股份	4.84	5.01	5.65	5.19	4.72	3.59
300292. SZ	吴通控股	4.83	4.64	4.68	5.34	4.56	5.38
300571. SZ	平治信息	4.83	4.45	5.1	5.04	5.13	4.51
300560. SZ	中富通	4.76	4.64	5.05	5.23	4.39	4.95
603322. SH	超讯通信	4.74	3.94	4.37	5.11	5.01	5.83
002313. SZ	日海智能	4.73	3.18	5.03	5.08	5.44	5.79
603206. SH	嘉环科技	4.71	4.97	5.08	4.76	4.24	4.73
300689. SZ	澄天伟业	4.68	5.42	3.79	5.32	3.8	5.2
300565. SZ	科信技术	4.64	3.58	5.03	4.76	4.88	5.79
002902. SZ	铭普光磁	4.45	3.77	5.03	5.11	3.98	5.52
301139. SZ	元道通信	4.34	5.1	4.9	5.01	3.3	3.69
300597. SZ	吉大通信	4.3	4.3	2.99	5.55	4.28	4.43
300603. SZ	立昂技术	4.17	3.48	3.44	5.21	4.39	4.81
000839. SZ	中信国安	4.08	2.97	5.03	5.52	3.16	5.74

表 26　医药生物

代码	公司名称	总得分	运营绩效	估值水平	风险控制	创新能力	创值能力
002432. SZ	九安医疗	5.95	7.32	4.9	4.56	5.62	6.34
000963. SZ	华东医药	5.82	5.43	5.85	5.8	5.41	7.42
600566. SH	济川药业	5.65	6.13	5.18	5.86	4.87	6.49
300206. SZ	理邦仪器	5.55	5.82	4.77	4.75	5.9	5.86
600998. SH	九州通	5.36	5.05	6.58	6.11	5.14	4.47
002940. SZ	昂利康	5.29	5.42	6.75	5.32	4.65	4.85
002880. SZ	卫光生物	5.24	5.12	4.93	5.49	5.22	5.59
300358. SZ	楚天科技	5.23	5.08	4.85	5.49	5.96	4.17
002932. SZ	明德生物	5.21	6.41	4.27	4.47	5.55	3.83

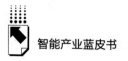
续表

代码	公司名称	总得分	运营绩效	估值水平	风险控制	创新能力	创值能力
601607.SH	上海医药	5.2	4.61	4.88	5.86	5.35	5.75
301258.SZ	富士莱	4.91	5.38	4.77	4.51	4.93	4.49
300030.SZ	阳普医疗	4.86	4.1	4.64	5.22	5.25	5.45
000028.SZ	国药一致	4.76	5.14	5.72	5.53	3.96	3.83
603122.SH	合富中国	4.67	4.78	4.31	4.35	4.61	5.28
600713.SH	南京医药	4.61	4.61	4.95	5.51	4.38	3.81
300158.SZ	振东制药	4.49	4.42	4.64	4.84	4.64	3.82
000516.SZ	国际医学	4.37	3.7	4.64	4.69	4.53	4.81
000952.SZ	广济药业	4.34	3.77	4.71	4.64	4.43	4.66
603716.SH	塞力医疗	4.28	3.48	6.76	3.8	4.18	4.09
603538.SH	美诺华	4.25	4.44	2.88	4.15	4.65	4.52

表27　有色金属

代码	公司名称	总得分	运营绩效	估值水平	风险控制	创新能力	创值能力
000657.SZ	中钨高新	5.84	5.18	4.89	6.22	6.57	6.25
603979.SH	金诚信	5.56	5.87	5.17	6.38	4.59	6.44
002824.SZ	和胜股份	4.87	5.2	4.77	4.55	4.48	5.41
003038.SZ	鑫铂股份	4.77	5.31	5.18	5.04	4.23	4.11
002160.SZ	常铝股份	4.2	3.45	4.99	4.47	5.13	2.78

表28　综合

代码	公司名称	总得分	运营绩效	估值水平	风险控制	创新能力	创值能力
000753.SZ	漳州发展	5.22	4.98	5	6.2	4.72	5.94
600770.SH	综艺股份	5.22	4.94	5	5.44	5.58	5.03
000632.SZ	三木集团	4.71	5.07	5	4.36	4.71	4.03

表 29　科创板

代码	公司名称	所属行业	总得分	运营绩效	估值水平	风险控制	创新能力	创值能力
688169. SH	石头科技	家用电器	6.35	6.37	5.44	6.32	6.23	7.5
688271. SH	联影医疗	医药生物	6.32	5.96	5.36	6.24	6.54	7.63
688188. SH	柏楚电子	计算机	5.98	7.06	5.16	5.16	5.29	6.84
688279. SH	峰岹科技	电子	5.94	6.58	5.24	5.3	6.01	5.87
689009. SH	九号公司-WD	汽车	5.93	5.43	5.35	6.25	6.18	6.64
688289. SH	圣湘生物	医药生物	5.85	6.45	5.24	6.33	5.24	6.05
688100. SH	威胜信息	通信	5.83	5.68	5.42	5.71	5.86	6.61
688301. SH	奕瑞科技	医药生物	5.8	6.35	4.96	6.32	5.2	6.22
688389. SH	普门科技	医药生物	5.75	6.54	5.41	5.66	5.13	5.86
688396. SH	华润微	电子	5.74	5.75	5.14	5.99	5.24	7.09
688088. SH	虹软科技	计算机	5.73	5.93	3.89	5.81	6.25	6.07
688248. SH	南网科技	电力设备	5.72	6.15	5.22	5.37	5.54	6.06
688475. SH	萤石网络	计算机	5.71	5.67	5.18	5.25	5.54	7.13
688349. SH	三一重能	电力设备	5.7	5.5	5.53	6.12	5.12	7.01
688589. SH	力合微	电子	5.67	5.79	5.3	5.92	5.76	5.35
688252. SH	天德钰	电子	5.58	5.95	4.75	4.68	5.89	5.96
688611. SH	杭州柯林	电力设备	5.52	5.53	4.97	5.3	5.85	5.61
688080. SH	映翰通	通信	5.52	5.94	5.38	5.41	5.46	5.04
688258. SH	卓易信息	计算机	5.48	5.54	5.78	5.05	5.63	5.21
688625. SH	呈和科技	基础化工	5.48	5.96	5.55	6.11	4.57	5.66
688259. SH	创耀科技	电子	5.48	6.17	4.51	5.31	5.45	5.3
688049. SH	炬芯科技	电子	5.47	5.46	5.25	4.97	6.07	5.03
688618. SH	三旺通信	通信	5.46	5.97	5.56	5.43	5.09	5.14
688003. SH	天准科技	机械设备	5.45	5.34	5.47	5.32	5.78	
688599. SH	天合光能	电力设备	5.44	5.55	5.52	6.04	4.8	5.83
688083. SH	中望软件	计算机	5.39	5.86	3.32	6.15	5.38	5.79
688628. SH	优利德	机械设备	5.36	5.86	5.4	5.81	4.55	5.5
688768. SH	容知日新	机械设备	5.36	5.61	5.04	5.84	5.03	5.33
688400. SH	凌云光	机械设备	5.36	5.29	4.71	5.6	5.69	5.23
688381. SH	帝奥微	电子	5.35	6.14	3.15	5.71	6.09	4.15

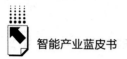

代码	公司名称	所属行业	总得分	运营绩效	估值水平	风险控制	创新能力	创值能力
688569.SH	铁科轨道	机械设备	5.32	5.74	5.51	5.93	5	4.3
688595.SH	芯海科技	电子	5.31	3.94	5.17	5.24	6.51	5.82
688335.SH	复洁环保	环保	5.29	5.64	5.39	6.56	5.37	3.04
688698.SH	伟创电气	机械设备	5.26	5.56	5.3	5.25	4.82	5.48
688787.SH	海天瑞声	计算机	5.25	4.82	5.27	5.14	5.51	5.65
688290.SH	景业智能	机械设备	5.24	5.64	3.94	5.33	5.44	5.22
688295.SH	中复神鹰	基础化工	5.23	6.04	4.59	5.44	4.35	5.82
688600.SH	皖仪科技	环保	5.22	5.42	4.88	5.47	5.19	4.96
688232.SH	新点软件	计算机	5.18	5.51	4.88	5.2	4.76	5.66
688337.SH	普源精电	机械设备	5.16	4.98	5.36	5.75	5.17	4.69
688007.SH	光峰科技	电子	5.15	5.15	4.24	5.48	5.43	5.2
688207.SH	格灵深瞳	计算机	5.14	5.37	5.19	5.04	5.66	3.71
688326.SH	经纬恒润-W	计算机	5.1	4.32	5.22	5.22	5.79	5.07
688579.SH	山大地纬	计算机	5.1	5.11	5.16	5.59	4.71	5.28
688087.SH	英科再生	基础化工	5.06	5.54	5.34	5.92	3.95	5.2
688023.SH	安恒信息	计算机	5.02	4.27	5.25	5.62	5.51	4.72
688392.SH	骄成超声	电力设备	5.02	5.84	3.9	4.89	4.83	5.02
688420.SH	美腾科技	机械设备	5.01	5.18	5.25	5.46	5.19	3.63
688025.SH	杰普特	机械设备	5.01	5.19	4.94	5.88	4.6	4.66
688110.SH	东芯股份	电子	5	3.87	5.2	5.21	5.99	4.91
688039.SH	当虹科技	计算机	4.99	3.54	5.27	5.78	5.97	4.84
688588.SH	凌志软件	计算机	4.99	5.62	4.96	5.14	4.03	5.5
688152.SH	麒麟信安	计算机	4.98	4.62	5.38	5.09	4.88	5.39
688558.SH	国盛智科	机械设备	4.97	5.43	5.3	5.58	4.41	4.24
688057.SH	金达莱	环保	4.97	5.38	5.36	5.49	4.9	3.38
688557.SH	兰剑智能	机械设备	4.95	5.14	5.49	5.4	4.6	4.28
688125.SH	安达智能	机械设备	4.92	5.5	4.31	4.9	4.9	4.42
688056.SH	莱伯泰科	机械设备	4.88	5.25	4.64	5.68	4.4	4.55
688175.SH	高凌信息	国防军工	4.88	5.35	4.94	4.96	5.23	3.09
688793.SH	倍轻松	家用电器	4.86	4.56	5.16	5.34	4.32	5.8

代码	公司名称	所属行业	总得分	运营绩效	估值水平	风险控制	创新能力	创值能力
688597.SH	煜邦电力	电力设备	4.86	4.94	4.9	5.48	4.44	4.88
688228.SH	开普云	计算机	4.85	5.38	4.34	5.18	4.57	4.5
688369.SH	致远互联	计算机	4.83	5.09	5.24	5.56	4.25	4.28
688048.SH	长光华芯	电子	4.83	4.7	5.26	4.82	4.79	4.71
688668.SH	鼎通科技	通信	4.82	5.6	4.64	5.57	3.46	5.41
688288.SH	鸿泉物联	计算机	4.82	3.95	5.16	5.41	5.27	4.7
688115.SH	思林杰	机械设备	4.81	5.03	3.15	4.68	5.54	4.66
688218.SH	江苏北人	机械设备	4.79	4.92	5.31	5.37	4.2	4.58
688459.SH	哈铁科技	机械设备	4.77	5.32	5.13	4.61	4.57	3.9
688020.SH	方邦股份	电子	4.77	4.14	7.01	5.07	4.28	4.45
688073.SH	毕得医药	医药生物	4.77	5.42	5.07	5.1	4.23	3.9
688109.SH	品茗科技	计算机	4.75	5.06	3.71	5.36	4.45	5.18
688251.SH	井松智能	计算机	4.74	5.02	5.13	5.05	4.26	4.48
688320.SH	禾川科技	机械设备	4.74	4.93	4.24	4.92	4.48	5.2
688246.SH	嘉和美康	计算机	4.72	4.81	4.32	5.15	4.75	4.43
688296.SH	和达科技	计算机	4.71	4.81	5.23	5.34	4.25	4.29
688499.SH	利元亨	电力设备	4.69	4.39	5.19	5.54	4.87	3.61
688355.SH	明志科技	机械设备	4.69	5.07	3.61	6	4.27	4.53
688419.SH	耐科装备	电子	4.68	5.67	4.95	4.44	3.57	4.89
688416.SH	恒烁股份	电子	4.67	3.49	5.17	4.35	6.04	4.09
688061.SH	灿瑞科技	电子	4.66	5	3.15	4.75	5.52	3.66
688227.SH	品高股份	计算机	4.64	4.22	5.4	5.1	4.95	3.68
688528.SH	秦川物联	机械设备	4.63	4	5.17	5.31	4.49	4.92
688699.SH	明微电子	电子	4.62	4.34	5.18	4.89	4.03	5.55
688455.SH	科捷智能	机械设备	4.61	4.37	5.19	4.68	4.94	3.76
688609.SH	九联科技	家用电器	4.57	3.12	5.18	5.03	4.78	5.95
688121.SH	卓然股份	机械设备	4.56	4.42	5.25	4.77	4.85	3.37
688215.SH	瑞晟智能	机械设备	4.53	4.54	5.13	4.91	3.97	4.61
688081.SH	兴图新科	国防军工	4.52	3.55	5.16	4.87	4.9	4.72
688590.SH	新致软件	计算机	4.51	4.8	4.67	5.34	3.54	4.91
688158.SH	优刻得-W	计算机	4.5	3.67	5.16	4.73	5.19	3.93

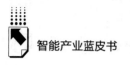

续表

代码	公司名称	所属行业	总得分	运营绩效	估值水平	风险控制	创新能力	创值能力
688500. SH	慧辰股份	计算机	4.49	3.9	5.19	4.93	4.28	4.95
688345. SH	博力威	电力设备	4.48	4.22	5.27	4.89	4.2	4.39
688659. SH	元琛科技	基础化工	4.44	3.74	5.19	5.27	4.37	4.41
688211. SH	中科微至	机械设备	4.43	4.94	3.44	4.99	4.8	3.1
688260. SH	昀冢科技	电子	4.38	3.38	5.22	4.81	4.07	5.77
688010. SH	福光股份	电子	4.35	4.16	5.19	5.41	3.82	3.9
688162. SH	巨一科技	机械设备	4.33	3.64	5.18	4.82	4.71	3.59
688619. SH	罗普特	计算机	4.3	3.46	5.16	4.69	4.96	3.44
688096. SH	京源环保	环保	4.3	3.69	5.21	4.53	4.66	3.69
688022. SH	瀚川智能	机械设备	4.27	3.51	5.2	5.34	4.7	2.91
688509. SH	正元地信	计算机	4.24	3.5	5.24	4.68	4.22	4.3
688051. SH	佳华科技	计算机	4.17	2.97	5.16	4.34	4.75	4.27
688178. SH	万德斯	环保	4.04	3.64	5.17	4.75	4.06	2.95

表 30　北交所

代码	公司名称	所属行业	总得分	运营绩效	估值水平	风险控制	创新能力	创值能力
430476. BJ	海能技术	机械设备	5.81	6.09	7.06	5.93	5.47	4.56
835174. BJ	五新隧装	机械设备	5.72	6	5.3	5.71	5.11	6.84
830879. BJ	基康仪器	机械设备	5.61	5.98	5.28	5.42	5.47	5.65
839680. BJ	广道数字	计算机	5.57	5.69	4.95	5.08	5.98	5.65
831832. BJ	科达自控	计算机	5.34	5.43	5.09	5.31	5.69	4.71
837092. BJ	汉鑫科技	计算机	5.11	4.95	4.7	4.19	5.61	5.77
838924. BJ	广脉科技	通信	5.11	5.46	4.98	4.83	4.8	5.43
835670. BJ	数字人	医药生物	5.06	5.33	3.58	4.9	5.33	5.6
838262. BJ	太湖雪	纺织服饰	5	5.34	5.47	5.38	4.34	4.82
837821. BJ	则成电子	电子	4.83	5.1	4.65	4.8	4.08	6.03
830964. BJ	润农节水	农林牧渔	4.75	4.64	4.97	5.12	5.43	3.02
834765. BJ	美之高	轻工制造	4.59	4.97	5.01	5.61	3.61	4.34
831152. BJ	昆工科技	电力设备	4.58	3.86	6.93	4.22	4.14	4.89
835508. BJ	殷图网联	电力设备	4.5	4.58	2.98	4.64	4.87	4.99
830832. BJ	齐鲁华信	基础化工	4.33	4.47	4.29	5.35	4.11	3.52
430198. BJ	微创光电	计算机	4.3	3.12	4.92	4.08	5.53	3.78

Abstract

The general report of this book points out that as a general-purpose Invention of a Method of Invention (IMI) technology, the new generation of AI driven by large models can improve knowledge productivity, unlike the digital economy with the Internet revolution as the core content. And ensuring the positive growth of original knowledge without a demographic dividend is expected to provide new economies of scale beyond industrialization. In addition to its enormous productivity potential, the new generation of AI also intensifies creative destruction, placing new requirements on individual risk identification for innovation and financial macro-prudential regulation. This report will respond to national concerns about the explainability of next-generation AI as well as issues of governance, industrial pathways, impact on employment and income distribution, relationship to sustainable development, and value creation, and recommend that the development of next-generation AI be elevated as a national strategy independent of the digital economy. This book further points out that the advent of the era of intelligent industrial revolution will bring about a leap in productivity, fundamentally reshaping the endogenous logic of economic growth, and regenerating and rebuilding China's emerging industries and traditional industries from both incremental and inventory. In particular, as the path of intelligent industrial revolution is gradually clear and the expectations are gradually clear, the effects of capital expenditure, labor income increase and innovation growth of listed companies in China at the micro level have promoted listed companies to maintain the growth path of transformation and development under the impact of internal and external environment, and the performance of listed companies in intelligent industry is more prominent. From the perspective of the

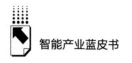

distribution of listed companies in China's intelligent industry, they are mainly concentrated in ICT hardware and software concentrated industries such as computers, mechanical equipment, electronics and communications. The "Intelligent Industry 50" investment portfolio constructed in this book is not only "high quality" but also "low price". In the long run, the "Intelligent Industry 50" investment portfolio has long-term investment value. It is the concentrated reflection of the tide of China's intelligent industrial revolution at the micro level.

From the perspective of manufacturing power construction, intelligent manufacturing has carried out subversive changes to the traditional production mode, manufacturing paradigm and industrial model, but there are also shortcomings such as key technology and equipment subject to people, insufficient development of intelligent application scenarios, weak infrastructure, unbalanced industry and regional intelligence level, and poor ecological environment for industrial development. In the future, it is necessary to standard the basic elements required for the high-quality development of intelligent manufacturing, overcome key core technologies, widely expand application scenarios, improve the layout of intelligent manufacturing infrastructure, strengthen institutional and mechanism reform, and promote the construction of a manufacturing power with the high-quality development of intelligent manufacturing as the main direction. From the perspective of the transformation of service trade, driven by the wave of intelligence, the model of service trade has gradually transformed from a traditional model highly dependent on manpower to an efficient, personalized and decentralized model enabled by AI. The deep integration of platform economy and AI technology has promoted the development of cross-border service trade in e-commerce, financial technology, telemedicine, online education and other fields. Finally, artificial intelligence is also an important thrust to achieve the goal of building a financial power in China. In the face of challenges such as the shortage of high-end fintech talents, the fragmentation of the global artificial intelligence regulatory system, and the increase of various new types of financial risks, In the future, China needs to maintain policy support for the application of artificial intelligence in the financial field, encourage financial institutions to promote the innovation of financial products and financial services with artificial intelligence technology, enhance the ability to prevent and resolve new financial risks, increase the introduction and training of high-end talents in the financial field, and enhance the influence of China's artificial intelligence governance in the global financial field.

At the end of the book, from the three topics of artificial intelligence investment, governance and employment, the current tide of artificial intelligence development should pay attention to and need to be solved urgently. First of all, from the perspective of investment, artificial intelligence is the strategic highland of today's new round of global scientific and technological revolution, but China's artificial intelligence investment still lags far behind the United States, and is showing a trend of being extended. From 2019 to 2023, the United States invested a total of ＄328.548 billion in the field of artificial intelligence, while China invested only ＄132.665 billion. In order to narrow the gap, the book proposes to consider the transition from a tax structure dominated by indirect taxes to a tax structure with both direct and indirect taxes, so as to encourage innovation, make good use of the advantages of the new national system, and give full play to the government's leading role in AI investment. Secondly, from the perspective of governance, the rapid development of artificial intelligence also involves a series of security risks that cannot be ignored, including many economic risks, social risks and political risks. AI will pose unprecedented challenges to global governance, requiring new international frameworks to manage power dynamics and ensure equitable development. China should give full play to the advantages of the new national system, make full use of huge data and scene advantages, expaneld of artificial intelligence; In this regard, the development and wide application of artificial intelligence technology has caused a huge impact on the job market. This book believes that we should weaken the employment substitution effect, amplify the creation effect and compensation effect, actively cope with the employment impact, and prevent employment social risks.

Keywords: Artificial Intelligence Technology; Intelligent Industry 50; Manufacturing Power; Financial Power; Risk Governance

Contents

I General Report

Abstract: As a general purpose invention and invention of a method of invention (IMI) technology, the new generation of artificial intelligence driven by the big model is different from the digital economy with the Internet revolution as the core content, which can improve knowledge productivity, ensure the growth of original knowledge without demographic dividend, and is expected to provide new scale economies other than industrialization. In addition to its enormous productivity potential, the new generation of artificial intelligence has also intensified creative destruction, posing new requirements for individual risk identification in innovation and macro prudential regulation of finance. This report will address the concerns of the country regarding the interpretability, governance, industrial pathways, impact on employment and income distribution, relationship with sustainable development, and value creation of the new generation artificial intelligence. Based on this, it is recommended to elevate the development of the new generation of artificial intelligence to a national strategy independent of the digital economy.

Keywords: New Generation Artificial Intelligence; General Purpose Technology; IMI; National Strategy

276

Ⅱ Topical Reports

Abstract: As an important micro-main body of the socialist market economy, the high-quality development of listed companies is not only an important basis for maintaining the healthy development of the capital market, but also an important support for the high-quality development of the macro economy. The arrival of the era of intelligent industrial revolution will bring about a leap in productivity, fundamentally reshaping the endogenous logic of economic growth, and regenerating and rebuilding China's emerging industries and traditional industries from the perspective of increment and stock. In particular, as the path of the intelligent industrial revolution is gradually clear and the expectations are gradually clear, the effects of capital expenditure, labor income increase and innovation growth of China's micro listed companies have promoted the listed companies to maintain the growth path of transformation and development despite the impact of internal and external environment, especially the realization of listed companies in the intelligent industry is more obvious. On the basis of detailed mechanism analysis and statistical analysis, this report further selects China's intelligent industry listed companies according to the artificial intelligence industry standard system listed in the National Artificial Intelligence Industry Comprehensive Standardization System Construction Guide (2024 edition). Listed companies in China's intelligent industry are mainly concentrated in ICT hardware and software concentrated industries such as computers, mechanical equipment, electronics and communications. Then, this report evaluates the high-quality development of

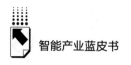
China's intelligent industry listed companies in five aspects, including business performance, valuation level, governance ability, innovation ability and value creation ability. At the same time, the top listed companies in various industries are selected to build the "intelligent industry 50" investment portfolio. The backtest results show that the portfolio not only outperforms the main broad base index of the market by a large margin, but also outperforms the market. And since January 2023, it has been able to generate absolutely positive returns for investors. At the same time, the "smart industry 50" portfolio is not only high-quality but also "cheap", and its price-earnings ratio is far lower than that of the science and technology sector, which is not much different from the main board. In the long run, the "intelligent Industry 50" investment portfolio has long-term investment value, which is a concentrated reflection of the tide of China's intelligent industrial revolution at the micro level.

Keywords: Intelligent Industrial Revolution; High Quality Development of Listed Companies; Intelligent Industry 50

Ⅲ Industry Reports

B.3 Development Strategy and Path Selection of
　　　Intelligent Manufacturing in China

Wang Hongju, Li Yuan / 097

Abstract: Under the wave of the fourth technological revolution, intelligent manufacturing has brought about subversive changes to the traditional production methods, manufacturing paradigms, and industrial models. It plays a crucial supporting role in building a modern industrial system and fostering new productive forces. It is both a key and decisive move for China to build a strong manufacturing country. The intelligent manufacturing industry in China has entered a stage of rapid development, with both the industrial scale and the market scale rising rapidly, application scenarios continuously expanding, and pilot demonstrations of intelligent factories in full swing. However, there are still deficiencies such as being restricted by others in key technical equipment, insufficient development of intelligent application scenarios, weak infrastructure, unbalanced intelligentization levels among industries and regions, and an unfavorable industrial development ecological environment. In the future, in alignment with the basic requirements for the high-quality development of intelligent manufacturing, it is necessary to overcome key core technologies, extensively expand application scenarios, improve the layout of intelligent manufacturing infrastructure, and strengthen institutional and mechanism reforms. With high-quality development of intelligent manufacturing as the main direction, the construction of a strong manufacturing country should be advanced.

Keywords: Intelligent Manufacturing; Manufacturing Power; Intellectualization; Digitization

B.4　Technological Change Drives the Transformation of Global

Trade in Services: From Traditional to Intelligent

Tang Yuanze, Zhang Peng / 123

Abstract: This report systematically combs the evolution of global trade in services from traditional trade in services to intelligent trade in services, and analyzes the profound impact of technological change, globalization and policy environment on the structure and model of trade in services. Combining the historical development context, the article explores how the information technology revolution has promoted the rise of digital services, and shows new trends in the current intelligent services driven by big models and artificial intelligence (AI). Through specific country cases, it shows how countries can enhance their global service competitiveness through technological innovation, industrial upgrading and platform economic development. Driven by the wave of intelligence, the model of trade in services is gradually transforming from a traditional model that is highly

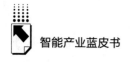
dependent on manpower to a highly efficient, personalized and decentralized model empowered by AI. The deep integration of platform economy and AI technology has promoted the development of cross-border trade in services in the fields of e-commerce, financial technology, telemedicine, online education, etc. However, trade protectionism, data sovereignty and privacy protection have also become major challenges to global intelligent trade in services. In view of the opportunities and challenges brought about by the rise of a new generation of artificial intelligence, this report puts forward several suggestions in the hope of accelerating the development of new quality productivity, promoting my country to seize the strategic initiative in the new pattern of global intelligent trade in services, and achieving high-quality economic development.

Keywords: Global Trade in Services; Artificial Intelligence; Digital and Intelligent Transformation

B.5 The New Generation of Artificial Intelligence Technology and the Construction of Financial Power

Tan Jun, Hu Hua / 152

Abstract: In recent years, the rapid progress and widespread application of artificial intelligence technology have effectively promoted the digital and intelligent transformation of economies and societies in various countries, and its impact on the financial sector has become increasingly prominent, becoming an important leading force in the new round of global financial technology transformation. Artificial intelligence is also playing an increasingly important role in the development of China's financial industry. It is not only an important driving force to enhance the international competitiveness of China's financial industry and promote the high-level service of the financial system to the real economy, but also an important driving force to achieve the goal of building a strong financial country in China. At present, the assistance of artificial intelligence in building a strong financial country in China still faces challenges such as a shortage of high-end financial technology talents, a fragmented global artificial intelligence regulatory system, and an increase in various new financial risks. In the future, China needs to maintain policy support for the application of artificial intelligence in the financial field, encourage financial institutions to use artificial intelligence technology to promote innovation in financial products and services, enhance the ability to prevent and resolve new financial risks, increase the introduction and training of high-end talents in the financial field, and enhance China's influence in the global governance of artificial intelligence in the financial field.

Keywords: Artificial Intelligence; Financial Technology; Financial Strong Country

Ⅳ　Special Reports

Abstract: Artificial Intelligence (AI) represents a strategic high ground in the latest wave of global technological revolution, with China and the United States leading the world in AI investments. However, China's AI investments still lag significantly behind those of the United States, a gap that continues to widen. From 2019 to 2023, the United States invested a total of $328.548 billion in the AI sector, whereas China's investment amounted to only $132.665 billion. To sustain momentum amid the U.S. technology blockade and to identify new economic growth points, China should prioritize AI technology and industry development. A possible approach could be to transition from an indirect-tax-based system to one that balances direct and indirect taxes, thereby encouraging innovation. Additionally, China should leverage its unique 'whole-nation' system to enhance government-led initiatives in AI investment.

Keywords: AI; Investment; Tax System

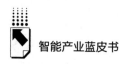
B.7 Development Trends, Risks and Governance of the

Artificial Intelligence Industry　　　　*Xu Haoqing / 200*

Abstract: The rapid development of artificial intelligence (AI) presents enormous opportunities for growth, but also involves a series of security risks that cannot be ignored. There are many open technical risks and derivative risks in ensuring the safety and use of AI systems. These risks include not only many economic risks, but also social and political risks. Unlike improving AI capabilities, these risks cannot be solved by simply using more computing power to train larger models, and require dedicated research and efforts. AI will pose unprecedented challenges to global governance, and new international frameworks will be needed to manage power dynamics and ensure equitable development. China should take advantage of the new state-raising system, make full use of the huge data and scenario advantages, and expand high levels of openness, so as to establish technological advantages and bargaining power in the field of AI.

Keywords: Artificial Intelligence; Economic Risk; Technology Risk; Global Governance

B.8 Analysis of Employment Effects of Artificial

Intelligence Applications　　　*Gan Tian, Zhang Lei / 224*

Abstract: The development and widespread application of artificial intelligence technology have had a huge impact on the job market. This article analyzes the employment effects and implementation paths of artificial intelligence from several aspects of employment quantity, quality, structure, and form, etc, in order to face the employment impact brought by new technologies, help improve the current situation of China's job market, and promote the realization of high-quality employment. The employment effect usually includes labor substitution effect, job creation effect, and compensation effect. As a new type of technological progress, artificial intelligence not only conforms to the general law of technological progress, but also has its different features: in terms of substitution effect, in addition to replacing physical labor, artificial intelligence will further replace mental labor and impact more positions. On the one hand, the technological features of artificial intelligence show a large-scale substitution of medium-skilled labor, creating more high-skilled and low-skilled positions, strengthening the polarization of employment structure, and leading to income differentiation of workers; On the other hand, the technology biased characteristics of artificial intelligence exhibit varying degrees of enhancement of capital and labor, thereby affecting income distribution in the production process. Besides, new forms of employment organization have emerged with the application of AI technologies, providing new opportunity for the job market. Finally, due to the uneven development of regions and industries in China, the employment effects of artificial intelligence still have heterogeneous impacts at the regional, industry, and sector levels. weaken the employment substitution effect, amplify the creation effect and compensation effect, actively respond to employment shocks, and prevent employment social risks.

Keywords: Artificial Intelligence; Employment Effect; Employment Structure

社会科学文献出版社

皮 书

智库成果出版与传播平台

❖ 皮书定义 ❖

皮书是对中国与世界发展状况和热点问题进行年度监测，以专业的角度、专家的视野和实证研究方法，针对某一领域或区域现状与发展态势展开分析和预测，具备前沿性、原创性、实证性、连续性、时效性等特点的公开出版物，由一系列权威研究报告组成。

❖ 皮书作者 ❖

皮书系列报告作者以国内外一流研究机构、知名高校等重点智库的研究人员为主，多为相关领域一流专家学者，他们的观点代表了当下学界对中国与世界的现实和未来最高水平的解读与分析。

❖ 皮书荣誉 ❖

皮书作为中国社会科学院基础理论研究与应用对策研究融合发展的代表性成果，不仅是哲学社会科学工作者服务中国特色社会主义现代化建设的重要成果，更是助力中国特色新型智库建设、构建中国特色哲学社会科学"三大体系"的重要平台。皮书系列先后被列入"十二五""十三五""十四五"时期国家重点出版物出版专项规划项目；自2013年起，重点皮书被列入中国社会科学院国家哲学社会科学创新工程项目。

权威报告·连续出版·独家资源

皮书数据库
ANNUAL REPORT(YEARBOOK)
DATABASE

分析解读当下中国发展变迁的高端智库平台

所获荣誉

- 2022年，入选技术赋能"新闻+"推荐案例
- 2020年，入选全国新闻出版深度融合发展创新案例
- 2019年，入选国家新闻出版署数字出版精品遴选推荐计划
- 2016年，入选"十三五"国家重点电子出版物出版规划骨干工程
- 2013年，荣获"中国出版政府奖·网络出版物奖"提名奖

皮书数据库

"社科数托邦"
微信公众号

成为用户

登录网址www.pishu.com.cn访问皮书数据库网站或下载皮书数据库APP，通过手机号码验证或邮箱验证即可成为皮书数据库用户。

用户福利

- 已注册用户购书后可免费获赠100元皮书数据库充值卡。刮开充值卡涂层获取充值密码，登录并进入"会员中心"—"在线充值"—"充值卡充值"，充值成功即可购买和查看数据库内容。
- 用户福利最终解释权归社会科学文献出版社所有。

数据库服务热线：010-59367265
数据库服务QQ：2475522410
数据库服务邮箱：database@ssap.cn
图书销售热线：010-59367070/7028
图书服务QQ：1265056568
图书服务邮箱：duzhe@ssap.cn

社会科学文献出版社 皮书系列
SOCIAL SCIENCES ACADEMIC PRESS (CHINA)
卡号：555839946478
密码：

S 基本子库
UB DATABASE

中国社会发展数据库（下设 12 个专题子库）

紧扣人口、政治、外交、法律、教育、医疗卫生、资源环境等 12 个社会发展领域的前沿和热点，全面整合专业著作、智库报告、学术资讯、调研数据等类型资源，帮助用户追踪中国社会发展动态、研究社会发展战略与政策、了解社会热点问题、分析社会发展趋势。

中国经济发展数据库（下设 12 专题子库）

内容涵盖宏观经济、产业经济、工业经济、农业经济、财政金融、房地产经济、城市经济、商业贸易等 12 个重点经济领域，为把握经济运行态势、洞察经济发展规律、研判经济发展趋势、进行经济调控决策提供参考和依据。

中国行业发展数据库（下设 17 个专题子库）

以中国国民经济行业分类为依据，覆盖金融业、旅游业、交通运输业、能源矿产业、制造业等 100 多个行业，跟踪分析国民经济相关行业市场运行状况和政策导向，汇集行业发展前沿资讯，为投资、从业及各种经济决策提供理论支撑和实践指导。

中国区域发展数据库（下设 4 个专题子库）

对中国特定区域内的经济、社会、文化等领域现状与发展情况进行深度分析和预测，涉及省级行政区、城市群、城市、农村等不同维度，研究层级至县及县以下行政区，为学者研究地方经济社会宏观态势、经验模式、发展案例提供支撑，为地方政府决策提供参考。

中国文化传媒数据库（下设 18 个专题子库）

内容覆盖文化产业、新闻传播、电影娱乐、文学艺术、群众文化、图书情报等 18 个重点研究领域，聚焦文化传媒领域发展前沿、热点话题、行业实践，服务用户的教学科研、文化投资、企业规划等需要。

世界经济与国际关系数据库（下设 6 个专题子库）

整合世界经济、国际政治、世界文化与科技、全球性问题、国际组织与国际法、区域研究 6 大领域研究成果，对世界经济形势、国际形势进行连续性深度分析，对年度热点问题进行专题解读，为研判全球发展趋势提供事实和数据支持。

法律声明

"皮书系列"（含蓝皮书、绿皮书、黄皮书）之品牌由社会科学文献出版社最早使用并持续至今，现已被中国图书行业所熟知。"皮书系列"的相关商标已在国家商标管理部门商标局注册，包括但不限于 LOGO（▨）、皮书、Pishu、经济蓝皮书、社会蓝皮书等。"皮书系列"图书的注册商标专用权及封面设计、版式设计的著作权均为社会科学文献出版社所有。未经社会科学文献出版社书面授权许可，任何使用与"皮书系列"图书注册商标、封面设计、版式设计相同或者近似的文字、图形或其组合的行为均系侵权行为。

经作者授权，本书的专有出版权及信息网络传播权等为社会科学文献出版社享有。未经社会科学文献出版社书面授权许可，任何就本书内容的复制、发行或以数字形式进行网络传播的行为均系侵权行为。

社会科学文献出版社将通过法律途径追究上述侵权行为的法律责任，维护自身合法权益。

欢迎社会各界人士对侵犯社会科学文献出版社上述权利的侵权行为进行举报。电话：010-59367121，电子邮箱：fawubu@ssap.cn。

社会科学文献出版社